LETTRES

DE FAMILLE

SUR L'ÉDUCATION.

IMPRIMERIE DE HUZARD-COURCIER,
rue du Jardinet, n° 12.

ÉDUCATION
DOMESTIQUE,

OU

LETTRES DE FAMILLE
SUR L'ÉDUCATION;

PAR

MME GUIZOT.

TOME PREMIER.

PARIS,
A. LEROUX ET CONSTANT-CHANTPIE, ÉDITEURS.
BÉCHET AINÉ, LIBRAIRE,
PALAIS-ROYAL, GALERIES DE BOIS, N°s 263—264.

1826

PRÉFACE.

Tout ouvrage est jugé d'après les règles du genre auquel il appartient, et ce genre présumé dispose les lecteurs à y chercher telle ou telle sorte de mérite. Il n'est donc pas indifférent de déterminer précisément le genre d'un ouvrage mis pour la première fois sous les yeux du public; car on peut craindre que l'impression qu'il en recevra ne diffère de celle qu'il avait attendue et que ce qu'il cherchait ne nuise à ce qu'il trouve. J'ai vu des livres déclarés froids, parce qu'on s'était préparé à les lire et à les juger comme romans; d'autres au succès desquels a nui l'espérance trompée d'y reconnaître un système. Je prends donc la précaution d'annoncer que je n'ai voulu donner ici ni un roman sur l'éducation, ni un système d'éducation.

Pour offrir quelque intérêt, un roman, quel qu'il soit, doit renfermer plus d'événemens qu'il ne s'en rencontre naturellement dans la simple vie des enfans, et cette forme aurait eu, du moins à mes yeux, l'inconvénient d'attacher la démonstration des principes à des situations factices. Former un système d'éducation n'était pas dans ma disposition, ni, je crois, à ma portée; je n'en ai point cherché pour une œuvre si naturelle, je ne me sens pas capable d'en concevoir un qui convienne à une œuvre si vaste. L'éducation embrasse tout l'homme; nul système n'y peut suffire s'il ne répond à toutes les parties de la destinée humaine. Il ne m'appartenait pas de tenter une telle entreprise. Je n'ai prétendu que rassembler, en un certain nombre d'essais, quelques unes des idées que m'a fait naître le spectacle de plusieurs éducations successivement accomplies autour de moi, idées que depuis dix ans ont fort étendues mon expérience personnelle et le cher intérêt qui en a fait l'objet particulier de mon attention. En cherchant à les rendre de la manière la plus conforme à leur nature, il m'a paru que, nées de l'observation, elles devaient se reproduire, en partie du moins, par des exemples. J'ai donc supposé une correspondance entre des parens occupés de leurs enfans et qui se communiquent mutuellement, à l'occasion des petits incidens de l'éducation, les réflexions qu'ils leur suggèrent. J'avais déjà employé cette forme dans les *Annales de l'Éducation*, mais sur un plan beaucoup plus restreint; je n'ai pas jugé que ce fût un motif pour la rejeter. J'ai même emprunté, à la correspondance des *Annales*, trois ou quatre lettres à peu près entières, et des fragmens de quelques autres, ne croyant pas pouvoir rendre mes idées plus à mon gré sur le petit nombre de points spéciaux dont il s'agit dans ces lettres ou ces fragmens.

Bien que le cadre dont j'ai fait choix m'ait paru plus approprié qu'aucun autre au développement de mes idées, et malgré le soin que j'ai mis à conserver ce degré de vraisemblance nécessaire pour ne pas blesser l'imagination, je sens ce que présentent d'improbable cette correspondance de neuf ans continuée uniquement sur un même sujet, et cette mère de famille professant l'éducation à mesure qu'elle élève ses enfans. On pourra relever aussi quelques anachronismes moraux amenés par la nécessité de concilier l'ordre des temps et l'ordre des idées. On trouvera, par exemple, sous la date de 1819 et 1820, des réflexions et des faits qui appartiennent plutôt à l'état de la société et des esprits en 1826. Ces inexactitudes m'ont paru de nulle importance dans un ouvrage où la fiction tient si peu de place, et j'ai compté sur toutes les suppositions bienveillantes dont j'avais besoin.

Il me reste à prévenir la critique sur les lacunes et les défauts de proportion qu'on pourra remarquer dans un ouvrage destiné plutôt à établir quelques-uns des premiers principes de l'éducation qu'à en indiquer toutes les chances, et à pourvoir à toutes ses nécessités. Obligée de me borner, j'ai omis à regret quelques questions importantes; d'autres m'auront échappé; quelques-unes sont traitées avec une étendue qu'on jugera peut-être excessive, mais que me rendait indispensable la marche de mes idées, tellement liées sur certains sujets qu'il m'eût été impossible d'en détacher une seule. Les mères me comprendront; elles savent combien de réflexions se pressent et s'enchaînent dans l'esprit d'une mère préoccupée de craintes ou d'espérances sur l'avenir moral de son enfant, tout ce qui se révèle à la sollicitude de nos observations sur ces caractères encore informes où nous cherchons à lire d'avance une destinée tout entière; elles savent combien la nécessité d'une action perpétuelle nous oblige à chercher et à démêler, dans ces cœurs soumis à notre influence, ce que nous n'aurions peut-être jamais reconnu dans le nôtre. J'ai espéré, en recueillant et classant les faits observés par beaucoup d'autres mères, les mettre sur la voie des découvertes, et faciliter ainsi la tâche commune de l'éducation que dirige l'intelligence des parens et que la volonté des enfans exécute. Bien comprendre les enfans m'a toujours paru ce qu'il y avait, dans cette tâche, de plus important et de plus difficile. Mon but sera atteint si j'ai donné quelques moyens de plus pour y parvenir.

ÉDUCATION DOMESTIQUE

OU

LETTRES DE FAMILLE

SUR L'ÉDUCATION.

LETTRE PREMIÈRE.

Mme d'Attilly à M. d'Attilly.

Paris, août 1816.

Ceci n'est point une lettre, mon ami, et ne comptera point dans le nombre des jours de correspondance que nous nous sommes fixés, puisqu'enfin il a bien fallu se prescrire quelque chose pour ne pas céder à la tentation d'écrire tous les jours. Vous m'aviez demandé, la veille de votre départ, un journal de l'éducation de mes deux filles, et cette prière avait ébranlé en moi une foule de sentimens si douloureux, je m'étais si vivement et si cruellement représenté ces douces communications de tous les instans changées en un froid journal, que, je l'avoue, tout disparut pour moi devant l'impression dont je fus alors saisie. Pardonnez-moi, cher ami, d'avoir cette seule fois et un seul moment assez oublié vos peines pour que vous ayez eu à me reprocher de rendre trop difficile le courage dont vous aviez besoin. Maintenant le mien est revenu avec la nécessité, et la pensée de cette occupation qui m'avait tant effrayée quand vous étiez encore là, parce qu'elle se présentait pour tenir votre place, me devient une consolation maintenant que vous n'y êtes plus. Au moyen de mon journal, je vous sentirai présent et comme participant aux soins de cette éducation si importante pour tous deux. Ce que je vous aurais dit, je songerai à l'écrire pour vous, cette idée rétablira la communication interrompue par de si effrayantes distances, et il y aura de la joie pour moi dans mille pensées que j'aurais laissé fuir sans y regarder, mais que j'arrêterai pour vous en rendre compte. Mon ami, m'occuper de nos enfans pour vous en parler, voilà sûrement, loin de vous, le plus vif intérêt qui puisse animer ma vie; et cette demande que j'ai si mal accueillie, je vous en remercie maintenant comme j'ai toujours eu à vous remercier de tout.

J'ai commencé depuis deux jours à m'occuper de fixer et de rassembler mes idées un peu éparses et confuses dans les premiers momens d'une peine si nouvelle, pendant ces longues heures des premières journées où, à la place des habitudes de dix ans de bonheur, je ne retrouvais plus que la pensée des années d'absence qui vont nous séparer. Le soin même de mes pauvres enfans me paraissait trop étranger à la disposition de mon âme, et me demandait de sortir de moi-même plus qu'il ne convenait à ma faiblesse; mais dès que l'idée du journal m'est revenue, la force et l'ardeur sont rentrées en moi, et je m'en occupe avec une véritable satisfaction. Cependant j'y éprouve une assez grande difficulté. Ce n'est pas que je ne pusse vous rendre compte, sans beaucoup de peine, de ce qui s'est passé entre nous depuis votre départ; les évènemens de notre vie sont peu variés, et vous êtes assez au courant. Louise, aujourd'hui, comme vous l'avez vue quelquefois, a mal lu, a pleuré de ce que je la grondais; et la leçon finie, quand il n'a plus été question de s'engager pour le moment, elle m'a promis, en m'embrassant, que « bien sûr, » bien sûr, elle lirait demain comme un ange. » Sophie, après avoir commencé ses leçons avec le zèle le plus vertueux, n'en a pas eu une seule de bonne, parce qu'à la première j'ai eu le malheur de trouver écrite de travers une ligne qui n'était pas droite, et que l'humeur l'a prise de ce que je la privais ainsi du plaisir qu'elle voulait avoir à se trouver contente d'elle-même. A la fin de la journée, une admonition de ma part, placée dans un bon moment, a produit les meilleures résolutions : Sophie, lorsqu'elle a été dans son lit, a envoyé sa bonne prendre chez moi, sans que je m'en aperçusse, son livre de fables pour en apprendre une demain avant mon lever ; et Louise a passé le temps de son coucher à se faire répéter, pour le lire désormais tout courant, le terrible mot *préalablement*, devant lequel avait échoué toute son habileté.

Voilà certainement une histoire bientôt contée ; j'en pourrais ajouter quelques autres du même genre, et vous auriez un récit fidèle, un vrai *fac simile* de notre vie. Mais je me sens tout d'un coup saisie d'un certain respect pour mon papier : mille petits faits que j'aimerais à vous dire me paraîtront puérils à vous écrire : je deviens un peu plus exigeante avec mes pensées, lorsque je me représente qu'au lieu de s'évanouir en paroles oubliées aussitôt que prononcées, elles vont revêtir un corps pour se transporter à plus de deux cents lieues de moi, et la fantaisie me prend de vous mander quelque chose qui en vaille la peine. Alors, tout naturellement, je mets de côté les faits et gestes de Louise, et les discours de Sophie, pour me laisser aller aux idées qu'ils me suggèrent. Je cherche à me rendre compte des sources et de la nature de cette foule de mouvemens qui se révèlent en un enfant pendant la durée d'un quart d'heure employé à faire des fautes, à s'en irriter, à s'en repentir. Je m'interroge sur les motifs qui m'ont déterminée pour tel moyen d'amendement que j'aurai employé par instinct et par un effet de cette communication rapide des existences, de cette impulsion sympathique qui produit en nous, presque à notre insu, l'action la plus propre à établir notre empire sur celui dont nous voulons maîtriser la volonté. Lorsque ces réflexions s'emparent de moi, mes idées s'enchaînent, se commandent et m'entraînent si loin que je ne sais plus par où commencer. Je vois dans ces deux enfans de cinq et sept ans la créature humaine tout entière, telle à la fois qu'elle est aujourd'hui et qu'elle doit devenir un jour. Dans ces organes imparfaits, dans cette intelligence incomplète, sont renfermés, depuis le premier moment de son existence, les germes de ce qui doit jamais en sortir de meilleur ou de plus mauvais : l'homme n'aura pas, dans tout le cours de sa vie, un mouvement qui n'appartienne à cette nature dont tous les traits sont déjà ébauchés dans l'enfant ; l'enfant ne recevra pas une impression un peu vive, un peu durable, une forme quelconque, dont l'effet ne doive influer sur la vie de l'homme. Ainsi la destinée, le but et le bonheur de l'existence, le développement des facultés, tout ce que nous sentons en nous de grand, d'important et d'utile, est contenu dans la pensée de l'éducation; tout semble lui être confié, et sans cesse tout lui échappe par la ténuité et l'instabilité des ressorts sur lesquels il faut qu'elle agisse, par l'impossibilité où nous sommes de comprendre toujours ce petit être encore si différent de nous, par la difficulté de saisir et de retenir ces fils déliés et volages dont la réunion doit former un jour le tissu de sa raison, l'enchaînement de ses idées, l'ensemble de sa conduite. Les actions des enfans nous trompent continuellement par leurs rapports extérieurs avec les nôtres, et nous nous égarons aussi souvent à chercher en eux, pour les diriger, des mobiles semblables à ceux dont nous avons la conscience en nous-mêmes. Louise, dans je ne sais quel transport, laisse là ses jeux, vient se jeter à mon cou, ne peut se lasser de m'embrasser; il semble que tout mon cœur de mère ne pourra suffire à répondre à la vivacité de ses caresses: elle me quitte, et du même mouvement folâtre s'en va baiser sa poupée ou le bras de fauteuil qu'elle rencontre sur son chemin. Ai-je en moi de quoi m'expliquer ce bizarre assemblage d'actions en apparence contradictoires, ou faudra-t-il leur chercher des motifs sans aucun rapport avec mes propres sentimens ? Mon cœur qui se fond de tendresse à regarder mes enfans, pourra-t-il se résoudre à ne voir, dans les témoignages de leur amour, que l'effet d'un besoin de mouvement ? Penserai-je que Louise vient me caresser comme elle saute et chante, uniquement pour faire quelque chose, sans aucun sentiment spécial qui la détermine à l'une de ces actions plutôt qu'aux autres ?

Je me tromperais à en juger tout-à-fait ainsi ; Louise m'aime autant qu'on peut aimer à cinq ans. Mais la tendance à se développer en tous sens, à pousser pour ainsi dire la vie en dehors, produit chez les enfans un mouvement extérieur hors de proportion avec le motif intérieur qui le cause. Louise m'embrasse certainement plus qu'elle ne m'aime, comme elle crie plus qu'elle n'a de chagrin et rit plus qu'elle ne s'amuse ; et en toute chose le mouvement d'expansion, plus énergique que la cause dont il émane, se prolonge après qu'elle a cessé. Ainsi ses pleurs continuent bien que son chagrin soit passé, et après en avoir fini du besoin d'affection qui l'a entraînée vers moi, elle va épuiser ses caresses sur mon fauteuil ou ma table.

Je voulais, l'autre jour, faire honte à Sophie d'un mouvement d'humeur et de désobéissance, qui m'avait forcée à la renvoyer de ma chambre en présence de votre sœur. Je lui dis que sa tante avait été scandalisée de sa conduite. Elle me répondit, comme irritée de ce qu'on se mêlait de ses affaires, qu'elle ne savait pas ce que cela faisait à sa tante. Il ne faut assurément pas conclure de cette apparente indifférence sur l'opinion de sa tante, que Sophie soit sans amour-propre ; elle en a, vous le savez, et même une sorte de fierté ; elle craint déjà le blâme, et sait trouver de petites adresses pour s'attirer la louange. Mais pour Sophie, être blâmée ou être grondée, cela se ressemble beaucoup, surtout lorsque je fais venir un blâme étranger à l'appui de ma réprimande ; et elle se révolte à l'idée qu'un autre que moi puisse prétendre le droit de lui imposer un pareil chagrin.

Voilà ce que je n'aurais pas deviné avant que sa réponse me l'apprît, et j'apprends ainsi souvent après coup. Toujours en avant des enfans dans nos méditations sur le cours et les progrès de leurs idées, notre expérience est toujours en arrière de ce qu'exige la pratique de l'éducation; nous nous trompons continuellement en partant de données positives, et ne possédons qu'une science dont le principe seul est toujours le même et les applications sans cesse variables. Écrire ou réfléchir sur l'éducation de nos enfans est donc un travail rarement en rapport direct avec celui de les élever. L'expérience de l'éducation a presque toujours pour résultat de nous enseigner à n'appliquer qu'avec réserve et lenteur les idées qu'elle nous aura fait naître, et à mesurer l'importance de chaque chose, moins sur celle du but auquel nous voulons la faire concourir, que sur l'effet du moyen en lui-même. Ainsi, telle punition appropriée à la faute sera trop forte ou mauvaise pour l'enfant; notre juste sévérité, en réprimant un défaut, pourra risquer d'en produire un autre; il faudra penser à tout, et nous garder de la pédanterie dans la pratique avec plus de soin encore, s'il est possible, que de l'erreur dans le principe. L'éducation est une œuvre de toutes pièces, on pourrait dire de toutes mains; tant de choses y concourent sans nous, malgré nous, que ce serait une grande imprudence de ne pas leur assigner une place. Quelle que soit l'idée qui la domine, cette idée deviendra inutile ou dangereuse, si elle n'admet pas les hasards, les négligences, les méprises ou les mécomptes, le temps perdu ou mal employé, les notions fausses reçues on ne sait d'où, les mauvaises habitudes prises on ne sait comment, l'insuffisance de la direction sur un point, du frein sur un autre; ce sont là les chances de la vie, du caractère, de l'esprit des enfans, et même des parens. Il faut avoir préparé le terrain de manière à ce que tout s'y puisse ramener à une bonne fin, mais sans prétendre tout assujettir à un système uniforme et régulier. J'écrirai donc mes réflexions sur l'éducation de nos enfans, moins pour elles que pour moi, moins pour m'instruire de ce que je dois faire que pour me satisfaire moi-même sur les motifs de ce que j'aurai fait. Je vous communiquerai plus d'idées que je n'en appliquerai; car mon attention, une fois éveillée, ne s'arrêtera pas seulement aux idées qui me pourront servir à me conduire, et se portera sur toutes celles dont j'aurai besoin pour me comprendre. Me voilà comme Louise, l'impulsion est donnée, il faut que je l'épuise. En attendant, bonsoir; il est tard; le courrier de la légation, par qui vous parviendra ce paquet, part demain de bonne heure, et il ne faut pourtant pas commencer par passer la nuit à écrire sur l'éducation de mes filles, de manière à ne pouvoir me lever demain pour les leçons.

LETTRE II.

Mme de Lassay à Mme d'Attilly.

La Sanlaye, août 1816.

Je ne puis, chère tante, m'accoutumer à la pensée de cette séparation. L'idée que mon oncle va se trouver demain ou après à plus de deux cents lieues de vous, dans un pays étranger et pour si long-temps, cette idée-là me trouve moins courageuse que vous. Edmond est comme moi, il ne peut se faire à la nécessité du parti qu'a cru devoir prendre son tuteur. Tous les jours, lorsqu'après avoir inutilement tourné et retourné les choses en cent manières, nous nous résignons en soupirant comme si nous avions espéré trouver un remède, nous nous demandons encore s'il est possible qu'on soit obligé de s'imposer une pareille souffrance. Il faut que je connaisse bien toute votre force, chère tante, pour venir vous affliger encore par de semblables réflexions; mais votre chagrin m'oppresse à tel point qu'il semble que j'aie besoin de m'en décharger sur vous. Tâchez, je vous prie, de m'en consoler en me disant comment vous vous y prenez pour le supporter.

J'ai toujours pensé, depuis mon retour ici, à la proposition que vous fit mon oncle pendant que j'étais chez vous la veille de son départ, de lui envoyer un journal de l'éducation de mes cousines : vous sortîtes aussitôt d'un air troublé ; et mon oncle, qui parut le remarquer aussi, vous suivit un instant après, de sorte que je n'ai osé vous en reparler ; nous croyons cependant, Edmond et moi, que cela vous serait une chose aisée et agréable, occupée comme vous l'êtes de l'éducation de Louise et de Sophie, et accoutumée à causer avec mon oncle sur les choses les plus sérieuses. Ce travail remplacerait un peu pour vous sa conversation qui doit terriblement vous manquer ; de plus, comme on ne s'oublie jamais, j'ai pensé à part moi que ce journal me servirait aussi à l'éducation de mon petit Just. Le voilà qui va avoir trois ans et demi ; il faut bien songer à l'élever, puisque Dieu me fait enfin la grâce de n'avoir plus à me désespérer de la crainte de le perdre. Sophie est bien grande pour lui ; mais l'âge de Louise et le sien sont assez rapprochés pour que ce qui sera bon à l'une le puisse être à l'autre ; et il me semble qu'à cet âge-là, il n'y a guère de différence entre l'éducation des garçons et celle des filles. Rousseau dit, dans Émile que j'ai lu aussitôt après la naissance de mon fils, que *jusqu'à l'âge nubile les filles sont des enfans, les garçons des enfans*; et cela me paraît vrai surtout de l'âge de Louise et de mon fils, qui ne peuvent savoir encore que ce que nous leur apprenons : d'ici à quelques années ce que nous aurons à leur apprendre à tous deux se ressemblera, je crois, beaucoup.

Conclusion; chère tante, je compte que vous ferez le journal et que vous me le communiquerez. Je vous quitte, Just me tourmente pour me promener avec lui; il va de mieux en mieux; ce n'est plus la convalescence, c'est la santé qui reprend possession de lui. Il n'en est pas de même de la sagesse; mais, grâces au journal, j'espère le rendre parfait.

LETTRE III.

Mme d'Attilly à Mme de Lassay.

Paris, septembre 1816.

J'ÉPROUVE comme vous, ma chère enfant, le besoin de me justifier de temps en temps la nécessité du sacrifice que nous nous sommes imposé. Quelquefois, dans ces momens où la tristesse plus lourde sur notre âme voudrait s'appesantir encore davantage, le doute se présente pour ébranler cet appui que nous fournit l'idée d'un devoir indispensable. Heureusement le doute est impossible. Il nous devient tous les jours plus évident qu'avec des affaires telles que nous les a laissées mon beau-père, il n'y avait absolument que ce moyen de faire honneur à tout sans détruire l'avenir de nos enfans, et sans nous réduire nous-mêmes à cet état de gêne inquiète qu'il faut éviter autant qu'on le peut, parce qu'il ôte l'indépendance de la vie ou le calme de l'esprit, et force à concentrer, sur les soins étroits de l'existence, des facultés qui pourraient avoir un meilleur emploi. Les renseignemens qu'en passant à Strasbourg M. d'Attilly a reçus d'un ingénieur qui connaît nos usines de Westphalie, confirment parfaitement l'opinion où nous avons toujours été que cette propriété, dont il serait impossible de se défaire avantageusement dans l'état où elle est maintenant, peut, au moyen d'une meilleure direction, rapporter, d'ici à quelques années, un revenu considérable; et en même temps, d'après ce que me mande aujourd'hui mon homme d'affaires des offres qu'on a déjà faites, la vente de la terre de Bourgogne suffira au paiement de toutes les dettes. Nous avons donc fait ce qu'il fallait; maintenant il faut supporter, et, pour y parvenir, deux précautions m'ont toujours servi : d'abord, regarder le mal en face, le bien voir tel qu'il est dans son ensemble, en explorer, sans pitié pour nous-mêmes, tous les détails, de peur que, lorsque le moment sera venu de nous mesurer avec lui, il ne nous surprenne par quelque douleur sur laquelle nous n'avions pas compté, et n'ébranle notre courage en se présentant sous une face imprévue; ensuite, diviser autant que nous le pouvons notre charge, ne prendre à la fois que le fardeau de chaque jour, sans ramener continuellement sur nous-mêmes le poids de l'existence tout entière, ou du moins de ces longues années qui, dans l'incertitude où nous sommes de la durée de la vie, peuvent en devenir une si grande partie. L'occupation est un grand moyen de prendre ainsi le temps à petites doses. L'action nécessairement successive arrête isolément notre attention sur chaque période de la durée, au lieu que la pensée les embrasse toutes en une seule étreinte, et nous fait sentir à la fois tout ce qu'elles renferment pour nous de joie ou de douleur. C'est par cette raison que les gens de la classe laborieuse portent légèrement une vie de travail et de privations, et que les peines se grossissent pour nous dans le sein d'une vie de loisir. Aussi j'évite le plus que je puis de permettre à ma pensée un avenir qui dépasse ma tâche du jour ; je lui défends surtout de s'arrêter sur la consolation qui m'est promise, sur ces deux mois que mon bon mari s'efforcera d'épargner chaque année pour venir nous les donner. Si j'osais me transporter en imagination dans le bonheur de cet instant de réunion, l'absence où je suis retenue me deviendrait intolérable. Je l'ai toujours éprouvé, soit dans les maux de l'âme ou dans ceux du corps, c'est une grande affaire qu'une grande douleur, il faut nous y donner tout entiers pour y suffire : si l'énergie de notre nature se porte sur l'espoir de la délivrance, que nous restera-t-il pour soutenir la peine ?

Je m'interdis donc par-dessus tout l'espérance : il n'en est qu'une à laquelle le ciel ait attaché le courage ; c'est celle qui s'achète par le travail, et c'est ainsi que Dieu la présente pour adoucissement aux pertes irréparables ; c'est ainsi que nous l'avons reçue, ma chère Henriette, quand votre mère, ma sœur chérie, quand le guide de votre jeunesse, l'amie de toute ma vie nous a délaissées sur cette terre. Si le bien de la retrouver un jour ne nous était présenté comme le prix de nos efforts à le mériter, l'attente même du bonheur céleste rendrait la vie trop difficile à passer.

Dans l'activité d'occupation que je me suis imposée, le journal dont vous me parlez me sera d'un grand secours ; je l'ai déjà commencé, et vous le communiquerai tant que vous voudrez. Ce travail m'attache et m'intéresse, mais j'y trouve le plaisir de la nouveauté plus que la facilité de l'habitude. A peine depuis quelque temps commençais-je à m'apercevoir que j'élevais mes filles. Et vous, ma chère enfant, vous êtes-vous jamais avisée de songer que depuis trois ans et demi vous faisiez l'éducation de votre fils ? Voilà pourtant ce qui vous arrive, ce qui nous arrive à toutes : on élève les enfans comme on les met au monde, parce qu'il le faut bien, qu'on ne saurait faire autrement lorsqu'une fois ils sont là, et que presque tous nos rapports avec eux sont des actes d'éducation. On instruit l'enfant au maillot à voir, à écouter, parce qu'on a besoin qu'il entende et reconnaisse. Le chant de sa nourrice pour l'apaiser sera sans effet si on ne le choisit tel qu'il puisse fixer son attention, et par là il se forme à l'attention. A peine étend-il la main, qu'il faut lui apprendre à discerner ce qu'on ne veut pas qu'il touche ; sitôt qu'il marche, l'obéissance est indispensable pour le garantir de mille dangers, et la nécessité d'interrompre ses jeux à l'heure du sommeil nécessaire, ou de lui faire prendre une boisson déplaisante, lui enseignera les actes les plus difficiles de soumission à l'autorité.

Notre repos dépend absolument, durant les premières années, du succès de cette éducation presque involontaire : rien de si agité qu'une mère qui gâte ses enfans. Vous vous rappelez ces cris répétés à chaque minute, et qui nous contrariaient tant : « Jules ! tu vas tomber dans » le feu ! Rose ! veux-tu bien ne pas grimper sur » la chaise ! » et cette nécessité continuelle de courir de l'un à l'autre pour les arracher de force aux dangers que leur aurait épargnés un commencement d'obéissance. Nous comparions, s'il vous en souvient, ce trouble si gratuit, et qu'il eût été si aisé de faire cesser, à l'impatience que donne une porte ballottée par le vent, et qu'on laisse battre ou crier plutôt que de prendre une fois la peine de l'aller fermer.

Il faut inévitablement, avec les enfans, agir quelquefois, ou avoir à souffrir sans cesse. Des nécessités importunes nous poussent sans relâche à l'éducation. Si, dans le premier âge, nos enfans nous la demandent par leurs besoins, en grandissant ils nous l'imposent pour notre propre compte. Nous avons alors à nous défendre d'eux et à les ranger à leur place, afin qu'ils n'empiètent pas trop sur la nôtre. On réprime le bavardage d'un enfant pour n'en être pas assourdi, ses fantaisies pour se délivrer de ses persécutions. Louise recevra ses premières notions de politesse de la leçon que je suis obligée de lui adresser tous les jours pour l'engager à me rendre, sans se faire prier, mon fauteuil, dont elle ne manque jamais de s'emparer aussitôt que je le quitte; et je travaille, depuis quelque temps, à obtenir de Sophie un peu d'ordre, afin de pouvoir être quelquefois en possession d'un crayon ou d'une paire de ciseaux, sans qu'elle les emporte et les égare, de manière à ce que dix fois sur douze je sois obligée de m'en passer au moment où j'en aurai besoin.

Tout le monde en fait autant; et s'il n'était question que d'adapter nos enfans au monde extérieur dans lequel ils commencent à vivre, il n'en faudrait pas beaucoup davantage, et ce ne serait guère la peine d'y penser. Les choses de ce monde vont leur train sur nous et contre nous, et nous obligent bien de nous ranger à leur allure, car elles ne se rangent point à la nôtre. Si un enfant, comme je viens de le dire, reçoit ses premières leçons de la situation où il se trouve à l'égard de ses parens, il en recevra d'autres, et plus directes et plus fortes, des situations successives qu'il rencontrera à mesure que son existence personnelle s'étendra et le mettra en contact avec tout ce dehors, qu'il n'atteignait d'abord que par notre intermédiaire. Comme il a eu affaire à nous, il aura affaire à d'autres qui ne souffriront pas davantage qu'il les gêne, les dérange ou résiste à leur volonté, et pour lesquels il faudra bien qu'il se contraigne et se modifie. La nécessité continuera de tenir la main sur lui, comme elle l'a d'abord mise sur nous pour arriver jusqu'à lui, et lui fera bien recevoir la forme qu'elle exige. A quelque âge que ce soit, vivre est une éducation; tout le monde la reçoit, plus ou moins bonne; et c'est ce qui fait que notre oncle de Revey dit qu'on est toujours élevé.

Aussi ne conçoit-il guère qu'on se donne autre peine avec les enfans que de les envoyer coucher quand ils font trop de bruit, ou de les débarbouiller quand ils sont malpropres; et je ne suis pas parvenue à lui faire comprendre hier que, s'il y avait dans la mauvaise éducation des inconvéniens que le monde peut rectifier, la bonne avait un avantage qu'il ne donne pas toujours. Il me dit à cela qu'une foule d'honnêtes gens dont, avec mes idées, je trouverais sûrement l'éducation fort mauvaise, ont bien fait leurs affaires en ce monde, et qu'il ne voit pas ce qu'il faut de plus. Alors je n'ai plus rien à répondre; notre oncle ne sort jamais du fait; il n'aime pas, dit-il, à se perdre dans les suppositions, et l'on serait mal reçu à lui objecter que parce qu'un homme a bien fait, comme il dit, son affaire dans ce monde, ce n'est pas une raison pour dédaigner les principes qui l'auraient peut être aidé à la faire meilleure. Ce que notre bon oncle déteste encore plus cordialement que les suppositions, ce sont les théories. Je me suis donc bien gardée de lui laisser entrevoir que ce qu'il appelle mes idées en éducation a précisément pour objet d'empêcher que mes enfans ne soient appelés trop tôt à faire leurs affaires en ce monde, et à s'instruire du *comment* des choses avant d'en comprendre le *pourquoi;* j'éviterai, si je puis, qu'ils aïent à subir la nécessité des circonstances sans recevoir en même temps l'idée du devoir qui les oblige à s'y soumettre, car autrement ils se soumettraient aux circonstances et non pas au devoir. Je tâcherai, autant qu'il dépendra de moi, de ne laisser arriver jusqu'à eux les faits extérieurs, qu'accompagnés du principe qui les juge et les classe, et mon travail le plus assidu sera de préparer leur esprit de telle sorte que les impressions s'y viennent ranger dans l'ordre qui leur appartient, et n'y prennent que la place qu'elles méritent. A défaut de cette règle de jugement établie d'avance, on peut arriver à attacher plus d'importance réelle à l'évènement d'une partie de whist qu'à la question de la traite. Beaucoup de ces honnêtes gens dont parle notre oncle en viennent là lorsque le temps de l'activité est passé pour eux et qu'entre leurs affaires personnelles, auxquelles ils ont toujours donné la première place, le whist est devenu la plus importante :

> Non ragioniam di lor, ma guarda e passa.

Les résultats du défaut de principes seront bien plus frappans encore dans les classes inférieures ou les situations difficiles de la vie, et l'on conçoit à merveille que les mêmes faits diversement reçus et jugés, le même degré d'expérience du monde, soit qu'il ait pris place dans un esprit bien ou mal ordonné d'avance, puissent faire de l'un un honnête homme, de l'autre un vaurien.

Notre emploi dans l'éducation morale de nos enfans est donc de ne leur laisser arriver, autant que nous le pouvons, les impressions du monde extérieur que revues et corrigées, s'il est permis de le dire, et revêtues du degré d'importance morale qui leur appartient. Nous sommes naturellement pour eux, par notre pouvoir, les agens de la nécessité, qui fait, dès le premier moment, sa tâche de les instruire ; mais c'est seulement comme agens de la raison que nous donnerons à cette instruction toute son utilité. Avec ce nouveau rôle commencent pour nous le travail et la pensée de l'éducation ; nous reconnaissons alors d'autres choses à imposer que celles qui nous sont commandées par les nécessités extérieures. Nous réprimons le caprice d'un enfant non plus parce qu'il nous gêne, mais parce qu'il faut l'habituer à voir dans le caprice un tort à repousser. Si nous l'obligeons à nous obéir en telle ou telle chose, ce sera moins pour la chose elle-même que pour en faire une occasion d'obéissance. Dans ce que nous exigerons de lui, nous examinerons non ce qui nous sera convenable, mais ce qui lui sera utile ; nous ne punirons point dans ses fautes le mal qu'elles auront fait, mais le mal de les avoir commises, nous considérerons l'intention plus que le fait, le principe plus que la conséquence.

Comme la première nécessité de l'éducation ainsi conçue est d'abjurer nos propres impressions pour ne plus songer qu'à celles que nous avons à produire, son premier acte sera de s'exercer sur nous-mêmes, de nous apprendre à traiter avec douceur ce qui nous impatiente, à sévir contre ce que nous aimerions tant à pardonner, à punir des larmes que nous serions si souvent tentés de partager; enfin à agir en mille occasions sans consulter nos propres sentimens, sans nous occuper de ceux que nous excitons, autrement que pour arriver à notre but; et ce but, il faudra le poursuivre à travers tant d'émotions si diverses et si confuses que nous ne démêlerons pas aisément celle qui peut servir et celle qui peut nuire, et ne saurons pas toujours éviter d'exciter la colère là où nous voulions la tristesse, ou de faire naître le découragement à la place du repentir. Apprendre tout cela d'un coup ne serait pas une petite affaire. Mais, Dieu merci, en éducation rien ne se gagne et par conséquent ne se perd d'un seul coup; rien ne se fait en une fois, pas plus celle des mères que celle des enfans. Beaucoup de jours se suivent et se ressemblent; l'occasion perdue se retrouve, et l'erreur d'aujourd'hui sera réparée demain, sans qu'il y ait eu un grand mal de fait ou un grand bien de manqué. On peut donc avoir travaillé déjà quelque temps et n'en pas savoir encore bien long sur son métier. J'ai presque peur de ce que je vais peut-être apprendre, en y pensant, sur les fautes déjà faites, ou sur celles que je n'aurai pas trop le cœur de vouloir éviter; je n'en continuerai pas moins à nos risques et périls communs, ma pauvre enfant, car vous voilà à mon régime. Je ne saurais plus vous parler d'autre chose, je suis dorénavant toute éducation; arrangez-vous-en comme vous pourrez; je suis accoutumée à me laisser aller avec vous.

LETTRE IV.

Mme d'Attilly à M. d'Attilly.

Paris, septembre 1816.

Nous avons dîné hier chez votre sœur; après le dîner sont venues quelques amies de Zéphirine, entre autres la petite de Blagny, blanche, frisée, bouclée et parfaitement stylée à l'obéissance. Il prit fantaisie à sa mère d'imaginer qu'elle s'échauffait trop au jeu, et en conséquence de la rappeler auprès d'elle. La petite fille, sans mot dire, alla sur-le-champ se ranger, les yeux baissés, auprès de sa mère. Sophie, très étonnée, courut après elle, et n'osant s'adresser à Mme de Blagny, demanda à la petite pourquoi sa mère lui avait fait quitter le colin-maillard. « Un en- » fant bien élevé, répondit Mme de Blagny en se » rengorgeant un peu, fait ce qu'on lui dit sans » demander de raison. » Cette maxime fut accompagnée d'un coup d'œil d'intelligence qu'elle me jeta de côté, comme pour m'avertir du service qu'elle me rendait. Je le reçus avec une humilité parfaite, et de l'air le plus reconnaissant qu'il me fut possible de prendre. Je ne m'aviserai pas de dire à Mme de Blagny que, pour avoir des filles bien élevées, j'attends que leur éducation soit un peu plus avancée, et je lui confierai encore moins ce que je pense de l'obéissance passive; elle est très fière de ses talens pour l'éducation, et regarde celle de sa fille comme un vrai chef-d'œuvre, parce qu'en effet cette enfant, ne remuant qu'à la baguette, ne dit et ne fait point de sottises.

C'est une assez commune fantaisie que celle d'élever les enfans pour le succès du moment, sans trop s'embarrasser si les moyens dont on se sert, pour en faire des enfans bien sages, en feront un jour des gens raisonnables. J'ai connu, dans mon enfance, une petite fille de mon âge, élevée avec la plus rigoureuse exactitude, à ne jamais parler à table, ni dans la chambre de sa mère. L'interdiction était purement locale; et ses parens, contens de lui avoir donné, en leur présence, un si bon maintien, ne s'embarrassaient pas de la manière dont elle pourrait user ailleurs de la parole. Elle en usait sans mesure, soit avec sa poupée, soit avec les domestiques, soit même toute seule, se dédommageant de son silence par un débordement de mots insignifians qui se succédaient sans relâche comme sans choix, et prenait tant de plaisir à cet exercice de sa liberté, que la pauvre créature est morte depuis, une des plus funestes bavardes que j'aie jamais connues.

Il y a, mon ami, quelque chose de trompeur dans le pouvoir, et ce n'est pas trop de tout le désintéressement paternel, ce n'est pas même toujours assez pour contrebalancer la disposition qu'a naturellement celui qui se sent le maître à se prendre soi-même pour but de l'ordre qu'il donne, ou de la règle qu'il impose, et à mesurer son jugement de l'action d'autrui sur l'effet qu'il en reçoit. Je gronderai certainement Sophie, beaucoup plus fort en hiver qu'en été, de l'habitude qu'elle a de ne point fermer une porte, et au moment où le chariot de Louise viendra s'embarrasser dans mes pieds, je renouvellerai avec tant de sévérité la défense de porter les joujoux dans le salon, qu'il ne tiendrait qu'à elle, supposé qu'elle y fît attention, de croire sa faute beaucoup plus grave qu'à l'ordinaire. Il ne nous est pas aisé de soustraire nos actions à l'influence de nos impressions, surtout quand nous n'avons pas affaire à des gens en droit de nous obliger à respecter les leurs; ainsi avec nos enfans et nos domestiques, nous croirons assez volontiers pouvoir nous livrer à nos mouvemens : et il est certain que je me reprocherai moins un acte d'impatience à l'égard de mes filles, que je ne le ferais dans toute autre occasion. On se croit aisément propriétaire là où l'on est maître, et l'éducation de nos enfans est tellement notre affaire, que nous sommes toujours prêts à la traiter comme un de nos intérêts personnels. Une mère, en général, ne recevra pas de très bonne grâce l'avis qu'on lui donnera sur l'éducation de ses enfans; elle sera tentée de répondre, « Cela ne regarde que moi »; et il nous arrive bien quelquefois d'oublier que le but de nos soins ne doit pas être de dresser un enfant de la manière la plus conforme à nos habitudes, ou la plus commode à notre paresse.

Il y a deux manières d'élever un enfant, pour soi plutôt que pour lui, en lui interdisant l'exercice de sa raison pour le soumettre absolument à la nôtre, ou en suivant dans notre enseignement, moral ou autre, la marche de notre raison sans observer les procédés de la sienne. Dans le premier cas, on oublie d'élever l'enfant pour en faire un homme; dans le second, que l'homme qu'on élève est encore un enfant.

J'ai toujours pensé, par exemple, que le précepte absolu de l'obéissance implicite, auquel on a mis tant d'importance, avait été établi beaucoup plus pour l'usage du maître que pour l'avantage de l'élève. Je ne conçois guère qu'un homme de vingt-cinq ans pût tirer grand profit de l'habitude qui lui aurait été donnée dans son enfance d'obéir toujours sans réflexion comme sans exception, et cette maxime tant répétée, que *l'obéissance est la vertu des enfans*, en la prenant à la lettre, leur interdirait pour le temps de l'enfance toutes les vertus dont ils doivent se trouver pourvus en arrivant à l'âge d'homme; car nos vertus doivent être à nous, le fruit de notre volonté, non de notre soumission à celle d'autrui; et se charger de vouloir toujours pour un enfant, n'est pas le moyen de le former à l'exercice de la volonté.

Je sais que soumettre sa volonté à celle d'un autre est aussi un acte de volonté, et quelquefois l'un des plus difficiles. Mais, pour fortifier les muscles des enfans, on ne se contente pas de leur prescrire des efforts difficiles, on a soin de les diriger de manière à ce qu'ils portent la force où elle doit être. La difficulté d'un acte de volonté n'en constitue pas toujours l'utilité morale; elle dépend surtout du motif qui l'a déterminé, et dont il a constaté pour nous l'importance. L'esclave qui aura hésité entre la crainte des coups et le désir de faire ce qui lui plaît ne recevra certainement pas, de l'acte de soumission auquel il pourra se déterminer ensuite, le profit moral que retirera probablement de ses combats l'homme libre qui aura fait céder son plaisir à son devoir.

Je sais cependant que l'obéissance implicite est le plus souvent nécessaire à la marche de l'éducation, et retrancher des ordres des parens les *je veux* ou *je ne veux pas* absolus, ce serait en vérité leur interdire le fond de la langue ; mais de l'idée que réveillera chez l'enfant ce commandement péremptoire, du motif qu'elle donnera à sa soumission, dépendra l'effet moral de l'obéissance. Si elle ne lui donne que l'idée de la nécessité d'obéir, la nécessité sans doute est bonne, savoir s'y accommoder est un mérite et un bonheur ; mais, lorsqu'elle vient du dehors, elle ne se fait sentir à nous que comme une force étrangère dont le joug ne doit peser sur nous qu'aussi long-temps que nous ne sommes pas de force à le secouer, dont la puissance ne nous soumet que pendant le temps de sa durée, et ne nous oblige à rien pour l'avenir. Chaque fois, au contraire, que le commandement du père éveillera chez le fils l'idée du devoir d'obéir ; en lui s'affermira la conscience d'une nécessité intérieure, inviolable, à laquelle il ne lui est pas permis d'échapper. Le motif auquel il se soumettra aujourd'hui, et dans le cas dont il s'agit, réclamera en toute occasion la même soumission ; et, de son obéissance à son père, suivra comme une conséquence naturelle et nécessaire son obéissance à tous ses devoirs.

Qui donnera à l'obéissance le caractère du devoir? sera-ce le fouet toujours suspendu sur le dos de l'esclave, et qui a fait fléchir sa volonté sous la crainte? sera-ce l'habitude d'obéir, devenue tellement inhérente à l'existence qu'entre le commandement et l'obéissance il n'intervient aucune autre pensée que celle de l'action prescrite? Mais il n'est pas d'action si prompte, de décision si rapide qui ne suppose au moins un choix une fois fait, un parti une fois pris; et le parti pris du devoir d'obéir à l'ordre dont on ne comprend pas les motifs, ne s'improvise pas dans l'esprit d'un enfant à qui on n'aura jamais permis l'examen. Tout enfant sent en lui-même les limites de son obéissance, et malheur à celui qu'on aurait rendu capable d'aller, sur l'ordre de son père, dénoncer son camarade, insulter à la pénitence de sa sœur. Dès qu'un enfant peut avoir, pour ne pas obéir, un motif puisé dans sa propre raison, comme le serait la conviction qu'il doit se refuser à une action immorale ou impossible, il faut bien qu'il ait pour obéir un motif du même genre; il ne saurait se dispenser de juger l'ordre qu'on lui donne. Souvent sa raison s'en remet à la nôtre de ce jugement, mais c'est un acte de confiance, l'effet de la conviction acquise de notre supériorité. J'appelle Sophie, elle ne vient pas sur-le-champ, et, si je l'en veux gronder, elle met une grande importance à m'expliquer d'abord la cause de son retard. Elle pense donc qu'il peut y avoir eu pour elle une bonne raison de ne pas m'obéir, puisqu'elle l'allègue en excuse. Cependant elle sait qu'elle n'en est pas seule juge, puisqu'elle me la soumet; c'est là la base de l'obéissance. Elle me croit juste, car elle appelle mon attention sur ce qu'elle regarde comme ses légitimes moyens de défense, et de ma justice présumée naîtra en mille occasions la disposition à m'obéir sans examen, comme en quelques autres le besoin de me faire entendre ses raisons; besoin dont, à la vérité, il m'appartient encore de juger la légitimité. On ne saurait s'en rapporter aux plaideurs du soin de terminer les procès; et les enfans à qui on permet la discussion, nous obligent toujours, comme la comtesse de Pimbesche, à finir par les *lier*. J'ai entendu raconter à l'excellent Dupont de Nemours qu'il avait établi dans sa maison deux sortes d'injonctions, l'une qu'il appelait, je crois, le *commandement paternel*, et l'autre le *commandement militaire* : le premier souffrait la discussion, mais l'autre devait être obéi sans réplique. Les enfans, accoutumés à cette distinction, n'hésitaient pas à s'y soumettre, et le commandement militaire une fois prononcé, l'obéissance suivait aussitôt sans examen comme sans humeur. Ainsi étaient conservés à la fois les droits de la raison inférieure, faite en tant que raison pour demeurer libre et maîtresse jusqu'où elle peut atteindre, et le droit réservé à la raison supérieure de s'imposer là où elle ne peut plus se faire comprendre. Ainsi, et seulement ainsi les enfans peuvent se former à la véritable obéissance, qui n'est autre chose que l'abandon de notre volonté à une volonté que nous jugeons en droit d'en disposer. Se soumettre à une volonté privée de droits, ce n'est pas lui obéir, c'est la subir, et la soumission sans motif moral est aussi contraire à la nature de l'obéissance, que le commandement sans justice à la nature de l'autorité.

Être moral avant de devenir un être réfléchi, l'enfant a besoin de croire à la justice longtemps avant de sentir le besoin de la comprendre ; nous en sommes pour lui les premiers arbitres, parce que c'est en nous qu'il lui a d'abord été nécessaire de la trouver. Notre droit se prouve à ses yeux par notre pouvoir, et il nous croit justes parce qu'il nous obéit ; mais cette disposition, que des générations se sont transmise pendant une longue suite de siècles chez les peuples dont le despotisme a eu l'art ou la fortune de prolonger l'enfance, ne peut, chez les individus non plus que chez les peuples, soutenir les approches de l'âge de réflexion. Dès que la raison de nos enfans croissant en force commence à chercher la liberté, il lui en faut accorder ce qu'elle en peut employer; autrement elle en prendra plus qu'il ne lui appartient, ou perdra le pouvoir d'user de celle qui lui doit revenir un jour. L'enfant tenu dans les liens d'une obéissance passive, ou rejettera, dès qu'il se connaîtra une volonté, tout devoir de soumission à une règle à laquelle il n'aura pas consenti, ou y bornera tellement l'emploi de ses facultés, qu'il ne saura que faire de sa raison lorsqu'une fois elle ne lui servira plus à obéir.

Mais, d'un autre côté, parviendrons-nous mieux à former sa raison en y employant les procédés qui conviennent à la nôtre? C'est avec les enfans surtout que *chi va piano va sano, chi va sano va lontano*, car la route est longue et les forces petites; il faut *donner du temps au temps*, dit le proverbe, et nous ne devons pas espérer qu'en éducation plus qu'ailleurs il se laisse jamais devancer: notre hâte n'y peut rien, notre activité, notre intelligence n'ont qu'une bien faible prise sur les matériaux que nous employons; soumis à leur propre nature, ils suivent leur propre loi et ne se développent qu'à leur jour. Vous aurez, pendant des mois entiers, enseigné inutilement une chose avec toutes les peines imaginables, et tout-à-coup elle se trouve sue sans que vous puissiez comprendre comment. Je ne dis pas que toutes les peines prises jusque là aient été perdues, mais beaucoup auront été appliquées à faux; vous aurez donné comme parfaitement clair un raisonnement hors de la portée de l'intelligence à laquelle vous l'adressiez, et les idées que vous vous flatterez d'avoir fait bien entendre, n'auront été qu'acceptées de complaisance ou de fatigue; enfin, vous n'aurez pas mieux réussi à comprendre qu'à être compris.

La force de l'homme manque de données pour mesurer la faiblesse de l'enfant, et, en essayant de l'entraîner à sa suite, elle brise ou perd le fil qui doit le conduire. Rousseau, dont le principe est de se faire petit avec les enfans, se laisse aller continuellement à leur supposer une conséquence dans l'esprit et une suite dans les idées, que ne comporte pas la faiblesse de leurs organes. L'inconvénient est médiocre dans la méthode de Rousseau, qui trop peu fidèle à l'observation, du moins la recommande toujours, en sorte qu'il est difficile de suivre son système sans en apercevoir les erreurs; mais il n'en est pas ainsi dans une foule d'éducations auxquelles on applique les principes tout faits. Je lisais l'autre jour, dans l'ouvrage de mistriss Hannah More (1), un chapitre sur la nécessité d'inculquer aux jeunes filles le principe général de la modération, afin de les garantir de l'excès de leur goût pour la parure, source pour elles de beaucoup d'erreurs. L'idée me paraissait raisonnable, et je ne cherchais que les moyens de l'appliquer lorsqu'il m'est arrivé du monde. J'ai envoyé mes filles jouer dans la chambre voisine. Au bout d'un instant a commencé un tel tapage que j'ai pensé que c'était le moment d'appliquer le principe général de la modération dans les mouvemens; un bruit de meubles renversés m'a fait courir au secours, j'ai vu Louise à quatre pattes, faisant le loup et balayant le parquet avec la robe blanche qu'on venait de lui mettre pour la promenade; sa sœur, le jupon de sa poupée sur la tête en guise de casque, le coussin de mon chien attaché je ne sais comment sur le bras pour lui servir de bouclier, et le balai de cheminée à la main faisant épée, poursuivait le loup à travers une forêt de chaises et de tables qu'elle renversait sur son passage. La joie, les cris ont redoublé quand on m'a vue arriver; dans le transport qui les animait, j'ai eu toutes les peines du monde à les empêcher de se précipiter dans le salon pour y poursuivre

(1) Strictures on modern education.

leurs exploits guerriers. Le principe général de la modération eût été, dans ce moment, fort peu entendu : il a fallu arrêter Louise, en lui rappelant le précepte très particulier qui lui a été donné de ne pas marcher sur ses genoux lorsqu'elle a une robe blanche, et faire honte à Sophie de l'idée de se présenter devant quelqu'un avec un pareil accoutrement. Ainsi, loin que la modération que j'ai pu leur inspirer pour le moment dût les affermir contre les idées mondaines, je n'ai pu l'obtenir que par des considérations tout-à-fait capables, dans cinq ou six ans, de se tourner en amour pour la parure. A la vérité, deux jours après, Sophie voulant acheter une ceinture, je l'ai détournée, par des raisons d'ordre et d'économie, d'en acheter une qu'elle désirait beaucoup, mais dont le prix ne convenait pas à l'état de ses finances. C'est ainsi que, par des motifs particuliers, je l'ai conduite, en deux occasions différentes, à la modération dont je ne lui aurais jamais fait comprendre la nécessité générale.

Un principe général se forme en nous par abstraction, procédé qui ne peut être à l'usage des enfans que sur le nombre infiniment petit des objets qu'ils connaissent assez familièrement pour en tirer certaines qualités qu'ils appliquent à tous les objets de même espèce. Louise sait très bien qu'on se fait mal en donnant de la tête contre la table ou la cheminée, mais je ne répondrais pas qu'elle en eût encore tiré, du moins de manière à s'en rendre compte, l'idée générale qu'il faut, en courant, regarder ce qu'on a devant soi; et je suis bien sûre que si elle entendait dire que la lumière éclaire, elle répondrait que c'est le soleil et la lampe qui éclairent. Sophie comprend très bien, quoiqu'elle l'oublie souvent, que je ne veux pas qu'elle emploie à son plaisir mes pelotons ou mon coffre à ouvrage; mais si j'avais commencé par lui dire qu'on ne doit se servir que de ce qui vous appartient, elle m'aurait certainement demandé pourquoi. Il faut bien, et il faudra encore longtemps qu'elle obéisse à ce précepte et à beaucoup d'autres avant d'en comprendre la base; mais du moins, pour en tirer quelque profit, a-t-elle besoin d'en connaître l'application : elle n'y arrivera que par l'expérience. Ainsi, comme il lui est plusieurs fois arrivé de trouver mauvais que sa sœur prît sa poupée ou se servît de son écritoire, elle sait à présent que se servir de ce qui ne vous appartient pas, c'est faire une chose qu'elle condamne, et le précepte a pris pour elle une forme sensible. Mais tant qu'on n'en est pas arrivé là, les maximes générales entrent, comme on dit, par une oreille et sortent par l'autre :

aussi rien de plus parfaitement inutile que ce qu'on appelle prêcher les enfans. Votre oncle m'amuse singulièrement lorsque, dans ses jours de bonne humeur, il veut faire aussi de l'éducation, et représente à Sophie, par exemple, qu'elle ne doit pas se mettre en colère parce que la douceur est le mérite des femmes; ou veut détourner Louise de jeter sa poupée par la fenêtre, en lui faisant des raisonnemens sur les inconvéniens de la prodigalité.

Je ne fatigue pas mes filles de sermons, mais je me suis sentie disposée à tomber dans un autre inconvénient, surtout à l'égard de Sophie, dont vous savez que l'extrême facilité nous a quelquefois donné la tentation et le plaisir de lui faire comprendre des raisonnemens généralement au-dessus de la portée de son âge. Je m'aperçois, mon ami, qu'il lui ne reste rien ou à peu près rien, des idées qu'elle a reçues de cette manière, ou bien si elles ne sont pas complètement sorties de sa tête, elles y demeurent indolentes, infécondes, sans aucune influence non-seulement sur sa conduite, mais sur le cours habituel de ses idées. Aidée de notre intelligence, la sienne est parvenue à les saisir; mais sa raison, trop au-dessous de leur portée, n'en a pas ensuite trouvé l'emploi. C'est là l'inconvénient des idées précoces, comme aussi des instructions prématurées. Trop peu en rapport avec le système général des forces de l'enfant, elles lui font un poids dont il se débarrasse dès qu'il veut agir librement; il arrive ainsi que l'éducation des maîtres demeure entièrement à part de celle que se donne à lui-même l'élève par la réflexion et le développement, et que l'une est sans influence sur l'autre. Qu'il est difficile, mon ami, d'agir et de ne se pas tromper! Mais rassurons-nous, notre action n'a jamais toute la portée que nous lui supposons, et nous ne faisons ni autant de bien ni autant de mal que nous pourrions le croire. Notre inconséquence nous sauve, la nature des choses nous résiste, et *Dieu*, comme dit le proverbe portugais, *écrit droit sur les lignes de travers.*

LETTRE V.

Mme de Lassay à Mme d'Attilly.

La Saulaye, octobre 1816.

Je conçois, chère tante, le nouvel intérêt que doit créer pour vous le genre d'idées auquel vous commencez à vous livrer, et toute la place qu'il peut tenir dans votre vie. Quant à moi, je n'aurai qu'à écouter et exécuter, cela est commode et bientôt fait. Cependant, je vous avouerai que je suis assez préoccupée, depuis que j'ai reçu votre lettre, de ce que vous me dites et de ce que je sens très bien sur la nécessité de nous placer entre nos enfans et les objets du dehors, pour les empêcher d'en juger à faux et d'en recevoir de mauvaises impressions. Comment y parvenir? Avec la surveillance la plus exacte, mille impressions leur arrivent à notre insu. On ne saurait tout écarter ni tout diriger. Je ne vis pas beaucoup dans le monde; mais enfin j'ai quelques relations qu'il faut bien cultiver; j'ai aussi de fort minces talens que je ne veux pas perdre, ne fût-ce que pour en conserver quelque chose à mon fils; de petits soins, de petites affaires de peu d'importance dans ma vie, mais qui prennent assez sur mon temps, et encore faut-il bien en réserver un peu pour ce pauvre Edmond, qui trouverait, avec raison, fort mauvais de n'être pas ma première occupation et le maître avant tout de disposer de moi. Je ne saurais donc me consacrer à mon fils de manière à lui suffire, à remplacer les mille moyens d'amusement, et même d'instruction, qu'il trouvera de lui-même si je ne l'oblige pas à demeurer toujours près de moi. Il me semble, quand j'y pense, que tout peut servir à l'éducation d'un enfant; mais en même temps, je conviens que tout y peut nuire: ainsi, en l'attachant près de moi, je peux empêcher beaucoup de développemens; en le livrant un peu à lui-même, je peux l'exposer à beaucoup de dangers. Il y a là, chère tante, une difficulté que je ne sais pas résoudre. Edmond se moque de moi et me dit que les éducations si recherchées ne sont pas ordinairement les meilleures. Il prétend qu'on en sait toujours assez pour faire apprendre à un enfant le latin, et le garantir de l'indigestion, les deux points, selon lui, les plus difficiles de l'éducation. Quant au dernier, je l'arrête, car nos soins contre l'indigestion ont déjà eu l'effet de nous donner un problème assez difficile à résoudre, et nous voilà depuis deux jours dans l'embarras de ne savoir que faire des vertus de mon fils. Pendant sa longue convalescence, il a fallu soigner beaucoup son régime ; et, afin de rendre la chose à nous plus facile, à lui moins pénible, nous avons eu souvent recours à sa petite raison pour obtenir qu'il renonçât de bonne volonté à ce qui pouvait lui faire mal. Voilà qu'à présent, quand il veut être bien sage, Just ne mange pas une bouchée sans me demander : « Ma- » man, cela me fera-t-il mal? » Et son père se fâche de cette vertueuse circonspection, qui en fera, dit-il, un hypocondriaque. Alors le pauvre Just ne sait plus où il en est, d'autant que si l'instant d'après la gourmandise prend le dessus, Edmond, plus sévère que moi sur le régime de son fils, peut-être parce qu'il est moins faible pour ses désirs, lui refuse impitoyablement, par raison de santé, le plus petit écart à la règle prescrite. Aidez-nous, chère tante, je vous prie, à sortir de peine et à régler le fait extérieur du dîner, de manière à ce que mon pauvre petit Just ne coure le risque d'y attraper ni une idée fausse ni un retour de fièvre.

LETTRE VI.

Mme d'Attilly à Mme de Lassay.

Paris, octobre 1816.

Je suis entièrement de l'avis d'Edmond, ma chère enfant, sur la simplicité de cœur et de méthode à apporter dans l'éducation ; et dût l'indigestion n'être pas tout-à-fait si facile à éviter qu'il le pense, je ne crois pas qu'il faille aller chercher bien loin le préservatif de ce danger-là non plus que de beaucoup d'autres, ni séquestrer un enfant pour lui apprendre à vivre avec les hommes. Rousseau peut avoir eu besoin d'isoler son Émile. Il fallait la liberté de la solitude à l'action d'un système solitairement conçu. Le génie de Rousseau était plus propre à découvrir la vérité qu'à l'appliquer, et la force de sa pensée portait difficilement le joug des circonstances extérieures. Mais les choses de ce monde ont été faites et se font l'une pour l'autre, et se jouent perpétuellement des classifications qu'on veut leur imposer. Faire de l'éducation une œuvre à part de la vie commune, la séparer de la société et du commerce des hommes, est une sorte d'opération chimique bonne pour analyser des principes, mais qui ne les rend à l'usage qu'en les combinant de nouveau.

Assurément tout peut, tout doit servir à nous élever; tout y sert, du premier au dernier jour de la vie; tout a été fait pour cela, et l'on ne saurait dire si, en nous plaçant dans la société, la Providence nous a plus donné pour but le bien que nous devons faire ou l'amélioration que nous en devons recevoir. Il serait donc étrange d'éloigner d'un enfant les instrumens de son éducation jusqu'à ce qu'elle fût achevée; mais il serait absurde aussi de le laisser s'en servir d'abord à sa guise, sans précaution et sans méthode, au risque de lui voir prendre l'épée par la lame et le couteau par le tranchant. Lui apprendre à les toucher et manier par le bon bout, à les voir sous leur vrai point de vue, c'est là tout le secret de l'éducation, et pour cela il suffit de les lui montrer de sa place naturelle, et de le mettre, à l'égard des objets extérieurs, dans les rapports que lui doivent donner avec eux son âge, sa faiblesse, son inexpérience. De cette manière il en recevra l'impression qu'il en doit recevoir; son jugement en sera vrai en ce qui le concerne, c'est-à-dire sur la seule face qu'il ait pu considérer et dont il songe à s'enquérir. En apprenant à les connaître par rapport à lui, il se connaîtra par rapport à eux, saura ce qu'il en doit raisonnablement et naturellement attendre ou craindre, et rien ne sera faussé dans ses sentimens ou ses idées, parce que rien ne l'aura été dans sa situation. Placez un enfant dans le salon de sa mère, au milieu de trente personnes, quelle y sera sa situation naturelle? Celle d'un petit être inutile à tout ce qui se trouve là, objet d'intérêt pour quelques-uns, d'attention pour personne; obligé de renoncer même à celle de ses parens, qui la doivent en ce moment tout entière à d'autres soins : il s'ennuiera très probablement, et s'il s'amuse, ce sera d'un divertissement dont il fera seul les frais, et dont il faudra que personne ne reçoive de dérangement. Qu'un ami plus particulier de la famille se plaise un instant à exciter et partager sa gaîté, ce court moment de plaisir, que l'enfant n'aura osé réclamer, qu'il lui faudra regretter sans se plaindre, achèvera de lui apprendre à quel point il est dépendant de la bonne volonté des autres, à quel point il lui est nécessaire de savoir se passer d'eux et n'y pas compter. Ce monde, pour lequel il n'est rien, lui donnera de son insignifiance une notion beaucoup plus exacte qu'il ne pourrait la recevoir dans sa famille, où la place qu'il tient doit nécessairement le tromper un peu sur celle qu'il pourrait espérer au dehors. Mais qu'au lieu de sa situation naturelle d'enfant, il ait occupé dans ce même salon la place d'une personne, que la faiblesse de ses parens, la politesse des autres, ou, dans certaines situations, la flatterie qui s'attache à tous les entours d'un homme en quelque pouvoir, aient permis à cette débile créature de se placer en évidence, trompée aussitôt par les joies de sa vanité, elle s'imaginera donner aux autres le plaisir qu'elle éprouve en se communiquant à eux, et pensera sincèrement qu'ils reçoivent une véritable satisfaction de la vue de ses cheveux blonds et des saillies de son bavardage. Que cela dure et vous en aurez fait une mijaurée ou un fat.

Vous donnerez à un autre, pour compagnons de ses jeux, les enfans des domestiques de son père. Si vous l'avez placé au milieu d'eux dans sa situation naturelle d'égalité, qu'enfant comme eux, il n'ait droit qu'aux mêmes complaisances, soit soumis aux mêmes obligations, vous verrez les habitudes de la justice, les sentimens généreux résulter pour lui de ces mêmes relations qui, dans le cas contraire, ne produiraient que les insolences de l'orgueil et les caprices tyranniques de l'égoïsme. Un enfant gâté est hors de sa place naturelle, car sa déraison commande à la raison des autres, la force est aux ordres de sa faiblesse, ceux qui doivent le gouverner lui obéissent, il n'est pas l'enfant de la maison, il en est le maître. L'enfant entièrement livré à lui-même est également sorti de sa situation naturelle, de la protection de la famille promise à son enfance, de la dépendance qui est aussi une protection. Il est exposé sans défense à des sentimens trop forts pour sa débile raison, à des exemples trop dangereux pour la faiblesse de son jugement; les réalités n'arrivent jusqu à lui que perverties et trompeuses, car avec les organes d'un enfant, il les voit de la situation d'un homme. Toute mauvaise éducation est un déplacement de l'enfant, une violence faite à la situation qui lui a été assignée dans ce monde, où il naît faible, inutile, incommode et en même temps objet d'attendrissement, d'amour, de devoir. Il n'est rien par lui-même; point de sentimens, point d'idées dont il ait du moins la conscience; à peine quelques signes de volontés instinctives, d'une vie plus végétative encore qu'animale, et déjà, dans la pensée de ceux qui l'environnent, il occupe, il doit occuper le rang d'une créature raisonnable. En eux seuls repose, pour ainsi dire, toute son existence, et tant de joies, de peines, tant d'émotions si vives dont se vont composer leurs rapports avec lui, il n'y sera pour rien, tout leur viendra d'eux seuls; et le sentiment de la vie de l'enfant, à peine perceptible en lui-même, n'aura de long-temps son intensité, son énergie que dans la mère qui l'a porté, dans le père qui l'a reçu. En prenant la conscience de son être, il se sentira long-temps sans se connaître, recevra les impressions du dehors sans les juger. Ses volontés seront sans rapport avec ses besoins ou contraires à son bien; il criera pour avoir le lustre suspendu au-dessus de sa tête, ou voudra prendre dans ses mains le charbon ardent. Et lorsqu'instruit par le plaisir et la douleur il entrera véritablement en relation avec les objets extérieurs, chaque sensation tour à tour l'absorbera complètement, et tout le sentiment de la vie se concentrera pour lui dans l'excès de douleur ou de colère où l'aura jeté le refus du fruit qu'il aime ou de la fleur qu'il désire. C'est ainsi qu'il avance, toujours plus ou moins étranger aux intérêts réels de son existence : lors même qu'il commencera à y prendre part, lors que sa volonté et son action deviendront les élémens nécessaires de l'éducation qui doit lui préparer son avenir, cet avenir, but de ses efforts, n'existera encore pour lui que dans la pensée de ses parens; il faudra qu'il y marche sans le voir, conduit par une impulsion journalière; et, incapable de donner à ses intentions une si longue portée, il aura besoin d'être soutenu dans son devoir par des motifs présens, prochains, pour ainsi dire sous la main, toujours prêts à lui servir d'appui. Ses parens sont là pour les lui fournir. Inutile à tous, envers eux seuls il peut se trouver des devoirs. A qui, dans l'univers, ses vertus pourront-elles être bonnes à quelque chose? quelle créature au monde recevra quelque avantage de ce qu'il a bien fait aujourd'hui sa tâche, de ce qu'il y ajoutera demain un travail volontaire? à qui ses progrès apporteront-ils quelque bénéfice? A ceux-là seulement qui, chargés du dépôt de son existence, ont confondu sa vie dans la leur, et reçoivent, à titre de profit, tout ce qu'il fait pour lui-même. Otez-lui ce but, et l'amour du bien, privé d'objet, demeurera en lui sans direction et sans puissance. Retirez-le de cette dépendance, et sa conscience muette ne lui révèlera point des fautes dont le dommage ne sera encore que pour lui. De nous seuls il peut connaître le prix de ses actions, pour lesquelles le monde n'a point encore de taux; à nous seuls il peut devoir la récompense de sa conduite, que ne paie point encore l'estime des hommes. A mesure que le bien prendra possession de son cœur, une sorte de culte s'y élèvera pour ceux en qui il a cru voir jusqu'à présent l'image de tout ce qui est bon. Appelé par degrés à leur intimité, à leur confiance, il s'en approchera avec cette adoration reconnaissante qu'inspire la condescendance d'un être supérieur; et à son amour pour ses parens s'attachera, pendant quelques momens, cette ardeur passionnée qu'il va porter dans la vie, dont ils le mettent en possession : jours pour nous pleins de douceur, dont le charme ne doit pas nous tromper sur leur durée, dernier et tendre adieu de l'enfance à cet asile de la puissance paternelle, d'où va bientôt sortir un homme. Entre nous et lui, l'âge de l'égalité commence; le monde lui appartiendra comme à nous. Avec notre tâche ont fini nos droits, ils ont duré tant qu'ils lui étaient nécessaires.

C'est pour en avoir méconnu la source, que des systèmes d'éducation factices ont travaillé avec un art pénible à déplacer l'enfant de la situation que lui assigne la Providence. On a cru lui rendre la liberté en diminuant pour lui les garanties, on a pensé se rapprocher de la nature en relâchant les liens naturels de la protection et de la dépendance. Rousseau multiplie autour de son élève les moyens artificiels, les combinaisons ingénieuses, oubliant sans cesse, dans la nécessité du moment, de les coordonner à son but général. Chaque opération d'arithmétique sera pour Émile un calcul de gourmandise, et Rousseau n'évite de le soumettre à un devoir qu'en lui créant un intérêt. Une petite fille ne veut pas apprendre à écrire, il enseigne à l'y conduire par la vanité, passion toute sociale qu'il a besoin d'appeler à son secours au défaut du ressort naturel de l'autorité.

Je ne pense pas, ma chère enfant, qu'on ait jamais fort à craindre, dans une éducation véritable, l'application rigoureuse de ces inventions, d'autant plus forcées pour la plupart qu'elles ont eu à satisfaire une raison plus exigeante ; et il suffit, je crois, d'une courte expérience pour démontrer qu'aucun mobile en éducation ne saurait suppléer l'idée du devoir, idée simple, toujours la même, quelle que soit la diversité des actes qu'elle commande. Propre à tous les cas, elle fera, pour l'enfant, de l'acte le moins important de son éducation, une occasion de perfectionnement moral ; et, par l'universalité de ses applications, par son action constante et uniforme, elle acquerra à la fois dans son esprit l'étendue féconde d'un principe, et la force impérieuse d'une habitude.

Je comprends pourtant à merveille qu'Edmond ne tienne pas extrêmement à ce que son fils se fasse un devoir si scrupuleux du soin de sa santé ; mais je m'en rapporte à Just pour que cette fantaisie de vertu lui passe bien vite, lorsqu'il sera rentré dans la situation naturelle d'un enfant qui se porte bien et à qui vous permettrez de manger à peu près ce qui lui plaît, sans autre règle qu'une borne prescrite et dont l'observation ne demande pas un long examen. Il est contraire à la nature de l'enfance de tourner son attention sur elle-même; ses motifs lui sont moins sensibles et moins importans que ses impressions, et, moins avertie par le sentiment qu'elle en reçoit, elle a plus de peine à s'en rendre compte. Je ne pense pas qu'il fût bon à l'estomac du plus honnête enfant, de régler à chaque repas son manger sur le degré d'appétit qu'après mûre réflexion il s'imaginerait ressentir, et il ne serait pas meilleur, je crois, d'exciter son attention à rechercher trop curieusement en lui-même la règle de ses actions. Faible pour un pareil travail, il en pourrait contracter une irrésolution de jugement, une lenteur de décision toujours dangereuse dans la conduite de la vie; j'aimerais assez que mon petit Just fût un jour tempérant sans y songer, honnête homme sans s'en apercevoir. Ayez soin d'ailleurs de n'employer sa raison qu'en proportion de ses forces. Si vous essayez de le faire aller plus vite et plus loin qu'il ne peut aller de lui-même, aujourd'hui, soutenu par vous, il s'élèvera au sacrifice que vous lui demandez; demain, livré à lui-même, il n'en aura pas le courage, quoiqu'il en sente la nécessité. Ne lui faites pas contracter, en lui apprenant plus de vertu qu'il n'en peut porter, la dangereuse habitude de se résigner à sa faiblesse.

C'est contre cette faiblesse que l'autorité nous a été donnée pour servir de préservatif. Elle soutient en même temps qu'elle commande, place la nécessité là où la raison ne peut atteindre, et enseigne le devoir sans avoir besoin des lumières de la conscience. Toujours attentive à se retirer à mesure que se prononce le sens moral dont elle protège le développement, ainsi que la coque où se forme l'oiseau, elle l'enveloppe sans le gêner, et se brise aussitôt qu'il peut s'en passer.

LETTRE VII.

Mme de Lassay à Mme d'Attilly.

La Saulaye, novembre 1816.

Mon fils se corrige tout-à-fait, chère tante, de l'excès de soumission qui nous avait embarrassés. Edmond commence à se rassurer contre la crainte qui lui prenait quelquefois de le voir trop docile. Il est singulier qu'il perde de la raison à mesure qu'il acquiert de la force. Ses fantaisies deviennent si vives, maintenant qu'il commence à pouvoir les satisfaire par lui-même, qu'il va en dépit de tout; les défenses échouent, et nous ne savons ce qu'est devenue l'obéissance. Il sort d'une crise de méchanceté qui a duré plusieurs jours, et pendant laquelle je ne savais qu'en faire. Un petit puisard placé dans le jardin pour l'arrosement des fleurs était devenu l'objet de sa prédilection, et le plaisir chaque jour plus séduisant d'y tremper ses mains, d'y jeter du sable, de s'inonder des pieds à la tête, l'emportait sur toutes les admonitions, échappait à toutes les surveillances; dès qu'il disparaissait, il fallait l'aller chercher au puisard. Enfin, Edmond l'y trouva l'autre jour plus content et plus mouillé que jamais, et si profondément occupé de l'eau qu'il faisait jaillir en la frappant de sa baguette, qu'il ne tourna seulement pas la tête lorsque son père s'approcha, refusa positivement ensuite de quitter le puisard, et s'y attacha des deux mains quand on voulut l'en éloigner. Il fallut l'emporter. Vous jugez sa colère : la toilette qu'il fallut lui faire, les sermons de sa bonne, et ensuite le refus de le laisser sortir de nouveau, parce qu'il commençait à faire froid, prolongèrent et augmentèrent la contrariété; il en vint enfin à un tel excès de cris et de pleurs, que nous craignîmes qu'il n'en fût malade. Heureusement que sa santé est maintenant plus solide que sa vertu. Il avait repris le lendemain ses jolies couleurs, mais en même temps un redoublement de mutinerie qui paraissait devoir aller toujours croissant. Je ne gagnai rien à faire couvrir le puisard; la désobéissance s'était établie sur tous les points; la méchanceté, déterminée à s'exhaler, trouvait partout des issues. L'heure de rentrer du jardin, celle de s'aller coucher devenaient autant d'occasions de scandale. On demandait à manger en sortant de table pour avoir le plaisir de se mettre en colère d'un refus; on se faisait enfermer en pénitence dans le petit coin, pour entrer dans un accès de désespoir dès qu'on y était et recommencer aussitôt qu'on en était sorti. Mes ressources étaient à bout, et Edmond, qui n'avait pas laissé de voir avec un certain plaisir l'esprit de résistance se développer chez son fils, commençait à s'en lasser.

Une certaine règle d'ébène que Just voyait sur le bureau de son père, était devenue l'objet de son ambition. Je la lui donnai l'autre jour à condition qu'il serait sage et qu'il s'irait coucher ce soir-là sans crier. Il s'en empara, beaucoup plus occupé de la mise en possession que du traité, et le soir le train recommença comme à l'ordinaire. Je repris la règle : les sanglots, la fureur passèrent à l'excès. Le lendemain au soir, la voyant entre les mains de son père, il vint la lui prendre, et moitié complaisance, moitié distraction, Edmond la lui lâcha en souriant : il s'en allait tout fier de sa conquête, me regardant du coin de l'œil comme l'ennemi à qui il venait de reprendre son bien. « Souviens-toi, lui dis-je, que, » si tu cries, je te l'ôterai comme hier. » Il parut faire quelque attention à ce que je lui disais, et, lorsqu'une demi-heure après sa bonne le vint chercher, comme il commençait à refuser de la suivre, je lui montrai la règle en lui rappelant d'un signe la nécessité d'être sage. Après un peu d'hésitation : « Au moins, papa, dit-il, je » l'emporterai avec moi ; » car en ce moment il ne voulait pas de ma permission. Je n'y mis aucune susceptibilité. Il emporta la règle sous son bras, comme son épée, « pour tuer, disait-il, les loups. » Il la mit avec lui dans son lit; c'est maintenant le joujou favori ; il ne s'en sépare qu'avec crainte de la perdre, et la menace de l'ôter a déjà plus d'une fois arrêté ses mutineries, qui d'ailleurs diminuent beaucoup. Ce retour de sagesse est accueilli avec la reconnaissance convenable, et il commence à être assez fier de lui-même.

Voilà, chère tante, où nous en sommes, tout occupés de la crainte de voir troubler la paix nouvellement rétablie, mais sans pouvoir nous arrêter sur le mode de défense à employer en cas de nouvelles hostilités, et seulement très décidés contre le précepte de Rousseau, qu'il faut employer *la force et non l'autorité*. Edmond me contait hier que tandis qu'il emportait son fils d'auprès du puisard en lui disant : « Je suis le » plus fort, il faudra bien que tu m'obéisses, » ce mauvais petit garçon répétait en se débattant des pieds et des mains, « qu'est-ce que cela me fait ? » Edmond en infère avec quelque orgueil une certaine disposition à ne pas céder à la force. Je lui fais observer que c'est pourtant en raison de ma force supérieure que j'ai été maîtresse d'ôter et de rendre la règle d'ébène qui est devenue le moyen de conciliation; cela nous a jetés dans des distinctions infinies entre la force et le pouvoir. Une seule chose me paraît certaine, c'est qu'on n'emploie jamais avec un enfant la force, l'autorité ou le pouvoir que pour arriver à lui faire comprendre qu'il est nécessaire et raisonnable d'obéir. Alors j'aime autant prendre un autre moyen que celui qui l'enroue et le pâlit à force de crier.

LETTRE VIII.

Mme d'Attilly, à Mme de Lassay.

Paris, novembre 1816.

Je vous félicite, ma chère enfant, d'être sortie du mauvais pas où vous vous trouviez engagée, et d'avoir pu rentrer assez promptement en possession du *pouvoir*, pour n'avoir pas été plus long-temps obligée de recourir à la *force*. C'est un moyen de guerre, qui ne profite pas de grand'-chose pour l'état de paix : on est bien obligé de l'employer quelquefois ; mais je ne sache pas que jamais un prince en ait été mieux obéi de ses sujets pour avoir eu à réprimer leur révolte, et ce n'est pas d'ordinaire durant la bataille que se forment les goûts pacifiques et les sentimens de soumission.

Rousseau n'avait point élevé d'enfans ; il a été trompé sur ce point comme sur beaucoup d'autres, par sa raison qui dépassait son expérience. La nécessité de céder à une force supérieure est un fait si clair, si souvent éprouvé, qu'il lui a paru le plus propre de tous à faire comprendre de bonne heure aux enfans la raison de l'obéissance. Une observation un peu plus attentive lui aurait appris que la nécessité morale, c'est-à-dire le devoir, portion de notre nature apportée avec nous en naissant, se révélait aux enfans beaucoup plus tôt que la nécessité physique, dont il faut que la connaissance nous vienne du dehors par une suite d'expériences et de comparaisons impossibles à l'enfant long-temps encore après le moment où un instinct naturel lui a déjà fait sentir la nécessité morale de l'obéissance. Il n'est pas de nourrice qui ne sache que le moyen de disposer un enfant à la résistance, c'est de vouloir lui ôter de force ce qu'il tient à la main, tandis qu'un signe qu'il connaît déjà parvient, souvent sans peine, à le lui faire lâcher; et s'il résiste, s'il se débat quelque temps, quoique faiblement, contre la conviction qui le presse, l'incertitude se peint dans ses traits, ses regards semblent attendre que la volonté qui lui déplaît cesse et le rende à la liberté; mais lorsque enfin elle s'est prononcée plus fortement, lorsque, pour le faire obéir, à l'expression de la volonté il a fallu joindre celle de mécontentement, il cède avec une petite mine émue, qui n'est point de la colère, qui n'est point de la frayeur, mais le trouble d'une faute.

Ses traits enfantins se contractent sans violence : il vous regarde; il ne pleure point encore; toute son existence est suspendue entre les larmes près d'éclater, et l'attente du sourire maternel, qui s'empressera de reparaître et de ramener la joie sur ce pauvre petit visage à peine formé, et déjà suffisant pour révéler une âme. L'enfant sait donc obéir; il le sait dès qu'il se sent exister autrement que par des besoins ou des sensations physiques. « L'homme ne vit pas seulement de » pain; » l'enfant vit aussi de sympathie, il en a apporté en naissant l'organe et le besoin : son âme, dès qu'elle a pu se faire passage, a communiqué avec des êtres semblables à lui; il pleure s'il est seul, non qu'il se sache abandonné, mais parce qu'il est seul; ses pleurs appellent un visage ami: il sera soumis, parce qu'il est sociable. Pauvre petit! quand il se trouble d'un regard sévère, a-t-il donc éprouvé ce que peut contre lui le ressentiment d'un être fort? Où est le mal qu'il ressent? dans ce regard, dans cette interruption momentanée des communications affectueuses déjà nécessaires à sa jeune existence. C'est ainsi qu'un jour, devenu homme, entré en relation avec la Divinité, comme l'enfant avec sa mère, il en recevra la punition de ses fautes. D'où vient cette angoisse qui va nous saisir au sortir d'un moment d'égarement ou de faiblesse ? Pourquoi cette inquiétude douloureuse, ce profond découragement s'est-il emparé de nous ? Voyons-nous là les châtimens tout prêts ? L'arrêt de la colère céleste est-il suspendu sur notre tête ? Dieu a-t-il tonné ? Non, mais il s'est retiré. Nous sommes seuls, et nous pleurons alors comme l'enfant, délaissés que nous sommes, privés de la présence paternelle qu'avait besoin de chercher à chaque instant cette portion de nous-mêmes qui n'a pas sa société en ce monde.

Ainsi Dieu nous instruit de sa loi, ainsi la mère l'apprend à l'enfant. Ainsi vit la conscience, dans l'homme de la société immédiate de Dieu, dans l'enfant de la société immédiate de ses parens, représentans de la loi. D'abord la sympathie, l'instinct social, agira seul sur ce cœur qui s'ignore; le sourire maternel brillera pour lui comme un rayon du soleil; un coup d'œil mécontent l'attristera comme l'obscurité. Mais bientôt l'expérience y joindra le souvenir de l'acte répréhensible qui le lui a attiré; les peines et les joies du monde prendront pour lui un sens moral que bientôt il n'en pourra plus détacher. Dès qu'il se sera senti la cause d'un effet quelconque, c'est en lui-même, c'est-à-dire dans ce qu'il connaît le mieux, qu'il cherchera la cause de tous les effets à peu près semblables. Parce que son souffle a éteint la chandelle, il le croira capable d'éteindre le feu. De même hors d'état de comprendre les sentimens et les idées qu'exprime ce regard heureux qu'une mère jette si souvent sur son enfant, il s'en attribuera l'honneur : « Maman, lui dira-t-il, » tu as l'air bien contente de moi; » s'il la voit triste, il lui demandera : « Maman, es-tu fâchée avec » moi ? » Il ne saurait recevoir d'elle une impression qu'il ne s'en attribue le mérite ou le démérite. Ainsi il s'accoutumera à voir retourner sur lui les conséquences morales de ses actions ; c'est là ce que fait la conscience : l'instrument de l'obéissance est alors formé, il faut éviter autant qu'on pourra d'en chercher d'autres.

Cet instrument, sans doute, échappera quelquefois, échappera même souvent, et une fois lâché sera toujours difficile à ressaisir. A l'aveugle impulsion de l'instinct a déjà succédé le choix de l'intelligence. L'enfant n'est plus poussé, porté vers nous par un besoin de tous les momens ; avec la variété des impressions a augmenté pour lui la liberté des mouvemens ; ses plaisirs plus indépendans ne le ramènent plus nécessairement sous notre domination ; il peut avoir à choisir entre sa volonté et la nôtre. Renoncer volontairement à sa propre volonté n'est pas plus possible à sa faiblesse qu'à notre force. La violence peut l'y contraindre, mais la violence est comme le torrent qui emporte toutes les résistances : il passe et ne laisse rien derrière lui, et les enfans reviennent jouer à sec dans le lit dont il s'était rendu le maître. Il n'y a qu'une volonté au monde qui puisse toujours être la maîtresse de l'enfant comme de l'homme, c'est la sienne : il s'agit donc, non pas de soumettre sa volonté, mais de lui en donner une.

La nature de la volonté, c'est d'agir librement, sans contrainte extérieure. Telle est chez l'homme l'horreur de la contrainte, qu'il peut tout sacrifier pour y échapper, tout jusqu'à sa résistance. « L'obéissance à la loi qu'on s'est faite est liberté, » a dit Rousseau. Pour se sentir libre, l'homme adopte comme sienne la loi qu'il n'a point faite; il cède à la nécessité, se soumet à la force; l'acte qu'il a fait en se soumettant est de son choix; trop faible pour rompre sa chaîne, le captif a cessé de le vouloir; il ne dirige plus contre ses fers une volonté impuissante, il la dirige sur lui-même, où elle peut tout : il est rentré dans son empire.

Tourner la volonté des enfans sur eux-mêmes est le but général de l'éducation; elle s'aidera pour y parvenir du besoin de la liberté, il est la base nécessaire de l'obéissance. Just a découvert à la fin que pour être maître chez lui, il lui valait mieux vouloir comme vous que vouloir contre vous; c'est là tout le secret. Mais ce secret ne s'apprend pas vite et s'oublie facilement; il n'est surtout d'aucun usage dans les momens où la volonté de l'enfant est tournée à la résistance, car la résistance alors est en lui une passion plutôt qu'un projet. Il résiste pour résister, moins par attachement pour la volonté qu'il défend que par irritation contre celle qu'on lui veut imposer; il ne prétend pas à la victoire, mais il a besoin de la révolte; il ne lui faut pas pour le moment d'autre liberté que celle de la colère, et il en jouira en dépit de toutes les contraintes, et plus la contrainte augmentera l'irritation, plus le besoin dominant chez lui sera celui de l'irriter. Ma chère enfant, évitez autant que vous pourrez ces sortes de chocs; la raison n'y gagne rien, l'autorité s'y trouve sans empire. Puissante lorsqu'elle est une fois établie, elle ne vaut rien pour conquérir; vous ne dégoûterez votre fils de cette liberté violente, vengeance impuissante de la faiblesse, qu'en l'accoutumant dans une liberté régulière à connaître l'usage de sa force. Donnez-lui d'abord l'habitude d'agir par sa propre volonté, pour que le goût qu'il y prendra l'oblige ensuite à la conformer aux vôtres. Rien ne vous sera plus aisé que de lui faire naître des volontés quand vous n'aurez pas commencé par les lui prescrire. Nos enfans, dans ce premier âge, tiennent tout de nous, jusqu'à leurs idées.

Rarement ont-ils une volonté qui ne leur soit venue de ce qui les entoure. Cet écran ou ce flambeau dont ils veulent faire un joujou à leur usage a probablement été employé une fois à les amuser; ils cherchent d'ordinaire à recommencer le jeu qu'on leur a appris, reviennent à la fantaisie qu'on leur a fait naître. Au lieu de combattre celle qui doit paraître dangereuse, essayez de la détourner sur une idée nouvelle, mais toujours en gagnant quelque chose à ce changement; ainsi, au jeu qui vous déplaît, vous substituerez une occupation capable de lui plaire, et qui lui présente l'idée de s'être rendu utile; il vous aura aidé à arranger vos vases de fleurs, ou en balayant le perron sali de sable, il aura épargné de la peine à ce pauvre Gérard. Félicitez-vous s'il n'a cédé à ce bon désir qu'en hésitant, et non comme on se livre à l'entraînement d'une fantaisie, mais comme on se détermine à un petit sacrifice. Il est avantageux qu'il y ait effort, puisqu'il en est capable; il faut que l'effort soit léger, pour que l'honneur lui en appartienne, et que la peine n'en passe pas le plaisir. Loué de son travail, loué de sa raison, il sera fier, non-seulement d'avoir fait, mais d'avoir voulu. A la conscience du pouvoir sur soi-même, à l'idée si douce de s'appartenir et de disposer de soi selon sa volonté, s'associeront le sentiment d'une bonne action, l'orgueil du mérite, encore légitime tant que nous ne nous sommes mesurés qu'à notre faiblesse et non à notre devoir; enfin, tout ce qui peut élever l'être moral, et l'avertir de son importance. Ravi de cette découverte, il aimera à s'en assurer. Il est rare que, chez un enfant, une action louable ne soit pas suivie de plusieurs autres. Rendez-les fréquentes et faciles, ma chère enfant; il faut que Just avance long-temps dans la vertu comme vous lui avez appris à marcher seul, à petits pas et sans danger de chute. Pour que ses bons sentimens ne se fatiguent pas, nourrissez-les d'actions, non de privations; ne lui retirez pas l'occupation qu'il a choisie sans lui en procurer une autre, et craignez moins pour lui le mouvement qui lui déplaît que l'interruption du mouvement qu'il aime. La vertu s'échauffe dans l'activité et languit dans le sacrifice. Que surtout il s'accoutume à une sorte d'empire sur ses propres actions. En tout ce qui le concerne mettez, autant que vous le pourrez, sa volonté à la place de la vôtre. Voulez-vous faire passer la fantaisie de résister à l'heure du coucher? priez-le de vous avertir quand sonnera la pendule que vous pourriez ne pas entendre : s'il ne l'oublie pas, s'il sait mettre à sa mission l'importance convenable, son zèle pourra bien, la première fois, devancer le moment et prendre sept heures et demie pour huit heures ; mais du moins perdra-t-il toute idée de révolte contre un ordre donné en quelque sorte par lui-même. La scène du puisard mise une fois au rang de ces fautes d'enfance dont on ne parle plus à un petit garçon devenu raisonnable, chargez-le de vous avertir toutes les fois que le jardinier aura oublié de le couvrir, et je serais bien étonnée qu'il n'y fût pas exact, sauf à vous demander la permission d'y barboter un peu avant qu'on le referme. Ainsi s'établira si bien l'accord de votre volonté et de la sienne, qu'à peine sentira-t-il le passage de l'une à l'autre. Alors vous pourrez sans crainte étendre à la fois et l'obéissance et la liberté, prescrire beaucoup et laisser beaucoup à sa discrétion. La liberté sera exempte d'abus, car il saura à quelles conditions il la possède ; l'obéissance exempte de souffrance, car elle aura l'assentiment de sa liberté. Vous le verrez, en obéissant, élever sa jeune tête à l'attitude de l'indépendance ; soumis par le choix de sa raison, il se sentira libre.

LETTRE IX.

Mme d'Attilly à M. d'Attilly.

Paris, décembre 1816.

J'AI trouvé ce matin Henriette dans une véritable détresse; il s'agissait de s'entendre sur ce que fait *b-a-u*. Les bonnes têtes de la famille y échouaient depuis trois jours. Just, en dépit de l'opinion générale, tenait absolument pour *bu*, et ne voulait s'en départir à aucun prix. J'ai essayé de rétablir les faits, et, après avoir mis Sophie dans mon secret, j'ai commencé à la faire lire à tort et à travers; *b-o* faisait *ri*, *m-a* faisait *to;* Just s'indignait, nous redressait, recourait à sa mère, nous disputions et ne cédions qu'avec peine. Nous sommes enfin arrivés à la syllabe fatale; j'ai prononcé d'un ton capable que *b-a-u* faisait *bra,* Sophie l'a répété avec la même assurance. Just nous a regardés indécis; il sentait le piége, mais ne pouvait l'éviter. Il fallait renoncer à son entêtement ou à son autorité. Enfin, tournant en dessous les yeux vers sa mère, avec un demi-sourire, il a prononcé bien bas que *b-a-u* faisait *bau*. Nous nous sommes récriés, Henriette l'a embrassé, et dans la joie universelle qu'excitait cette découverte, il n'a plus songé qu'à s'en prévaloir. *Dau*, *mau*, *fau*, etc., sont également rétablis dans leurs droits, et voilà le système des *au* définitivement arrêté, à la satisfaction des parties. Just professe hautement la nécessité de dire *bau*, et ne conçoit pas qu'on résiste à cette loi de raison; nous en tombons d'accord avec lui, et lui sommes fort obligés de nous l'avoir appris.

Voilà, mon ami, la grande affaire de la journée; ce n'est pas une des moindres de l'éducation. Apprendre à lire à un enfant, c'est l'obliger à un travail sans but pour lui, sur des signes qui ne lui représentent rien, et en faveur desquels il est impossible de lui donner une raison qui soit à sa portée. Il a appris à parler parce qu'il en avait besoin: aucun motif personnel ne l'a porté sans doute à désigner une maison, un arbre, sous le nom d'*arbre* ou de *maison*, mais les autres l'entendent ainsi; pressé de leur communiquer ses pensées, il choisit le moyen le plus prompt, celui auquel ils s'accordent. Mais il n'a nul besoin pressant de s'informer des lettres et des syllabes, et, dans son opinion, aucun motif raisonnable de leur donner un nom plutôt qu'un autre. Il faut en savoir déjà bien long pour concevoir qu'il y ait quelque importance à dire *b-a-u, bau,* plutôt que *b-a-u, bu.*

> La grammaire, qui sait régenter jusqu'aux rois,

les gouverne en vertu du pacte social, et les lois de l'alphabet sont fondées sur les mêmes bases que celles de la société. Heureusement que les hommes n'ont pas eu besoin, pour apprendre à se parler, de se rendre mutuellement raison des principes du langage, et que, bien ou mal, les enfans savent lire et les sociétés se gouverner long-temps avant d'être en état de comprendre ce que c'est qu'alphabet et ce que c'est que gouvernement. L'imitation, cet effet de sympathie qui porte les hommes à se répéter au dehors les uns les autres comme ils se ressemblent au dedans, a fait les premiers frais des conventions grammaticales et fait aussi ceux de l'enseignement. Un enfant, dans le moment où ses dispositions n'ont rien d'hostile, fait et dit ce qu'on lui dit plus volontiers qu'autre chose. Il répètera *a* parce que vous lui aurez dit *a*, et tant qu'il demeurera dans son indifférence naturelle sur les choses que vous lui enseignez, il préfèrera aussi naturellement votre explication à toute autre. Mais cette complaisance paresseuse ne peut conduire bien loin, ni durer bien long-temps. Il s'ennuiera de répéter des sons auxquels il n'attache aucune idée, et l'instinct de l'imitation ne suffira plus pour soutenir la volonté plus active et l'effort d'attention que vous commencez à lui demander. Alors il cherchera à employer cette volonté pour son propre compte, et vous devez vous attendre à des entêtemens d'autant plus invincibles qu'ils n'ont ni point d'appui dans sa raison, ni moyen d'attaque dans la vôtre. Vous voulez qu'il dise *bau*, il veut dire *bu*, l'un lui paraît aussi fondé que l'autre, si ce n'est que, comme c'est lui qui prononce, il sent qu'il est le maître et ne veut pas se dessaisir de son pouvoir. Les moyens de contrainte n'y feront rien, il peut vous dire comme cette chanteuse au roi de Prusse, qui la faisait mettre en prison parce qu'elle refusait de jouer : « Vous avez mille moyens de me faire pleu- » rer, mais pas un de me faire chanter. » Pleurer, crier, lui seront devenus beaucoup plus faciles que de prononcer la syllabe exigée ; car il a des raisons pour crier de ce qui le contrarie, et n'en a point pour céder à ce qui lui déplaît.

Mon bonheur a donc été, ce matin, de pouvoir donner à Just un motif personnel de se rendre à l'avis qu'on voulait lui faire adopter. Comme sa science se fonde sur l'enseignement qu'il a reçu, dès qu'il a pris intérêt à ce qu'il sait déjà il a senti le besoin de croire à ce qu'on lui enseigne, et il a trouvé dans les croyances déjà établies en lui, le fondement d'une croyance nouvelle. Nous croyons parce que nous avons cru, parce que l'autorité, sur la foi de qui nous avons consenti à croire, nous paraît avoir droit à la même confiance toutes les fois que ce qu'elle nous propose n'est pas plus incroyable que ce qu'elle nous a persuadé; et alors, sans examiner le motif de notre première adhésion, nous en faisons le motif d'une adhésion nouvelle. Ainsi, en adoptant pour vrai que *b-a-u* fait *bau*, Just s'est donné une raison sans réplique de croire à tout le reste de l'alphabet. De plus, cette science, dont il a pris possession, qu'il a faite sienne en la tournant à son usage, il s'en servira comme de son bien. Les déductions qu'il en tirera lui appartiendront en propre; elles ne seront plus le résultat de sa soumission, mais l'œuvre de son raisonnement. Ainsi le *bau* une fois reconnu pour ce qu'il est, les autres syllabes en *au* ont pris dans son esprit la place qui leur appartient, et s'y sont rangées comme conséquences d'un principe avoué.

Cette manière d'enseigner, dès qu'on peut l'employer avec les enfans, est, je crois, la meilleure. D'abord, ils comprendront mieux leur propre raisonnement que celui d'un autre. Raisonner, c'est agir, et l'action est ce qui développe le plus les facultés des hommes, surtout des enfans chez qui le besoin d'agir est encore plus vif. De ce besoin naît l'ardeur qu'ils portent dans leurs jeux ou dans les exercices qui leur plaisent ; c'est parce qu'ils sont libres alors de le satisfaire qu'ils réussissent si bien dans ce genre d'occupation. Voyez-les jouant à la cachette, ou au milieu d'une partie de barres ; ils sont en grand nombre, ils se croisent dans leurs courses ; sont-ils jamais embarrassés pour se rappeler quel est celui qu'ils peuvent faire prisonnier, ou celui par lequel ils ont à craindre d'être pris eux-mêmes ? Toutes leurs facultés, la mémoire, l'attention, le jugement, se déploient avec une énergie, une rapidité singulière. De même, appliquez-les à un raisonnement qui les intéresse, vous serez surpris de la vivacité de leurs aperçus, et les choses ainsi apprises se fixeront beaucoup mieux dans leur mémoire. « Les enfans, dit Rousseau, oublient aisément ce qu'ils ont dit et ce qu'on leur a dit, mais non pas ce qu'ils ont fait et ce qu'on leur a fait. » L'édifice du raisonnement qu'ils ont construit eux-mêmes leur demeure bien plus présent et bien plus familier dans toutes ses parties que celui qu'on a construit pour eux. Il n'est pas d'ailleurs pour la mémoire, de meilleure aide que l'intelligence. Pour qu'une idée en réveille une autre, il faut bien qu'une certaine analogie quelquefois si délicate, si subtile que nous n'en avons pas nous-même la conscience, ait établi entre elles une sorte de liaison qui dispose notre esprit à passer naturellement de celle-ci à celle-là. Nous remarquons sans cesse cette espèce de rapprochement ; un rapport de son dans les mots, de couleur ou de forme dans les objets, une circonstance à peine sensible, serviront de lien à deux idées d'ailleurs tellement étrangères l'une à l'autre, que la première, en nous rappelant la seconde, nous jettera dans un ordre de réflexions tout-à-fait différent de celui où nous étions entrés d'abord. Aussi, les analogies sont-elles la base des classifications inventées pour aider la mémoire, et tout le travail de la Mnémonique, c'est d'associer des idées. Il n'est certainement pas d'associations d'idées si puissantes et si solides que celles qui se forment par le raisonnement dont la propriété est d'enchaîner de telle sorte les idées qu'elles dépendent absolument l'une de l'autre. Examinons les procédés de notre esprit, et nous verrons que le sens des mots est ce qui nous aide le plus à les retenir ; il n'y a pas possibilité de comparaison entre le très petit travail d'apprendre par cœur une phrase bien ordonnée dont les mots se donnent mutuellement un sens raisonnable, et celui de retenir les mots de cette même phrase jetés pêle-mêle et sans aucun ordre. Il faut donc se hâter le plus tôt possible de donner pour les enfans un sens aux choses qu'on veut leur apprendre, et le sens le plus réel, le plus conforme à la nature de la chose me paraît toujours le meilleur. Ainsi il faut, je crois, éviter tant qu'on peut ces combinaisons factices dont l'effet est d'associer des idées qui ne sont pas faites pour demeurer ensemble; mais s'il se trouve l'occasion d'en former de naturelles, il faut se hâter de la saisir. Ce qu'il y a de plus pressé pour l'instruction d'un enfant, c'est de former dans sa tête quelques agglomérations d'idées auxquelles s'en puissent venir rattacher d'autres. C'est là ce qui manque à la mémoire dans les premières années de la vie; précisément parce que tout est vide, rien ne trouve sa place et ne sait se tenir où on l'a mis, et il faudrait multiplier et répéter sans fin les efforts de mémoire pour fixer l'un après l'autre dans la tête d'un enfant de quatre ans un assez grand nombre d'objets qui s'y placeront d'un seul coup par une opération de son intelligence. Vous pouvez vous rappeler que quand nous apprîmes à lire à Sophie, lorsqu'une fois nous lui eûmes fait comprendre, à la vérité avec assez de peine, la formation de la première syllabe, et qu'elle eut consenti à composer un son unique de ce *b* et de cet *a* qu'elle avait jusqu'alors prononcés séparément, la même opération répétée sur les deux ou trois consonnes suivantes, la mit sur-le-champ au fait de toutes les syllabes en *a*, et je n'eus pas même à lui apprendre les autres, elle les répéta d'elle-même comme une conséquence naturellement déduite de ce qu'elle savait déjà. Le même procédé a également réussi avec Louise, quoiqu'elle ait l'attention plus légère et l'esprit moins logique que sa sœur, et j'éprouve généralement que la mémoire ne fait bien son œuvre que quand l'intelligence lui en a tracé le plan, et qu'il y a beaucoup de choses à faire comprendre à un enfant avant de pouvoir se flatter de lui en bien apprendre quelques unes.

LETTRE X.

Mme d'Attilly à M. d'Attilly.

Paris, janvier 1817.

Votre oncle m'est arrivé ce soir avec un redoublement d'amertume contre l'éducation actuelle ; il sortait de chez votre sœur, que Zéphyrine, tandis qu'il était là, avait tant tourmentée pour lui montrer je ne sais quel jeu, qu'elle avait cédé, et qu'ennuyé de la leçon, il s'en était allé de la plus mauvaise humeur du monde contre toutes les petites filles présentes et à venir. Il ne s'y livre guère avec votre sœur : comme elle a au fond trop de raison pour ne pas s'apercevoir qu'elle gâte sa fille, elle a pris, vous le savez, afin de ne s'en pas gêner, le parti d'en convenir. Cela est si bien établi que notre oncle, en le lui reprochant, n'aurait pas le plaisir de la contrarier ; et quand il veut tourner les choses en moralités, elle le déroute complètement par des plaisanteries dont il n'a pas la moindre envie de rire, et dont il serait de trop mauvais goût de se fâcher. Je suis donc la confidente ordinaire de ses mécontentemens. Il les exprime de préférence en réflexions générales, ce qui a l'avantage de me comprendre indirectement dans le blâme ; cependant, grâces au soin que je prends d'empêcher mes filles de l'importuner, et à l'estime qu'il croit devoir professer pour ma raison, j'obtiens toujours quelque demi-exception demi-polie, demi-sincère, dont je profite tant que je puis pour entrer dans son sens. Ce soir, l'aigreur était si vive que je trouvais peu de place pour ma complaisance : un merveilleux à-propos est venu a mon secours. Sophie, me voyant en distraction, éludait l'ordre que je lui avais donné de s'aller coucher ; je m'en aperçus, et le lui répétai avec un petit reproche. « Demande à mon on-» cle, ajoutai-je, si autrefois les petites filles se » faisaient répéter trois fois la même chose. » Mon succès a été complet sur tous les points : le discours que notre oncle s'est mis en devoir d'adresser à Sophie comme complément de mon observation, a tout aussitôt déterminé sa retraite, et nous sommes demeurés en pleine union de pensées, également empressés de reconnaître que l'éducation d'autrefois, infiniment plus commode aux parens, avait beaucoup plus que celle d'aujourd'hui l'avantage de les débarrasser de leurs enfans.

Il est certain, mon ami, qu'outre ce mérite, qui est bien ce que notre oncle en estime le plus, elle avait encore celui d'accoutumer les enfans à une plus prompte obéissance, à plus de discrétion, de réserve, du moins envers leurs parens. L'indocilité, les colères, les caprices étaient pour les bonnes, les domestiques, les maîtres, ceux enfin qui prenaient la peine d'élever les enfans, car il faut bien que cela soit pour quelqu'un et se passe quelque part; mais on avait soin que cela se passât le plus loin possible des yeux des parens, d'ordinaire armés d'une sévérité que l'éloignement où ils tenaient leurs enfans leur rendait plus facile et en même temps plus nécessaire. Une mère qui voit ses enfans deux heures par jour, ne tenant ni le secret de leurs pensées ni le fil de leurs habitudes, n'a, pour les conduire et les contenir, d'autre moyen que la crainte qu'elle leur inspire, et cette crainte est entretenue par tout ce qui les entoure. Ils voient les domestiques et les femmes de chambre, plus libres devant eux, rentrer, aussitôt que les maîtres paraissent, dans la contrainte et le silence. C'est de peur que les maîtres n'arrivent qu'on se hâte de faire son devoir, ou qu'on tremble de ne l'avoir pas fait. Tout leur donne l'idée d'une autorité à laquelle il est dangereux de résister, et envers laquelle le premier devoir est d'obéir sans murmurer. Quant à eux, les bonnes, toujours moins sévères parce qu'elles les voient davantage et qu'une sévérité sans relâche est aussi impossible qu'une soumission de tous les momens, les menacent, pour s'en faire obéir, de l'autorité de leurs parens; et le prix du repentir, c'est que les parens ne sauront rien de la faute. C'est pour eux qu'on essuie et qu'on lave ses yeux encore rouges, de peur qu'ils ne s'aperçoivent qu'on a pleuré; c'est pour eux que toute la chambre des enfans, la bonne, la nourrice et la petite sous-gouvernante, se fatiguent à faire apprendre une leçon qui doit leur être répétée tous les jours, et que l'on craint qui ne soit pas sue. Tout apprend aux enfans à se préparer pour les yeux de leurs parens; tout aboutit à de certaines formes dont il faut se revêtir en leur présence, et que l'on craint d'autant plus de transgresser, que le soin de s'y soumettre rendant très rare l'exercice de la sévérité, les enfans n'en connaissent pas la véritable mesure, et se l'exagèrent. Incapables d'en juger l'application, ils tremblent de la plus petite faute comme de la plus grande, et ne voient de sûreté que dans une soumission implicite, sans explication comme sans murmure.

Mon ami, ce que des enfans élevés de cette manière reçoivent de leurs parens, ce n'est pas l'éducation, c'est l'expérience. Ils pourront bien ne pas trop savoir en quoi consiste le mal de la désobéissance ou d'une infraction quelconque à la règle qui leur est prescrite, mais ils en connaîtront parfaitement le danger. Moins habituellement appliqués à satisfaire aux idées de raison et de justice dont on aura pu les occuper qu'à se garantir des inconvéniens extérieurs d'une conduite répréhensible, ils se formeront, dans cette situation toute pratique, à d'utiles habitudes. Ils sauront, par exemple, dans l'occasion, garder leur secret et celui des autres. Je puis à peine empêcher mes filles de me raconter tout ce que fait leur bonne ou ce qu'elles apprennent, par elle ou autrement, des affaires de Robert ou des réflexions de Marianne : il ne leur entre pas dans la tête qu'il en puisse résulter rien de fâcheux pour personne. La première vertu inculquée autrefois aux enfans par les domestiques était la plus parfaite discrétion sur ce qui se passait devant eux. Liée d'intérêt avec ceux dont elle dépendait réellement pour la douceur de sa vie et l'amusement de sa journée une petite fille se serait laissé mettre en pénitence par sa mère plutôt que de lui révéler même le mauvais traitement que dans un moment d'humeur elle aurait pu recevoir de sa bonne, bien sûre, si elle se plaignait, de s'exposer à quelque chose de pis, et de se voir retrancher au moins quelques-uns des petits plaisirs défendus que la connivence des gens de la maison dérobait journellement pour elle à la sévérité de ses parens. D'un côté étaient toutes les gênes, de l'autre la liberté et les complaisances; l'enfant, dans une journée ainsi partagée, prenait facilement l'habitude de se contenir et de se contraindre pendant quelques heures d'ennui, dont il se dédommageait ensuite en se livrant à des fantaisies quelquefois réprimées par caprice ou punies avec colère, mais le plus souvent laissées à l'aise par l'insouciance ou l'irréflexion de ceux qu'on chargeait de les surveiller.

Nos enfans, aujourd'hui, se forment beaucoup plus de bons penchans que de bonnes habitudes; ils savent assez bien user de la liberté, mais assez peu se soumettre à la contrainte; il leur faut chercher trop loin le motif propre à réprimer leurs mouvemens pour qu'ils puissent le trouver tout de suite. Cela est plus tôt fait quand nous nous chargeons de la répression, et l'effet d'un coup d'œil sévère est bien plus rapide que celui du souvenir d'un bon principe. Mais à ce coup d'œil vos filles n'y comprendraient rien; elles y sont si peu accoutumées! Sophie ne manquerait pas de me venir demander tout bas, et Louise tout haut: « Maman, qu'ai-je donc fait de mal? » et avant de pouvoir rétablir les choses dans l'ordre convenable, je courrais le risque de prolonger l'inconvenance. Il est rare aussi que je n'aie pas à hâter, par un ordre un peu plus positif, le pas de celle que j'appelle auprès de moi, et je ne puis obtenir encore qu'on n'ait pas toujours quelque chose d'important à terminer avant de se déranger pour faire ce que je dis. J'espère bien établir un jour entre elles et moi cette communication immédiate de pensées, cette prompte soumission à un mot, à un coup d'œil, suffisant pour leur rappeler ce qu'alors elles sauront déjà, pour leur faire entendre ce que je n'aurai plus besoin de leur expliquer. Mais, avant de leur former des habitudes d'actions, il faut que je leur donne des habitudes d'idées, et je ne saurais me résoudre à leur imprimer un mouvement purement machinal, sans rapport avec la vie intérieure dont il devrait être l'expression.

L'avantage de ce qu'on appelle des habitudes me paraît être, mon ami, de rompre toute correspondance entre nos actions et nos pensées, de faire que notre vie aille et marche sans que notre volonté réfléchie ait beaucoup à s'en mêler, comme le mérite d'une main habituée au fuseau est de tourner le fil sans exiger aucun exercice d'attention; de même aussi que l'habitude nous fera remuer le bras ou la jambe sans y songer, et qu'un tic de visage s'établira d'autant mieux que nous aurons cessé de nous en apercevoir. Je ne sais pas s'il est une bonne habitude qui ne puisse aussi devenir un tic. Ce qui la fait bonne, c'est le cours qu'elle a pris; mais ce qui la fait habitude, c'est la puissance qu'elle a de nous séparer de nous-mêmes, de nous faire mouvoir en son sens indépendamment de la réflexion, du raisonnement, et quelquefois même en sens contraire d'une détermination prise, ainsi qu'il arrive à la main droite de résister à toutes les raisons que nous pourrions avoir et à la volonté positivement arrêtée de nous servir de la main gauche. Sommes-nous bien sûrs de n'avoir jamais à changer de main? Un bon cours d'habitudes ne peut-il pas devenir mauvais si la situation change, ou simplement parce que, trop exclusif, il soumettra à une même règle d'action ce qui devrait se diriger d'après des principes différens? J'ai vu l'habitude de l'ordre devenir une manie; et vous-même, mon ami, vous savez si la très louable habitude que j'ai contractée de ne pouvoir me décider à risquer de perdre une minute, en m'empêchant de quitter jamais assez tôt ce que je fais, a souvent exercé votre patience à m'attendre lorsque je n'étais pas prête à l'heure. Je chercherai, puisque je suis en train d'éducation, quel principe je puis mettre à la place de mon habitude, pour en conserver les avantages sans vous en faire subir les inconvéniens; et je le trouverai, car il n'est pas une habitude qu'on ne puisse remplacer par un principe ; pas une habitude d'action extérieure dont l'effet ne puisse être suppléé par une certaine habitude d'action sur nous-mêmes.

La force d'un principe dépend de la disposition que nous avons à y ranger notre conduite aussitôt qu'il paraît et commande, de telle sorte que tout ce qui pourrait résister à son empire disparaisse devant lui. Si en face de l'ennemi le principe de l'honneur dit à ma volonté : « Lève-toi et » marche », je n'ai pas besoin que l'habitude me fasse partir au son du tambour ; mais si l'habitude seule me fait marcher, quand le tambour se taira, l'ennemi et l'honneur en présence, je pourrai bien rester à ma place. Les bases de l'habitude viendront peut-être à nous manquer tout-à-coup ; l'appui du principe, jamais. L'habitude peut se trouver déroutée par la situation ; le principe s'étend à toutes. Un homme élevé dans les habitudes d'une petite fortune est accoutumé à la modicité de ses jouissances, aux privations que lui impose son revenu, à ses vieux meubles, à sa chétive maison ; il ne lui en faut pas davantage. Cependant, qu'on les lui vienne ôter, il ne saura rien mettre à la place, il ne saura se consoler de rien. A ses habitudes tenait sa modération, il se passait sans peine de ce qu'il n'avait jamais eu; il ne pourra se passer des choses dont il a joui. Mais l'homme accoutumé à penser qu'on doit conformer ses désirs à sa situation, quelle qu'elle soit, peut tomber du faîte de la plus haute fortune dans la plus profonde misère; il se résignera sans effort, et pourra manger gaîment son pain noir auprès de celui qui soupire en regrettant son morceau de fromage. Une femme bien dressée aux habitudes de l'économie d'un petit ménage, si les habitudes la dominent, les portera dans une situation élevée; elle tracassera ses gens, querellera sa blanchisseuse et s'agitera sur la dépense de chandelle qui se fait à l'office. Si au contraire son économie est le fruit d'un principe d'ordre, elle portera partout l'ordre et la proportion, et, riche, se bornera aux soins nécessaires comme elle se soumettait à ceux qu'exigeait la pauvreté.

Une habitude est une direction particulière et constante donnée à notre activité. Comme toute capacité spéciale, elle réunit la plus grande partie de nos forces sur un même objet, et augmente en nous un genre de moyens et de facultés, mais le plus souvent aux dépens des autres. L'habitude accroît certainement chez un danseur de corde l'aptitude naturelle de ses membres aux exercices de sa profession, mais ne leur ôtet-elle pas aussi quelque chose de la faculté naturelle qui leur avait été donnée de s'appliquer à d'autres? J'ai vu des ouvriers beaucoup plus embarrassés lorsque l'ouvrage de leur métier leur manquait et qu'il fallait chercher des ressources dans un autre travail, que des hommes qui n'avaient jamais fait aucun métier ne l'ont été, dans de grands revers de fortune, pour en apprendre et en exercer un.

Mon ami, sauf quelques dispositions spéciales et rares, nous sommes tous faits pour tout. La raison de l'homme a reçu un droit égal sur toutes ses facultés, à quoi bon resserrer son empire? Il a été mis en présence du monde extérieur pour l'approprier à son usage; pourquoi restreindre à quelques objets particuliers l'aptitude qui lui a été donnée d'agir sur tous, ou sur le plus grand nombre? Les évènemens, les choses, les hommes, se pressent autour de nous à tout moment et de toutes parts; sachons user de notre puissance, et du moins nous nous ferons faire place; mais nous resterons écrasés à l'instant où nous demeurerons sans action et sans résistance. Il ne faut donc pas tellement dévouer nos facultés à un genre particulier d'action que nous en devenions inhabiles à tout autre. Mes enfans ne seront que des femmes, mais les femmes aussi ont leurs jours de bataille. Rien ne les assure contre la nécessité de déployer à un moment donné le courage ou la résolution les plus contraires aux habitudes dont on leur fait d'ordinaire un mérite et un devoir. Dans les chances les plus communes de la vie, une femme peut être appelée à prendre, en l'absence de son mari, un parti prompt et décisif sur une affaire importante ; elle peut avoir à soutenir le poids des embarras de fortune de sa famille, à se démêler par son activité d'une situation fâcheuse, à l'ennoblir par son courage ; son malheur peut la réduire à se trouver le seul appui de ses enfans ; elle peut être obligée de défendre leur bien contre les prodigalités d'un père dérangé, leur morale contre ses exemples. Et qui sait s'il ne lui faudra pas soutenir la vertu de son mari contre les tentatives trop séduisantes de la fortune, ou prévenir les suites d'une faute, ou préserver sa considération dans le monde des effets d'un revers mérité? Ce sera du sein d'une vie toute réglée par les devoirs de la soumission et de la réserve, qu'elle pourra quelquefois être appelée tout d'un coup à l'exercice des qualités les plus actives : où les trouverait-elle, si son mérite consistait en habitudes? Je veux, quand j'imposerai à Louise la loi du silence qui conviendra un jour à son âge, qu'elle en connaisse assez bien les raisons pour ne pas hésiter à le rompre, tout en rougissant de son courage, lorsqu'elle entendra porter un jugement trop sévère sur une amie, ou représenter faussement une action innocente. Il faut que Sophie arrive à une parfaite soumission par un profond sentiment de mes droits de mère, et que le principe qui la fera céder à mon autorité devienne un jour la base de sa fermeté à exercer la sienne. Ainsi, leur obéissance ajoutera à leurs forces, ou du moins ne leur ôtera-t-elle rien de celles dont les a pourvues la providence; la règle imposée à leurs actions étendra leur esprit au lieu de le rétrécir. Les habitudes s'excluent pour la plupart; en prendre une, c'est le plus souvent en perdre une autre. Les principes s'appellent et se fortifient mutuellement : celui qui a établi en soi-même la puissance d'un bon principe s'est donné une raison de plus pour en adopter d'autres.

LETTRE XI.

M. d'Attilly à Mme d'Attilly.

M*** février 1817.

J'AIMERAIS assez comme vous, chère amie, qu'on pût se passer d'habitudes, et il me serait commode de me trouver tout d'un coup habile comme un maquignon à traiter et à conclure un marché, ou de pouvoir me donner à volonté le goût d'un commis des finances pour les comptes en partie double. Mais je sens mon faible, et travaille à m'habituer le plus promptement que je pourrai à ma nouvelle besogne pour n'avoir pas chaque jour à en surmonter le dégoût. Je vous dirai même qu'il m'a fallu, dans les premiers momens de mon séjour ici, quelque attention et quelque fermeté pour me défendre de l'avantage que donnait sur moi, à certaines gens, une plus grande habitude du genre d'intérêts que j'ai à traiter avec eux. Soyez-en sûre, chère amie, dans les affaires de ce monde, c'est une assez grande économie de temps et de forces que de s'épargner à chaque action la nécessité d'une réflexion préliminaire, et je ne vous accorderai pas volontiers que, même dans l'ordre moral, il n'y ait pas quelque supériorité pour celui qui aura donné à ses principes le secours de l'habitude : il est impossible que la fréquence des mêmes actes, en tournant habituellement de ce côté les pensées et la volonté, n'en rende pas la nécessité plus présente et l'exécution plus facile.

Pouvons-nous, d'ailleurs, nous représenter l'exercice de la vertu comme la suite toujours immédiate, naturelle, nécessaire de notre adhésion aux principes qui la commandent? Non sans doute; la loi la mieux acceptée a encore besoin de moyens d'exécution. « L'esprit est prompt, mais » la chair est faible », c'est-à-dire incapable; et notre nature intelligente a sans cesse à vaincre les difficultés que lui oppose notre nature terrestre, rebelle à l'action comme les élémens dont elle se recompose. Le monde matériel sans doute nous a été donné à soumettre, mais il faut commencer par nous-mêmes. Qui nous entrave et nous arrête plus assidument dans notre route vers le bien, que la lenteur, l'impéritie, l'insuffisance ou la révolte, je ne dis pas de nos organes extérieurs, mais de nos facultés les plus intimes? Tantôt l'intelligence manque à notre volonté; avec l'intention de remplir nos devoirs nous n'en comprenons ni assez complètement, ni assez promptement la nature et l'étendue. Tantôt la volonté paresseuse sert mal la raison, qui, à son tour, mal exercée à maintenir son empire, se laisse séduire par de mauvaises excuses : une répugnance nous cache la nécessité d'un acte de devoir; la vivacité d'un désir nous étourdit et nous fait oublier ce que nous avions de forces pour le vaincre. Rien ne nous est moins assuré que la disposition de nous-mêmes. Et si, en certains momens, notre énergie morale, exaltée au plus haut degré, appelle à l'action toutes les puissances de notre être, développe et met en mouvement mille ressources ignorées, et semble entraîner dans le tourbillon de nos volontés et nous-mêmes et tout ce qui nous environne, en d'autres instans, succombant sous le poids des impressions, ou livrés à l'atonie de nos organes, nous abandonnons lâchement tout empire sur nos actions, sur notre raison même. Nous ne savons plus vouloir ce que nous voulons, penser ce que nous pensons : sans être ébranlés par le doute, nous ne reconnaissons plus la puissance de la certitude; et la vérité, présente à nos yeux comme si elle n'était pas, nous laisse indifférens entre elle et l'erreur.

Notre première tâche en ce monde est d'échapper à ces humiliantes vicissitudes. La possession de nous-mêmes est l'indispensable condition de la vertu, le gage de notre liberté, notre titre de souveraineté. Quels moyens ont été mis en nous pour y parvenir? Notre puissance est bornée; la force, la lumière ne dépendent pas de nous, le temps seul nous appartient. A la puissance du jour il ajoutera celle du lendemain, et ce que nous avons appris hier fait une partie de ce que nous saurons aujourd'hui. Un acte de devoir m'a paru, la première fois, difficile à accomplir; la seconde fois, je le commencerai fortifié du sentiment de bien-être que m'a donné son accomplissement, muni envers moi-même de ce que j'ai fait pour me garantir la possibilité de ce que j'ai à faire. Il se répète, et déjà je sais mieux à quelles pensées je dois avoir recours pour vaincre ma paresse ou ma répugnance. Bientôt je trouverai quelque plaisir à ce travail sur moi-même, tous les jours plus assuré du succès; le travail même disparaîtra, à mesure que, plus familier avec la route j'arriverai plus directement au but. Alors l'action qui m'avait déplu d'abord, exempte de ce sentiment de malaise qui l'avait accompagnée, prendra pour moi l'intérêt qui s'attache toujours à l'exercice de notre activité. Dès qu'elle aura cessé d'être en désaccord avec ma disposition, elle me touchera par son harmonie avec mes sentimens et mes principes; dès qu'elle ne me demandera plus d'effort, elle me deviendra un besoin, comme tout mouvement dont nous avons une fois reçu le branle; et, naturellement ramenée par les idées auxquelles elle se rattache, elle se reproduira comme d'elle-même toutes les fois que renaîtra l'occasion qui la commande. Alors, sans perdre son empire comme devoir, le devoir aura de plus acquis la force d'une habitude, et lorsque viendront les momens d'indolence et de découragement, l'habitude agira là où le devoir verrait peut-être échouer sa puissance. L'action que j'aurai faite tous les jours échappera, parce qu'elle est pour ainsi dire involontaire, à l'inertie générale de ma volonté; et en même temps plus présente à ma pensée, elle deviendra plus indispensable au repos de ma conscience qu'elle ne le serait si la nécessité ne m'en était rappelée que par un principe, affaibli alors comme le reste de mon existence morale.

Si tels sont, chère amie, les effets de l'habitude, s'il est dans les lois de notre nature active d'y obéir et d'en recevoir plus de force et d'aptitude à l'action, ne serait-ce pas une insigne et dangereuse présomption que de prétendre la soustraire aux lois qui lui sont propres? réduits, comme nous le sommes, à des moyens si bornés, devons-nous, dans la vaine espérance de les conserver également applicables à tout, nous refuser aux utiles habitudes qui nous aideront à réunir plus de forces sur les points importans?

Il est d'ailleurs, comme vous l'avez remarqué, des habitudes d'action sur nous-mêmes qui, loin de nous dominer par un certain mouvement machinal imprimé à nos actions extérieures, nous assurent, au contraire, la possession de nous-mêmes en dépit des attaques du dehors. Telles sont les habitudes d'empire sur nous-mêmes, de patience, de constance ou de résignation dans les souffrances. Celles-là, mon amie, s'acquièrent comme les autres, par la répétition des mêmes actes, l'accoutumance aux mêmes objets, l'exercice aux mêmes mouvemens. Ainsi que les autres, elles rendent l'acquiescement au principe bien plus prompt et plus facile. Une ferme conviction des devoirs de la patience, une résolution arrêtée de n'y pas manquer, recevront encore un grand secours de l'habitude de vaincre certaines émotions, qui perdront leur pouvoir sur notre volonté dès que l'expérience nous aura instruits de la facilité qu'on éprouve à les surmonter. Nos impressions nous dominent plus encore par l'idée que nous avons de leur durée que par leur intensité réelle, et il n'est personne qui ne rougît de céder à une courte douleur, à l'émotion destinée à s'effacer dans un instant. L'habitude à certaines contrariétés ou peines les dépouille de l'avenir qui ne leur appartient pas, et, nous donnant la mesure de celui qui s'y trouve nécessairement attaché, nous le fait accepter comme inévitable. L'homme bien élevé affrontera peut-être les privations, les fatigues, les souffrances physiques avec un courage plus fier, un plus noble dédain; l'homme du peuple pourra s'y soutenir avec plus d'égalité ou moins d'efforts. Le premier, je le veux, retrouvera toujours dans l'occasion l'énergie de son âme; le second aura moins souvent besoin d'y recourir : il sait ce que c'est que la souffrance; il entre en commerce avec elle préparé à tout ce qu'elle va lui demander; rien ne le prendra au dépourvu; le compte est fait d'avance, il n'y a plus qu'à l'acquitter. Les exemples n'ont pas manqué de notre temps : assez de milliers d'hommes en quelques années ont été plus d'une fois réunis dans une épouvantable égalité de misères. Je ne doute pas que cette observation ne s'y soit vérifiée, et qu'en Égypte, en Russie, à ce dernier degré de souffrance dont n'ose approcher la pensée, on n'ait eu généralement à remarquer l'élan de l'officier et la courageuse indifférence du soldat.

Ce calme de constance ou de résignation, fruit

de l'habitude, est certainement une des plus fortes garanties de la vertu. Soit qu'elle s'exerce à s'élever au-dessus des souffrances ou des passions, elle seconde chez l'homme fait la puissance de la raison, elle la devance ou même la peut hâter chez l'enfant. Celui que vous aurez accoutumé à se voir interrompu, au moment le plus vif de ses jeux, dès que l'heure l'appellera à l'étude, recevra certainement de cette habitude une grande facilité à tourner ses pensées du jeu qu'il abandonne au travail qu'il va reprendre, et l'idée du devoir que le retour d'une même nécessité ramènera toujours plus promptement, lui arrivera toujours plus inévitable et par là plus puissante. Il en sera de même de l'habitude de l'obéissance et de tous les autres devoirs d'un enfant : moins pénibles à accomplir, ils en seront plus sûrement acceptés. A l'idée de leur nécessité morale s'ajoutera cette idée de nécessité journalière que produit dans notre esprit tout mouvement périodique, et il ne leur sera pas plus possible de douter qu'il ne faille accomplir aujourd'hui le même devoir qu'hier, qu'il ne leur entrera dans la tête de mettre en doute que le soleil ne doive se lever demain à l'heure accoutumée, que l'hiver ne doive toujours suivre l'automne et les arbres reverdir à chaque printemps.

Ne craignez donc pas, chère amie, de donner à nos enfans des habitudes que vous aurez toujours fait précéder de la connaissance du devoir qui les impose, seul moyen en effet de les tourner à son profit. Sans doute, pour soumettre l'action à une règle il faut attendre que la règle puisse être comprise; autrement l'action, privée du motif qui doit la diriger, dévierait de sa route et pourrait devenir son propre but à elle-même. Comme l'enfant, encore incapable de donner à ses actions des motifs d'utilité, court pour courir et parle pour parler, de même si on l'accoutume à ranger avant qu'il en puisse comprendre la nécessité, il rangera pour ranger et prendra la manie de l'ordre au lieu d'en contracter l'habitude. L'épargne, enseignée à celui qui n'en peut comprendre le véritable avantage, prendra pour but le plaisir d'épargner et deviendra de l'avarice. Ainsi en sera-t-il de toutes les habitudes formées par une suite d'actions irréfléchies, sous l'empire d'une volonté que nous n'aurons pas comprise. Mais une fois que vous aurez fait comprendre le motif de votre volonté, n'hésitez pas à l'imposer toutes les fois qu'il en sera besoin. Sûre d'être arrivée à la raison de l'enfant, n'attendez pas que sa force vous suffise; la vôtre est là pour lui en tenir lieu. C'est sur votre constance et non sur la sienne qu'il faut compter pour lui former des habitudes. C'est à vous à l'obliger de répéter l'action dont vous voulez que la nécessité s'imprime dans sa mémoire, comme vous lui faites redire la leçon que vous ne voulez pas qu'il oublie. Toujours et soigneusement rattachée au principe dont elle dépend, cette action, qui ne sera devenue habitude que pour se faire plus facilement reconnaître comme devoir, prendra son rang en qualité de devoir dans la place qu'assigne la raison à chacun d'eux. Ainsi, l'habitude de l'économie, fondée sur ses véritables motifs, n'empiétera point sur ce que demande la noblesse des procédés; et une femme pour qui l'habitude de ne pas perdre son temps sera la conséquence du devoir qu'elle se sera prescrit de l'employer toujours le mieux possible, ne fera pas perdre un quart d'heure à son mari pour économiser quelques minutes. Vous ferez votre profit, chère amie, de cette insinuation jetée en passant, et comprenez bien, je l'espère, toute la rancune qu'a accumulée ma longue patience. Peut-être aussi l'exemple que je vous rappelle vous fera-t-il apercevoir qu'il est difficile d'échapper à quelques habitudes, et vous songerez à en donner de bonnes pour empêcher qu'on n'en prenne de mauvaises. Plus vous les multiplierez, moins on en pourra contracter d'exclusives.

LETTRE XII.

Mme d'Attilly à M. d'Attilly.

Paris, 1817.

Eh bien, soit, mon ami, des habitudes fondées sur des principes ; j'y consens et vais en conséquence m'appliquer par principe à prendre et à donner des habitudes. J'ai déjà commencé cette éducation ; voilà deux jours où tout s'est passé avec une merveilleuse ponctualité ; les leçons n'ont pas été retardées d'une minute, on s'est allé coucher à l'heure sonnante, et pas un livre que je n'aie fait ranger à l'instant où l'on a cessé de s'en servir. Je dois l'avouer ; je reconnais déjà, à une disposition plus calme, la puissance de cette loi extérieure pour imposer silence aux incertitudes, aux agitations du dedans, et, en ôtant tout prétexte à l'indolence, épargner des efforts à la résolution. Je remarque aussi qu'autour de moi l'activité du zèle augmente en raison de la nécessité de l'exactitude ; chaque partie d'action soumise à une règle acquiert son importance particulière et devient l'objet d'un devoir spécial. Mon ami, vous avez pleinement raison, les devoirs s'appuient l'un l'autre, et pour assurer leur accomplissement il est bon d'en mettre partout.

Aussi j'espère que ce moment d'honnête ferveur nous fera faire un notable progrès dans la tâche que nous avons entreprise, Sophie et moi, de la corriger d'un défaut qui commençait à tenir une beaucoup trop grande place dans son caractère. Cette disposition à l'humeur et à la colère, que vous lui avez vue quelque temps avant votre départ, croissait singulièrement, acquérant de jour en jour une telle prépondérance que tout y portait, jusqu'à l'amour du bien. Le désir de me satisfaire l'occupait depuis deux ou trois mois assez vivement pour l'éveiller sur les moindres torts, pas assez constamment pour l'en préserver toujours, et ses bons sentimens, plus forts que sa volonté, avaient pris un caractère d'agitation tout-à-fait étrange; une tâche mal faite, un quart d'heure perdu par sa faute devenaient le sujet d'une irritation d'autant plus violente qu'elle ne savait d'ordinaire comment l'exprimer, et sentait qu'il y avait, à s'emporter ainsi contre elle-même, quelque chose de parfaitement ridicule à quoi elle ne savait pas plus se résigner qu'échapper. Mon rôle était aussi fort embarrassant; je ne pouvais lui laisser croire que l'humeur exemptât des réprimandes, et presque toujours au moment où il fallait la gronder d'une faute, il aurait été nécessaire de la lui faire oublier pour l'empêcher de tomber dans une plus grave. Toutes mes précautions parvenaient rarement à l'éviter, et l'impulsion une fois donnée, l'âpreté de son chagrin lui faisait considérer la plus légère sévérité de ma part comme un acte de dureté et de si notoire indifférence, que tout son être en était révolté. Les querelles avec sa sœur n'étaient que l'occasion des scènes beaucoup plus violentes dont j'étais toujours l'objet. C'est vers moi que se tournent et son ambition et ses sentimens les plus actifs; de moi seule elle peut recevoir ces ébranlemens qu'elle a tant de peine à maîtriser et moi si peu de moyens de calmer.

J'évite, vous le savez, les punitions autant que je le puis : je me suis cependant trouvée deux ou trois fois dans la nécessité d'y recourir, mais elles n'ont fait qu'augmenter l'aigreur des dispositions en ajoutant au malaise de l'humeur le sentiment du danger. Enfin la semaine dernière, les dépits, les brusqueries, les emportemens s'étaient multipliés outre mesure et arrivés à un tel point qu'un jour, pour éviter d'en venir sur-le-champ à un acte de rigueur dont je ne pouvais me promettre même un bon effet, je pris le parti de quitter la chambre. Quand j'y rentrai, la violence était passée, mais l'humeur durait encore et ne demandait qu'un prétexte pour éclater de nouveau. Je ne dis pas un mot, ne m'occupai point des tâches qui restaient à faire, et qui furent accomplies, sans que je m'en mêlasse, avec assez de zèle. Le calme renaissait, on pensait à réparer, je n'en offris pas l'occasion : on se sentait intimidée de mon silence moins sévère cependant que triste. J'étais triste en effet, mon ami; il y a dans la tâche de l'éducation des momens où le désintéressement, ce premier de nos devoirs, est prêt à nous manquer. Dans la conscience de notre profonde tendresse, nous oublions qu'elle n'a rien à réclamer pour son propre compte, et ce qui la blesse nous saisit comme une ingratitude; il faut alors se garder de la plainte, la plus dangereuse de toutes les faiblesses, et qui met la supériorité du côté de l'offenseur. Après le dîner, j'annonçai à Sophie qu'à compter du lendemain elle travaillerait dans sa chambre, répéterait ses leçons à sa bonne, et qu'on m'informerait seulement du résultat; sa consternation fut inexprimable. Sa raison était revenue, et sur la foi de ses bonnes résolutions, elle se croyait assurée de son pardon. Elle est tombée à genoux, joignant les mains, implorant sa grâce avec des torrens de larmes; son cœur se brisait; le mien, mon ami, n'est point inflexible, et je crois au pouvoir de la clémence pour soutenir et diriger

le repentir que la sévérité abandonne à ses seules forces. « Écoute, ai-je dit, ce n'est point une pu-
» nition, c'est un moyen que je crois malheureu-
» sement nécessaire pour te corriger, et qu'il faut
» bien que tu acceptes si tu n'en connais pas
» d'autre. » — « Maman, répétait la pauvre en-
» fant, encore, encore un peu de temps. » J'ai proposé de lui donner encore huit jours pour commencer à réprimer ses mauvaises habitudes, et s'affermir dans ses bonnes résolutions, à condition que si après ce terme je ne voyais pas d'amendement, le premier mouvement d'impatience la séparerait de moi et la confinerait dans sa chambre pour tout le temps du travail. Vous jugez quels transports de reconnaissance, quelle ardeur de promesses ont répondu à ma proposition, quels conseils de raison ont été écoutés et acceptés, avec quelle émotion de vertu s'est dit le dernier bonsoir! Le lendemain les résolutions n'étaient pas oubliées, mais, l'émotion passée, l'habitude retrouvait son empire. A la première leçon mal sue on reprenait son livre avec ce mouvement d'humeur qui prélude toujours aux grands accès; je l'ai retenu : « Mon enfant, ai-je
» dit doucement, ne commence pas, tu te sou-
» viens d'hier; le seul moyen de tenir tes résolu-
» tions, c'est de t'arrêter dès cet instant même;
» assieds-toi tout de suite près de moi, et rap-

» prends sans rien dire. » Elle s'est assise agitée, mais contenue. Deux minutes après, elle s'est penchée sur ma main, et la baisant : « Maman, » a-t-elle dit, je n'ai plus d'humeur. » Une bien tendre caresse a récompensé sa victoire; j'étais heureuse, la leçon à donner reposait sur un éloge. Tout le jour, il m'a suffi de rappeler le bon succès du matin pour arrêter les mouvemens prêts à se reproduire, et chaque fois un sourire un peu forcé, mais sincère, m'apprenait que si l'ennemi n'était pas encore retiré, la lutte était du moins entreprise. Elle s'est soutenue depuis avec plus ou moins d'efforts, mais sans notables échecs, et j'ai déjà laissé espérer qu'au bout des huit jours je consentirais à prolonger le temps d'épreuve. Avant-hier, j'ai profité de ce que Sophie venait d'atteindre ses huit ans, pour annoncer les nouvelles lois de ponctualité que je prétendais établir. « Je t'en avertis, lui ai-je dit, » prends garde que ce ne soit pas un sujet d'hu- » meur. » Elle a souri et a paru se sentir fière de braver la tentation. Louise a dit qu'elle voulait aussi ranger et être exacte comme sa sœur. Sophie, pénétrée de la supériorité d'une fille de huit ans, m'a fait entendre d'un coup d'œil qu'on ne pouvait exiger grand'chose de cette enfant. Quant à elle, pendant ces deux journées, son empressement à prévenir l'ordre lui a constamment épargné la contrariété qu'elle éprouve toujours à le recevoir, et nous voilà fortes de deux jours presque entièrement dévoués au bien.

Mon ami, je suis loin de croire la guérison complète; elle ne le sera pas de long-temps, et dans l'intervalle nous éprouverons des rechutes; les efforts se relâcheront, les tentations pourront se présenter plus fortes, on y pourra succomber avec moins de résistance; mais elles n'entraîneront jamais si loin que le retour ne soit, je crois, assuré; une fois le but touché, il est aisé d'en retrouver la route; l'important, c'est de l'avoir déjà essayée; d'avoir senti, ne fût-ce qu'un instant, le plaisir de triompher de la passion substitué à la satisfaction d'y céder; de pouvoir nous représenter, au moment où elle nous entraîne, cette région de calme et de noble joie où va nous transporter un effort sur nous-mêmes. J'ai toujours été persuadée que l'éducation n'avait de force contre le mal que le goût du bien. On ne réprime point une mauvaise disposition; on en fortifie une bonne, et je ne sache de moyen d'extirper un défaut que de faire croître une vertu à la place.

Ne trouvez-vous pas étrange, mon ami, que pendant des siècles l'éducation ait été en quelque sorte un système d'hostilités contre la nature humaine, que *corriger* et *punir* se soient trouvés synonymes, et qu'on n'ait parlé que de caractères à rompre, de nature à dompter, comme s'il se fût agi d'ôter aux enfans celle que Dieu leur a faite pour leur en donner une de la façon de l'instituteur? Tout le monde n'y a pas renoncé; il y a encore des gens pour qui *de bonnes verges sont bien bonnes* et qui regardent toute tentative de substituer les encouragemens aux punitions comme une de ces innovations nées de l'immoralité du siècle, et aussi contraires à toute religion qu'à toute discipline. Je lisais, l'autre jour, dans l'ouvrage de mistriss Hannah More, qu'il faut regarder les enfans « non comme des êtres » innocens dont les petites faiblesses nécessitent » peut-être quelques corrections, mais comme » des êtres qui apportent dans le monde une » nature corrompue et de mauvaises dispositions » que l'éducation doit avoir pour principal but » de rectifier. » Pauvres enfans! pauvre raison de l'homme qui se croit en état de faire naître le bien là où Dieu aurait semé le mal, de rendre sain ce que le créateur nous aurait livré corrompu! Aussi, pour défendre une pareille prétention, s'est-elle retranchée dans les principes religieux. Mme de Blagny, qui a toujours la rage de me parler d'éducation, me disait l'autre jour que les enfans naissaient naturellement méchans, et cela d'un ton si capable qu'il m'arriva, je ne sais comment, de laisser échapper une exclamation. Elle reprit avec assez d'aigreur que ce qu'elle disait là était bien simple et bien connu, et qu'apparemment je ne prétendais pas nier le péché originel.

Certainement, mon ami, je ne nierai jamais rien à Mme de Blagny; mais si j'osais jamais entrer en controverse sérieuse avec des gens un peu plus forts sur ce point, un peu plus instruits des raisons de ce qu'ils pensent, la question du péché originel serait, ce me semble, facile à écarter. Ce n'est pas là que se trouve, je crois, la difficulté. La religion, la philosophie, peuvent expliquer différemment les mystères de notre nature; mais au-dessus des croyances humaines demeure toujours l'œuvre de Dieu, au-delà de toutes les disputes est la nécessité imposée à notre raison de l'accepter et reconnaître pour ce qu'elle est. C'est là seulement ce qui m'occupe, je ne veux qu'examiner la créature humaine en ce qu'elle est actuellement et d'après les données que me fournit une sérieuse attention sur moi-même.

Le mal existe, nul ne saurait le nier, il existe partout. La vie la meilleure n'est pas exempte de reproches, et les douleurs de notre conscience nous avertissent assez de la réalité du mal qui se produit au moment où nous commettons une action répréhensible; mais il n'est pas également aisé d'affirmer que le mal qui se mêle habituellement à nos actions ait aussi sa place dans notre nature, que pour être coupables nous soyons mauvais. On ne saurait se former une opinion à cet égard sans remonter à la cause réelle, efficiente de nos mauvaises actions; c'est là ce que j'ai tenté au moyen de l'observation, sans prétendre à expliquer le secret de la destinée humaine, mais uniquement pour chercher à l'accomplir autant qu'il est en moi, selon la volonté de la providence.

Que Dieu ait fait l'homme capable de bien et de mal, le spectacle de l'univers l'atteste, la religion le reconnaît puisqu'elle l'explique par le double évènement de la chute et de la rédemption. Si elle ne voit dans l'homme tombé que misère et perdition, elle permet à l'homme racheté l'espoir de s'élever à la source de tout bien, lui ordonne de le tenter, le rend responsable du mauvais succès de ses efforts, et demande compte au serviteur indolent de la drachme qui lui avait été donnée pour la faire valoir. Dieu se contentera-t-il de l'offrande des vertus humaines, telle que peut la lui apporter notre indigence soutenue des trésors de sa bonté, ou faudra-t-il qu'une grâce spéciale et mystérieuse descende sur l'élu et le pare aux yeux de la divinité d'un mérite qui ne peut émaner que d'elle? Quelque solution qu'on adopte, quels que soient sur l'âme choisie le secours et l'action de la grâce divine, cette puissance de bien qu'elle développe et fait fructifier, l'homme était capable de la posséder puisqu'il l'a reçue, puisqu'en la recevant il est demeuré homme, soumis à toutes les conditions de sa nature où la main du créateur est allée chercher les facultés de bien qu'elle y avait mises pour répondre à l'appel de sa grâce. L'élément du bien est donc en nous comme celui du mal; il nous est prescrit de fortifier l'un, de combattre l'autre; par où les atteindre? où les chercher? sur quelle base s'élève en nous la vertu? de quel abîme surgit le vice? quel est en nous le principe du bien, quel est le principe du mal? qu'est-ce en nous que le bien, qu'est-ce que le mal?

Mon ami, je me cherche, je m'observe, je reconnais en moi l'empire d'une loi souveraine venue de plus haut que moi, mais imprimée en moi comme règle de mon existence, inhérente à mon être, produit nécessaire de l'intelligence infinie d'où mon âme émane avec elle. Inévitable, cette loi me poursuit; impérieuse, elle me commande. Elle trouve en moi des forces pour me contraindre, des tourmens pour me punir. Si je lui désobéis sciemment, en guerre avec ma raison, en lutte avec ma conscience, je sens l'union rompue entre ma volonté et mon intelligence. En moi vivent alors deux portions de moi-même, dont aucune n'est entièrement moi, ne suffit complètement aux fins de mon existence, et je ne reprends l'unité de mon être qu'en rentrant sous la domination de la règle qu'a pu méconnaître ma volonté, mais non pas ma raison. A ma raison seule il appartient de me posséder tout entier, de soumettre ma volonté à sa domination; ma volonté ne peut rien sur elle; mais, lorsque je dépends le plus entièrement de ma raison, je sens que ce n'est pas en son nom qu'elle me commande, qu'elle n'est pas libre de choisir ses préceptes et ne m'arrache à la tyrannie du dehors que pour m'assujettir à la loi du dedans. Cette loi, autant que je puis la connaître, est la mesure de mon devoir; ce qu'elle me prescrit est le bien, ce qu'elle me défend est le mal: maintenant cherchons le principe du mal.

Une difficulté se présente d'abord : partout où se produit le bien, là en existe sûrement le principe; un acte de vertu désintéressé, soit qu'il résulte de l'obéissance au devoir ou d'un sentiment naturel, atteste que celui qui s'y porte, ignorant ou éclairé, possède en lui-même le principe du bien, actif, énergique, cette force de rectitude toujours prête à se ranger à l'ordre du devoir, ou ce goût spontané qui le devance. En est-il de même du principe du mal? Serons-nous en droit de le reconnaître partout où le mal se produit au dehors? Aussitôt que nous avons été frappés d'un acte nuisible ou irrégulier, pouvons-nous dire : « Il part du principe » du mal? » Un fou, un enfant, un ignorant produit le mal sans savoir qu'il résultera de son action, sans connaître la loi qui la lui interdit; nulle idée de mal extérieur ou de mal moral ne s'est attachée pour lui au désir qu'il a satisfait, à la fantaisie qui l'a poussé; la volonté du mal n'est entrée pour rien dans son action; il a pu même vouloir produire ce que nous regardons comme le mal, sans que l'action réellement mauvaise qu'il a volontairement commise lui puisse être imputée à mal, puisqu'il ne lui connaissait pas ce caractère. Ainsi, quand le sauvage tue à la troisième génération celui dont le grand-père a tué son arrière-grand-père, s'il ne lui est jamais venu en pensée que cette vengeance ne fût pas la justice, son action n'est pas, par rapport à lui et dans l'intention qui l'a déterminée, plus criminelle que celle de l'homme qui poursuit, devant les tribunaux, la mort d'un assassin; elle n'appartient pas davantage au principe du mal. Qu'au contraire, ému de je ne sais quel sentiment généreux, il épargne son ennemi et l'adopte, ne se portât-il à cet acte d'humanité que par le même mouvement de commisération qui lui fait épargner et prendre en affection l'animal tombé dans ses piéges, son action appartient au principe du bien ; car la satisfaction qu'il y cherche est celle de produire le bien, tandis que son motif, quand il s'est vengé, n'a pas été le désir de produire un mal. L'influence du principe du mal ne saurait donc se reconnaître nécessairement dans l'action extérieure, pas même dans la volonté qui l'a produite ; elle ne peut se chercher que dans l'assentiment de notre volonté au mal connu pour tel, dans la détermination de commettre le mal en connaissance de cause. Qui peut déterminer notre volonté au mal ? Sur quelle loi, sur quelle force se fonde son empire ?

La loi du devoir est positive pour qui la connaît ; elle dit clairement, autant que se peut dire ce qui est au-dessus de nos conceptions terrestres, ce qui n'a pas de mots en nos langages pour l'exprimer : « Il faut être juste, humain, » sincère, assister celui qui souffre, défendre » celui qu'on opprime, redresser celui qui s'é- » gare ; il le faut parce que cela est bien. » Quelle loi écrite dans le cœur de l'homme, quel principe inhérent à sa nature, reconnu de lui-même pour une loi de son être, lui dira : « Il faut » commettre l'iniquité ; il faut verser le sang, » tromper, corrompre, sacrifier à la force, in- » sulter à la faiblesse, il le faut parce que cela

» est mal ? » Avons-nous jamais pu concevoir le mal comme nécessaire, régnant sur nous en son propre nom et par l'autorité de sa nature de mal ? Incapables de reconnaître en nous-mêmes ce pouvoir souverain du mal, pour y croire il nous a fallu le placer ailleurs : tel est l'effroi que nous cause l'idée d'un être soumis au mal par sa nature, que nous avons fait d'une pareille perversité le caractère du démon. Elle entre également dans l'idée du réprouvé : pour être toujours damné, il faut bien qu'il soit toujours criminel. Si le mal n'avait pris possession de lui, s'il pouvait échapper à la nécessité de demeurer coupable, si un retour vers le bien lui était permis, il pourrait accepter la vertu du repentir, et pour lui cesserait l'enfer, car à côté de l'éternelle souffrance se placerait l'éternelle consolation d'expier. Il nous a donc fallu, pour concevoir une nature nécessairement soumise à l'impérieuse nécessité du mal, l'aller chercher dans l'enfer ; elle n'en peut sortir ; l'homme n'a rien en lui qui la reconnaisse ; il ne se découvre pas une faculté dont le mal soit la loi, pas un des pouvoirs constitutifs de son être qui ait dans le mal la raison de son existence ; enfin pas un agent spécialement chargé d'assurer l'empire du mal comme la raison a reçu mission d'établir selon ses lumières, de défendre selon sa force l'empire du bien, les intérêts du devoir.

Non, dira-t-on, le mal n'est point une loi; contraire à toute loi, sa force est de n'en prescrire aucune; il règne par le désordre; sa domination se fonde en nous sur l'aversion de la règle, sentiment inhérent à notre nature rebelle. Tandis que du dehors nous vient la loi, au dedans est la révolte; l'intelligence nous révèle le bien, la raison ordonne à nos penchans de s'y soumettre, mais nos penchans défendent leur liberté, c'est-à-dire la puissance de s'abandonner au mal, seul moyen qu'ils aient de se satisfaire, car dans le mal seulement nous pouvons trouver la libre jouissance de tout ce que nous demandent nos penchans; et lorsque la raison nous contraint d'avouer la nécessité du bien, le goût du mal atteste assez son affinité avec notre nature, livrée à lui par choix, et incapable de lui échapper sans secours et même sans contrainte.

Mon ami, je me demande s'il est bien vrai que, dominés par le goût du mal, nous soyons forcés de reconnaître dans nos penchans un principe de mal inhérent à notre condition sur la terre? Et d'abord, qu'est-ce que le goût du mal? J'ai vu régner dans quelques âmes le pur goût du bien; j'ai vu des vertus cherchées et chéries pour leur seule beauté de devoir; la passion du bien a surmonté des répugnances inouïes; l'impossibilité d'y renoncer s'est trouvée plus forte que l'attrait des joies les plus enivrantes. Sans parler même de ces grands sacrifices, tous les jours des êtres ordinaires sentent en eux un certain goût du bien écarter sans peine les penchans de la paresse, des fantaisies d'amour-propre, quelques désirs de malice ou quelque émotion de colère. Et moi, ne vois-je pas des enfans déjà sensibles au goût du bien, y trouver le motif et la récompense de leurs efforts? Le zèle de Sophie s'animera pour une leçon où elle ne peut trouver d'autre plaisir que celui de la bien faire, et Louise sait aussi réprimer le désir de battre la petite camarade qui lui renverse son château de cartes, contente de pouvoir me dire : « N'est-ce pas, maman, » que j'ai bien fait? » Que ferais-je sans un pareil secours? Comment ferions-nous en ce monde si un certain plaisir honnête ne s'attachait à l'accomplissement de cette foule de petits devoirs que nous commande la nécessité de vivre avec nos semblables? Le goût du bien, la conformité à la règle est la condition nécessaire de la vie sociale, comme la santé est celle de l'accomplissement des fonctions de la vie physique; la moindre irrégularité produit la souffrance, mais le bien-être né de l'ordre ne se remarque point, car vivre dans l'ordre, c'est simplement exister, et nous ne remarquons pas notre existence. Le goût du bien, naturel tant que la fièvre des passions ne vient pas troubler l'ordre, règne sur nous à notre insu, d'autant plus maître qu'il est moins observé. Dans la vie la plus tiède pour la vertu, la plus étrangère à tout effort, à tout désir de perfectionnement, il dispose de l'emploi des trois quarts de nos journées. Qui en a jamais consacré une seule au goût du mal? Qui s'est jamais dérangé pour mal faire? Qui s'est gêné pour le plaisir de commettre une mauvaise action? Les crimes ne sont pas si rares sur la terre, comment se fait-il que nous n'en puissions attribuer un seul au goût désintéressé du mal? Que, dans un acte criminel, nous croyions découvrir un certain degré de scélératesse impossible à expliquer par aucun motif d'intérêt ou de passion, notre raison s'étonne, incapable d'avouer cette génération spontanée du mal étrangère aux lois de notre nature, et nous demeurons pleins de doute et d'effroi devant cet épouvantable et incompréhensible mystère. Milton nous a-t-il montré Satan, le prince du mal, emporté par le seul besoin de nuire, satisfait du seul plaisir d'avoir nui? Non, il l'a peint orgueilleux, irrité, jaloux, dévoré de passions à assouvir, porté au mal par des besoins d'où naît le mal, mais dont il n'est pas la source. La rigueur des croyances du théologien n'a pu dominer l'imagination du poète, et la vérité de son génie s'est refusée à la peinture de l'être purement malfaisant dont il lui était impossible de se représenter le modèle.

Et comment comprendrions-nous le pur goût du mal, nous qui reconnaissons le mal à la répugnance qu'il nous inspire ? Un penchant nous entraîne, un intérêt nous fait illusion ; au milieu des idées séduisantes dont nous entretiennent nos espérances, nous nous sentons arrêtés et troublés, et notre raison ne s'est pas encore expliquée, que déjà le malaise de notre cœur nous avertit de la présence du mal. Vous voyez un homme emporté par le ressentiment, prêt à se livrer aux plus criminelles violences; en vain épuiserez-vous les argumens pour lui faire voir le mal dans l'action qu'il se propose, il vous niera que le meurtre soit un crime, que la vengeance soit répréhensible; ce que vous lui présentez pour le mal ne l'est point pour lui, il n'y sent pas la répugnance à laquelle il devrait le reconnaître; cherchez, pour qu'il y croie, un endroit par où il puisse le haïr. S'il vous échappe, le besoin qui l'égare une fois satisfait, son attention absorbée maintenant par sa passion se tournera sur l'action qu'elle lui aura fait commettre, l'aversion naturelle renaîtra, et c'est alors qu'il se reconnaîtra coupable. Un caractère grossier, inaccessible à de certaines antipathies, vit dans une sorte d'innocence sur le mal, et commet sans scrupule mille actions que repousse une conscience plus délicate, et un cœur naturellement bas se croit irréprochable dans son avilissement qu'il accepte sans répugnance. La conscience du mal est donc en nous la conscience d'un état déplaisant, contraire à nos dispositions naturelles : l'éducation n'ajoute rien au dégoût qu'il nous inspire que de nous mieux éclairer sur ses véritables caractères, de nous mieux indiquer l'objet de notre aversion, et la passion ne fait taire ce dégoût qu'en suscitant en nous un mouvement violent qui détourne sur d'autres objets l'aversion attachée au mal, ou nous emporte en dépit de la répugnance que nous sentons à nous y livrer. Voilà les faits, ce me semble, tels que nous les remarquons en nous et hors de nous. Partout, en examinant l'état moral de l'humanité, nous voyons l'ordre troublé par le mal effectif, des actes coupables, des délits répréhensibles, sans pouvoir découvrir en nous-mêmes un principe actif et positif de mal, auquel nous puissions attribuer ce qu'il y a dans nos actions d'activement et positivement mauvais ; et quoique le mal nous apparaisse plus souvent et plus fortement que le bien, nous sentons distinctement en nous-mêmes une cause de bien, sans pouvoir y démêler également une cause de mal.

Cependant, si le mal existe, il doit avoir sa cause,

et l'existence du mal, non-seulement comme effet d'une cause quelconque, mais comme principe et cause efficiente, est une croyance si généralement répandue, que la plupart des religions en ont fait un des fondemens de leur doctrine, et que, dans une grande partie du monde, la ferveur religieuse se manifeste surtout par des expiations, comme si nous n'avions à offrir à Dieu qu'un sacrifice de pénitence, et que, nés dans le mal, nous ne puissions porter à ses pieds d'autre mérite que le repentir.

Mon ami, le sentiment religieux, commun à toutes les croyances, peut sans doute s'attacher à des dogmes trompeurs, errer dans le mode d'adoration et les formes du culte; mais, fondé sur nos besoins, il ne saurait se tromper sur ce qu'ils lui demandent, et ce besoin d'expier que toutes les croyances religieuses attachent pour ainsi dire au péché de vivre, semblerait attester, dans l'être religieux, la conscience du mal comme inhérent à sa condition et inséparable de sa nature. Cependant nous venons de voir que ce fait est impossible à découvrir dans l'homme considéré en lui-même et simplement comme être moral; nous avons trouvé que, loin d'avoir établi sur nous son empire, le mal a contre lui tout ce qui en nous a autorité et force de loi; nous voyons que, loin qu'il soit en nous un goût dominant, nous n'y cédons qu'avec déplaisir toutes les fois que nous l'avons reconnu pour être le mal. Mais, dans cette vue de l'homme moral ne se renferme pas l'homme tout entier; dans ses relations avec le monde extérieur, avec lui-même, ne sont pas compris tous les rapports qui lui imposent des obligations, toutes les bases de mérite ou de démérite d'après lesquelles il croit pouvoir être jugé. En nous se révèle une destination ultérieure, une plus haute fin. La loi morale à laquelle nous sommes tenus d'obéir n'est qu'une manifestation de son auteur, une indication du devoir de nous en rapprocher par des efforts sans cesse dirigés vers cette perfection infinie donnée à l'homme pour but, pour modèle et pour loi : « Soyez parfaits comme » votre père céleste est parfait. » C'est à cette partie de notre destinée que s'attache l'esprit religieux : il ne considère l'homme que dans ses rapports avec Dieu, et abîmé dans la vue d'une telle misère en présence d'une telle grandeur, passant de la contemplation de l'immensité de notre tâche au profond sentiment de notre insuffisance à l'accomplir, il ne reconnaît plus dans l'homme qu'un débiteur insolvable, hors d'état d'acquitter la moindre partie de sa dette envers celui duquel il a tout reçu; il le déclare en état perpétuel de manquement et soumis au mal par le seul fait de son incapacité au bien, toujours coupable envers cette pureté infinie de Dieu sans cesse offensé de nos imperfections, et dont la loi, empreinte en notre cœur, devient l'éternelle condamnation de la créature indocile ou rebelle à la voix de son créateur.

Qu'est-ce donc que le mal considéré sous ce point de vue et dans la rigueur du principe religieux? Rien autre chose que l'absence du bien. Dieu, tout puissant et tout parfait, nous commande la perfection; imparfaits et inhabiles, nous obéissons mal ou repoussons ses commandemens. Sa loi nous paraît trop difficile ou trop dure; notre paresse demeure en arrière ou notre indocilité y échappe. L'accomplir serait le bien; y manquer, voilà le mal; il n'existe nulle part que dans la désobéissance: il n'est le mal que parce qu'il n'est pas le bien dont l'obligation nous a été imposée: nous sommes mauvais en ce sens seulement que nous ne sommes pas bons. D'ailleurs, point en nous de désir actif et positif de produire le mal, point d'autre principe de mal que la difficulté de faire le bien; difficulté que, rentrant en nous-mêmes et sortant de la question religieuse pour revenir à l'examen des facultés purement humaines, nous reconnaîtrons appartenir, non pas à un principe d'aversion qui repousse le bien, mais à un principe d'inertie qui y résiste; lutte que nous acceptons comme une condition de la souveraineté accordée à l'être intelligent sur l'être matériel, dont il ne peut se faire obéir que par des efforts sans cesse répétés, toujours laborieux, souvent inutiles.

Voici les résultats de cet examen, tels qu'ils se présentent à moi. La vie nous a été donnée à la fois morale et sensible, miracle perpétuel où viennent se toucher et se confondre la matière et l'intelligence, agissant l'une sur l'autre, accomplissant l'une par l'autre le but mystérieux de leur mystérieuse union. Soumise à l'intelligence pour lui servir de lien avec le monde extérieur, la matière, du moment où par le fait incompréhensible de la vie animée elle entre en communication avec l'esprit, semble acquérir une sorte de participation de cette nature intelligente dont il faut bien qu'elle entende le langage pour obéir à ses ordres. Qui me dira quelle merveilleuse faculté a été donnée à cette terre façonnée en muscles, en chair, en sang, de comprendre ma pensée et de l'accomplir, de porter à mon intelligence, par le moyen des impressions qu'elle reçoit et transmet, l'avis de ce qui se passe au dehors? Quelle puissance magique possède mon esprit de communiquer son action à ce corps inerte qui, du moment où la vie s'en sera retirée, va se résoudre en un peu de poussière, que le moindre souffle pourra disperser, mais dont toute la force de l'intelligence humaine ne saurait parvenir à déplacer un seul grain si pour le soulever elle ne s'aide d'un moyen matériel? Ce lien incompréhensible, ce point insaisissable où la matière et l'intelligence s'unissent, se pénètrent, s'assimilent pour ainsi dire l'une à l'autre, c'est la vie telle que nous la concevons dans l'être animé. Doué de facultés et de volonté, cet être animé, sensible, chez qui l'intelligence par sa seule force soulève, meut et fait agir la matière, chez qui la matière s'entend avec l'intelligence, lui parle et la comprend, c'est l'animal, ce n'est pas encore l'homme.

L'intelligence de l'homme s'élève au-dessus de celle des animaux, non-seulement par des facultés, mais par des besoins qui lui sont propres; elle a sa condition, son individualité, son affaire à part de celles de l'individu charnel. L'affaire de l'intelligence, c'est la connaissance de la vérité: c'est là ce qu'elle cherche et découvre dans les impressions que nos sens lui apportent du monde extérieur avec lequel ils la mettent en communication. La vérité connue devient, pour l'intelligence, une loi qu'elle n'est pas maîtresse de rejeter: il ne m'appartient point d'ouvrir ou de fermer la porte à la vérité comme il me plaît; dès qu'elle s'est nommée, elle entre et m'ordonne de lui soumettre mon action, me laissant libre toutefois de lui désobéir à mes risques et périls. Je sais que le feu brûle, et dès que je le sais, il n'est pas en mon pouvoir de l'ignorer ou de ne pas le croire; je puis me brûler si je veux, mais il est également certain, et par conséquent je suis également obligé de croire que, si je veux n'être pas brûlé, il faut éviter l'atteinte du feu. La vérité commande souverainement à mon intelligence, comme ma volonté à mon action. Entre mon intelligence et ma volonté le rapport n'est pas si immédiat ni la dépendance si nécessaire, mais la raison les unit et commande à ma volonté de diriger mon action en conséquence de la vérité reconnue par mon intelligence.

On ne saurait refuser absolument la raison aux animaux: elle dirige, ce me semble, les actes de la vie animale; le chien sait, pour vrai, que l'eau le désaltère; il a soif, il va la chercher; sa raison, comme la nôtre, soumet son action aux vérités que reconnaît son intelligence. Mais son intelligence, en se servant des organes du corps, paraît aussi à peu près dévouée à leur service. Presque entièrement bornée, du moins autant que nous en pouvons juger, à la connaissance des vérités extérieures, nécessaires à la défense, à la conservation, à la multiplication de l'individu, elle ne peu plus que par le contact avec une intelligence supérieure, l'intelligence de l'homme ; et si alors quelques besoins de sociabilité, quelques affections sensibles, quelques mouvemens d'imagination, on pourrait même dire quelques instincts de règle, semblent se développer dans la brute, ramenée toujours, nous avons lieu de le croire, à ce même centre d'individualité animale, elle ne cherche rien hors du cercle de l'existence terrestre. La vie extérieure paraît être, chez les animaux, à peu près la seule affaire de la raison; l'intelligence semble y avoir contracté avec la matière à conditions à peu près égales.

Chez l'homme seul, dominatrice hautaine, l'intelligence règne pour son propre compte, soumet le corps à des lois dont il n'est pas l'objet, le sacrifie à des vérités dans lesquelles il n'a point d'intérêt, le fait servir à des travaux dont il ne recueille nul fruit. Elle n'a pas trouvé, dans son alliance avec la matière, de quoi satisfaire aux besoins de sa vaste puissance; elle sent, au contraire, ce lien comme une chaîne qu'elle soulève et porte avec peine à travers les espaces, les mondes de vérités qu'elle aspire à parcourir. Au-delà du monde terrestre, où l'homme de chair a déjà déployé cette supériorité de moyens et d'activité, fruit de son alliance avec une plus haute portion d'intelligence, l'individu moral, l'être intellectuel a découvert des vérités qui n'intéressent que lui, et pour lui les plus importantes de toutes, car sur elles se fonde sa souveraineté, par elles reculent et disparaissent les limites de son existence; et tandis que l'existence matérielle tourne ici-bas dans l'étroite enceinte qui lui est assignée pour une courte durée, l'être intelligent s'ouvre dans le monde qui lui appartient une carrière incommensurable, et que, le jour où il pourra s'y élancer dégagé des liens de la matière, il a droit de croire sans bornes.

Cependant l'intelligence ne cherche la vérité que pour s'y soumettre; émanation de la vérité suprême, elle y trouve sa fin et sa loi, et tend à s'en rapprocher pour s'y assimiler et s'y confondre. Ainsi, l'esprit de l'homme, à mesure qu'il avance dans l'empire de la vérité, y reçoit de nouvelles règles, y contracte de nouveaux devoirs; chaque découverte lui impose une croyance; et en vertu de son empire sur l'être humain, qu'il a mission de gouverner et diriger en ce monde conformément aux lois de la vérité, il se sent obligé de lui prescrire une conduite conforme à cette croyance. Mais, en rentrant dans le monde matériel, le libre essor de l'intelligence s'arrête; entravé et contraint, son vol s'appesantit sous le fardeau *des nœuds de chair, des chaînes corporelles*, auxquels est maintenant assujettie sa marche, si rapide et si fière quand elle parcourait les régions de la pensée. Là commence la difficulté du bien.

L'intelligence a ses lois, la matière a les siennes, bonnes en elles-mêmes puisqu'elles sont en conformité avec la nature d'existence dont elles font partie, et qu'il n'y a rien dans les lois de la matière qui tende à la destruction de la matière, non plus que rien, dans les lois de l'intelligence, ne nuit à son action, ne déconcerte sa marche. Mais, dans l'union des deux substances, ces lois diverses se font obstacle ou cherchent à se dominer; ma pensée vole à l'extrémité de la terre, mon corps pesant refuse de l'y suivre; après une longue marche, mon corps lassé demande le repos, mais il faut que j'avance, et cette masse de matière, prête à tomber vers la terre par son poids, est relevée et soutenue par ma volonté, qui obéit aux ordres de ma raison. Ainsi la matière se défend par son inertie de l'action de l'intelligence, l'intelligence travaille à s'assujettir la matière; d'un côté est l'activité du pouvoir, de l'autre la résistance de l'immobilité. Où le pouvoir est légitime, la résistance est un mal; mais le mal ne peut être dans la matière, qui n'a d'autre mouvement que celui qu'elle reçoit, et résiste par incapacité d'obéir.

L'homme, agent de Dieu sur la terre, et chargé, pour accomplir ses impénétrables desseins, de soumettre la matière aux lois de l'intelligence, ne participe donc à la nature matérielle que pour lui imposer, selon son pouvoir, la forme et la règle voulues par l'intelligence, leur commune souveraine. Cependant, comme être matériel, il subit aussi les lois de la matière, et, comme être sensible, les conditions de cette alliance où la matière et l'intelligence, unies et pour ainsi dire fondues l'une dans l'autre, se communiquent leurs facultés et leurs incapacités, se donnent mutuellement des forces et des entraves; où le corps reçoit de l'esprit le mouvement et les directions dont il a besoin pour lui soumettre le monde extérieur; où l'esprit, atteint des besoins et des désirs dont le corps lui transmet la sensation, s'en sert ou les sert, les subit ou les domine, selon que la raison, plus ou moins forte et souveraine, maintient son empire ou l'abandonne, selon que l'alliance, plus ou moins favorable à l'intelligence, fait dépendre ou affranchit l'être sensible des règles du devoir et des lois de la vérité. Là se passe la lutte du bien et du mal, là réside proprement l'homme : simple matière, il est mort, il est terre; pure intelligence, il serait ange, ou du moins il ne serait plus homme. Livré sans règle aux désirs et aux besoins de sa nature sensible, il sera animal, simple brute; mais à la fois susceptible de penchans, de désirs, de passions, et pourvu de la loi qui doit les régler, il est homme; d'autant plus parfait, d'autant plus homme qu'il les conforme et les soumet davantage à la règle du devoir. C'est là son caractère distinctif, ce qui le sépare absolument de l'animal, ainsi que lui sensible, ainsi que lui intelligent peut-être même doué, comme lui, de raison, mais non pas comme lui moral et capable de s'élever au-dessus de la terre et du temps pour aspirer au ciel et à l'éternité. Il n'est donc véritablement homme que si, surmontant la force de ses penchans, il met de leur côté la dépendance, du sien la domination : non que ses penchans soient mauvais en eux-mêmes; ils sont en eux-mêmes ce qu'ils doivent être; mais, pour être bons relativement à l'homme, bons de la bonté qui lui convient, il faut qu'ils soient réglés conformément à sa nature d'homme, c'est-à-dire à sa nature morale.

Les penchans de l'être sensible sont en eux-mêmes ce qu'ils doivent être. Mon ami, j'insiste là-dessus, parce que c'est là qu'on a voulu placer le principe du mal. On a dit : « L'homme ne saurait être vertueux, s'il ne dompte ses penchans; donc ses penchans sont mauvais, donc ils le conduisent nécessairement au mal. » L'arbre ne saurait produire de bons fruits, si, en l'élaguant, on n'arrêtait l'essor déréglé de la sève; la sève est-elle pour cela mauvaise à l'arbre?

Qu'est-ce que de bons, qu'est-ce que de mauvais penchans? Les penchans de l'être sensible ne sont point mauvais par cela seul qu'ils le conduisent à produire le mal; ils ne le seront que s'ils l'y conduisent en contradiction avec les lois de sa nature: de mauvais penchans sont ceux qui déterminent un être quelconque à désobéir aux lois de sa nature. On dit qu'un tigre a des penchans féroces; qui s'est jamais avisé de dire qu'un tigre eût de mauvais penchans? La férocité n'est pas, chez un tigre, un mauvais penchant; elle le serait pour un homme, être moral par essence, créé pour le bien, chez qui tout penchant malfaisant ou déréglé est en guerre et révolte contre la nature morale, c'est-à-dire la nature d'homme.

Nul penchant n'est donc mauvais en soi. Conformes à la nature de l'être sensible, ils lui appartiennent tous; ils sont le ressort de son action en ce monde, la condition de son existence. Le monde n'eût pas duré long-temps si la seule raison se fût chargée de le perpétuer; il avancerait peu si nos goûts, nos besoins, nos penchans ne mettaient en œuvre les pouvoirs de l'intelligence; si le premier de tous nos besoins, le besoin de nous sentir exister, de multiplier et de fortifier nos impressions, d'exalter en nous-mêmes la conscience de la vie, ne développait le germe de nos passions sur lesquelles se fonde le mouvement social, n'éveillait jusqu'à l'activité de la pensée, jusqu'à l'ardeur de la vertu. Il le faut bien, mon ami, nous sommes terre, force nous est de subir les conditions terrestres; il faut que l'élan qui nous porte vers le ciel prenne ici-bas son point d'appui; d'en-haut nous viendront la direction et la règle.

Nos penchans sont donc en nous comme la vie, bons ou mauvais seulement par leur emploi; dans celui qui vit mal, ce qu'il y a de mauvais, ce n'est pas la vie, c'est l'usage qu'il en fait; dans le penchant déréglé, ce n'est pas le penchant qui est mauvais, c'est le dérèglement. Il n'y a ni bien ni mal à prendre plaisir au goût de ce qu'on mange, c'est cependant de ce plaisir-là que vient la gourmandise. Ce qu'il y a de vicieux dans l'ivrognerie ou la paresse, tient au goût du vin, au goût du repos; il n'y a pas plus de mal à aimer le vin qu'à aimer le café; Salomon a dit: *Donnez du vin à ceux qui sont dans l'amertume du cœur*; le goût du repos est nécessaire à l'homme; il l'anime au travail dans la vue du loisir, et le préserve de l'action inutile. Mais ne vouloir prendre du repos qu'au temps permis, du vin que dans la mesure raisonnable, voilà la règle du bien; lui désobéir, voilà le mal. Mon ami, nous ne trouverons pas une action, quelque odieuse ou criminelle qu'elle puisse être, dont tout le mal ne consiste dans l'absence de la règle, dans la violation de la loi imposée à des mouvemens, bons ou mauvais seulement en tant qu'ils la reconnaissent ou la rejettent. Un homme en tue un autre : son crime est-il d'avoir tué? Il est permis de tuer pour se défendre ; il est du devoir de tuer à la guerre ; et, bien plus encore, de tuer, s'il le faut, pour sauver la vie d'un homme des coups d'un assassin. — Mais il a tué par un mouvement de colère. — La colère peut être vertueuse ; il y en a de saintes : la colère est un élément nécessaire de l'indignation qui nous transporte à la vue de l'injustice. — Soit; mais la sienne a été excitée par un intérêt personnel. — Mon ami, on a tout dit sur l'intérêt, le mobile du monde, le légitime motif de l'activité humaine dès qu'il est réglé sur la justice : passons donc sur l'intérêt. — Mais, si par hasard l'intérêt dont cet homme s'est laissé si vivement transporter était le désir de prendre ce qui ne lui appartenait pas? — Ici, j'en conviens, mon argument échoue devant ceux qui, avec le docteur Gall, reconnaissent une bosse du vol, et regardent le désir de prendre ce qui ne nous appartient pas comme un des penchans primitifs de la nature. Mais l'envie de prendre ce qui ne nous appartient pas n'a pu naître, je crois, que du jour où quelque chose a appartenu à quelqu'un ;

elle n'existe donc qu'à raison de la propriété. Je reconnais seulement l'envie de prendre comme un penchant fort naturel et tout-à-fait primitif; il se fonde sur le désir d'avoir. Du désir d'avoir gouverné par la loi morale, naissent l'industrie, l'économie, le travail; retranchez la loi morale, rien n'empêche qu'il ne se porte au vol, à toutes les iniquités. Mon ami, point d'exception; quel que soit un penchant, soumettez-le à la règle, il va au bien; ôtez la règle, il se révélera par le mal. Après le dévouement au devoir, il n'est pas de penchant plus élevé, source de plus de vertus, que le dévouement à une affection : dira-t-on qu'il puisse plus qu'un autre se passer de la règle? Heureuse celle qui, portée à se dévouer pour ce qu'elle aime, a pu commencer par mettre son devoir en sûreté! le renoncement à soi-même a de grands dangers, et plus d'une femme est arrivée à la faute par le sacrifice.

La règle est la condition générale et essentielle de toute existence; elle seule peut maintenir l'unité de l'être. Tout individu a sa règle et sa loi par laquelle il subsiste, à laquelle il ne peut renoncer sans se décomposer et se détruire. L'univers, résultat d'une grande loi, vit et se meut au moyen de cette loi constante à laquelle le créateur assujettit, pour le former, les divers élémens dont il se compose. Il leur traça à chacun leur ligne, et leur dit : « Marchez, » et le mouvement trouva sa place, et l'action devint possible. Créer, ce fut ordonner : que l'ordre cesse, que Dieu retire la main puissante qui maintient chaque partie dans la place et le cercle où se doit accomplir son œuvre, et l'univers va se dissoudre. Sa règle est son essence; il ne s'en peut séparer non plus que de son être; nulle chose ne le peut : être hors de la règle, c'est n'être pas.

Le mal, c'est le dérèglement; il est pour chaque chose dans l'interruption de l'ordre qui la doit régir. Le mal physique est le désordre porté dans un de mes organes physiques. En cessant d'obéir à la loi qui lui a été prescrite de concourir selon certaines règles à l'ensemble des fonctions du corps, l'organe frappé de désobéissance perd en même temps son existence légitime; il n'existe plus comme organe de la santé, une lacune se produit dans les fonctions de la vie, et cette lacune, c'est le mal. Le mal n'est pas autre chose : une lacune, une interruption de la règle, une violation de l'ordre dans lequel tout doit exister, par lequel tout existe. Le mal n'est donc qu'un anéantissement, une cessation d'existence; le bien seul existe : *je suis celui qui suis.* Le mal n'existe pas autrement que le faux; le faux est *ce qui n'est pas;* il en est de même du mal. C'est la place du bien laissée vide, la loi rompue sur un point, une brèche faite à l'ordre et à la série des existences, sans existence lui-même que celle qu'il reçoit du bien; car le désordre n'est quelque chose que là où doit régner l'ordre : le mal ne saurait se produire que dans la sphère du bien; sans loi, point de transgression; point de Dieu, point de péché. Dénué de force, même pour se faire connaître et sentir, ce n'est point le mal qui, par sa propre énergie, produit la douleur; c'est le bien luttant contre le mal, l'ordre résistant au désordre qui veut s'introduire; ce n'est point le mort qui souffre, c'est le vivant. Que dans un de mes organes soit attaqué le principe de la vie, cette loi d'union, en vertu de laquelle la matière reçoit de son alliance avec l'esprit le mouvement et la sensibilité; tant que le principe de la vie existe encore, que l'union altérée n'est pas dissoute, l'ordre attaqué se défend avec angoisse, la douleur devient, dans le membre malade, le signe de l'existence, la base d'un reste d'espoir. Mais le mal a vaincu, la décomposition a pris la place de l'ordre et de l'union des parties; la douleur alors cesse avec la lutte; il n'y a plus rien là pour souffrir, et lorsque tout mon être physique sera devenu la possession du mal, alors toute existence cessera, même celle de la douleur.

Ainsi en est-il dans l'ordre moral; ce n'est

pas du crime que vient le remords, c'est de la vertu, de l'amour ou du respect de la loi violée. La conscience du désordre ne gêne que le besoin de l'ordre; anéantissez toute idée morale, toute puissance de la règle, tout souvenir du bien, où trouvera-t-on une douleur pour le repentir? Souffrir, c'est exister; l'être moral vit encore par la douleur de la faute, il périt s'il y devient insensible. Gardons-nous donc d'attribuer au mal la puissance de l'être, et si l'on veut dire que le mal existe, il existe comme la mort, car sa puissance est la destruction de l'être. Ne l'appelons pas une cause, car il est produit et ne produit rien, pas même la douleur. Effet et non point cause de la lutte de forces nécessaires au jeu des ressorts de cet univers, le mal n'est point dans cette lutte même, il n'est que dans l'effet produit sur l'être qui souffre ou périt, relatif à celui-là seul, tout entier dans l'impression qu'il en reçoit.

Le mal, quelque grand qu'il puisse être par rapport à celui qui souffre, n'a d'importance absolue que celle de l'existence à laquelle il s'attache. Nous concevons absolument la souffrance d'un homme comme un beaucoup plus grand mal que celle d'un puceron, dussent l'homme et le puceron y succomber également. Le malheur de l'honnête homme est à nos yeux un beaucoup plus grand mal dans le monde que celui du méchant, car le bonheur du méchant n'a point pour nous l'importance de celui de l'honnête homme. Mais ni le bonheur de l'honnête homme, ni sa vie, ne sont ce que nous concevons encore de plus important même sur la terre; ni son malheur, ni sa mort, ne sont le plus grand mal dont nous puissions nous faire l'idée : et lorsque l'honnête homme aura à choisir entre la mort et le crime, nous regarderons tous la mort comme le choix nécessaire, le crime comme le plus grand mal qui puisse se produire en ce monde. Je dis tous sans crainte de me tromper, si ce n'est du plus au moins; car, à moins d'être arrivé à ce degré de corruption qui détruit l'intelligence, je ne crois pas qu'il existe un être si pervers qu'on ne puisse lui présenter un degré de crime passant la portée de sa scélératesse; une action si atroce qu'il avouera qu'on y doit préférer la mort, dût-il même n'avoir pas le courage de la choisir; la vérité a été confiée au jugement de l'homme, et non pas à sa faiblesse.

Il est donc pour nous un mal au-dessus de tous les autres, le seul absolu, puisqu'au prix de celui-là, tous les autres peuvent être regardés comme un bien, que lui seul est toujours un mal; c'est le mal moral. Incertains des fins terrestres de la vie, nous ne pouvons déterminer si le mal éventuel dont nous souffrons est un mal relativement à l'ensemble auquel nous paraissons destinés à concourir; nous savons même que le mal d'un individu peut être un bien; la calamité qui réduit un scélérat à l'impuissance de nuire est un bien pour la société. Nous savons plus, nous savons que pour l'individu même, un bien peut sortir du mal qu'il a souffert. La maladie aura pu interrompre le cours d'une vie désordonnée, pernicieuse à sa fortune comme à son bonheur et à sa réputation; le mal d'une opération lui aura rendu le bien de la santé; souvent même le mal a trompé nos craintes, le bonheur est né pour nous d'un malheur sans espérance, la guérison est devenue l'effet d'une crise qui semblait devoir amener la mort : sorte de révélation qui nous est parfois accordée pour entretenir en nous le doute sur nos propres jugemens, la confiance aux intentions de celui qui dispose de nous; résultats immédiats et visibles, d'où nous devons inférer la possibilité de résultats pareils dans un avenir éloigné, ou dans un ordre invisible. Les voies de la providence se dérobent à nous comme son but, et longue pour notre vue est la portée des desseins de Dieu. Nul donc ne saurait affirmer que le mal qu'il subit ne puisse être la source d'un bien caché à son ignorance; nul ne peut prononcer, *ô douleur, que tu sois un mal.*

Mais qu'une mauvaise action soit un mal, nul n'en saurait douter. Dût le bien en résulter, un mal s'est produit définitif, absolu, par-delà lequel nous ne pouvons supposer aucune compensation; car, si, dans l'ordre moral, le mal physique peut être accepté comme un bien, il n'est rien au-dessus de l'ordre moral où le mal moral se puisse élever en offrande comme l'encens du sacrifice. Quand le devoir, dernière fin de l'homme sur la terre, a été violé, quand son être moral, le point le plus élevé de son existence en ce monde, a été détérioré, alors, et seulement alors, nous pouvons affirmer qu'il y a mal, c'est-à-dire déchéance réelle et positive dans la somme du bien; nous pouvons, nous devons croire qu'il a été réellement porté atteinte, non pas seulement à l'ordre particulier de quelque existence destinée peut-être à périr dans l'ordre général, mais à l'ordre général lui-même, à l'impérissable loi du bien moral, règle souveraine et définitive de toutes les existences dévolues à son empire. Alors un seul besoin se fait sentir, celui d'aller chercher dans le cœur du coupable, non le mal pour le détruire, mais le bien pour le réveiller; et le châtiment extérieur, image de la douleur morale que nous voudrions porter au fond de son âme, s'adresse à cette possibilité de vertu qui subsiste toujours dans une âme humaine.

Sur quelles bases, mon ami, chercherons-nous à établir l'empire du devoir dans ces âmes nouvelles, d'où l'ignorance du bien tient encore écartée la notion du mal? Est-ce par le goût de l'ordre ou la répression du désordre que nous introduirons la régularité des habitudes? Emploierons-nous de préférence l'encouragement qui porte au bien, ou la sévérité qui combat le mal? Mettrons-nous plus d'application à punir la faute, ou à exciter le bon mouvement? La question est résolue pour moi depuis long-temps, mais elle s'est étendue en vous l'exposant, et me voilà bien loin du point de départ. Mes idées m'entraînent, il faut que je les suive; j'apprends à mesure que je m'énonce, et j'ai tant de choses à apprendre que je ne saurais me dispenser de donner un peu de temps et de place à l'éducation dont j'ai besoin avant de faire celle des autres.

En voilà cependant assez pour cette fois; il faut faire partir cet énorme paquet, et aussi nous reposer un peu de la série des *pourquoi*, avant d'entrer dans la question des *comment*. Elle ne sera ni aussi longue à examiner, ni aussi difficile que l'autre. L'application est vaste, mais elle a ses bornes; et il ne nous est pas donné de connaître jusqu'où peut remonter l'enchaînement des causes.

LETTRE XIII.

Mme d'Attilly à M. d'Attilly.

Paris, avril 1817.

En finissant l'autre jour, mon ami, j'avais la tête si fatiguée de *bien* et de *mal* qu'il m'arrivait d'en être poursuivie comme on l'est, après avoir passé la nuit au bal, du bruit des violons et de l'air de la walse ou de la contredanse; si bien que le lendemain matin, Louise, qui apparemment se trouvait aussi en train de théories, m'ayant demandé pourquoi cela était mal de désobéir, je lui répondis machinalement : « Parce que cela n'est » pas bien. » Sophie se mit à rire, tant elle trouva ma réponse naïve, et voulut expliquer à sa sœur que, par exemple, en touchant à l'écritoire quand on vous l'avait défendu, on pouvait le jeter par terre et salir le tapis. Louise venait précisément d'être grondée le matin même pour avoir contrevenu à la défense que je lui avais faite de toucher à mon écritoire, dont huit jours auparavant elle avait renversé la moitié sur sa robe. Aussi répondit-elle avec beaucoup de vivacité qu'aujourd'hui elle n'avait pas jeté d'encre. « Tu » aurais pu en jeter, » disait Sophie. « Mais, répliquait-elle, je n'en ai pas jeté; » et, beaucoup plus frappée de l'idée d'une tache que de celle d'un tort, elle ne recevait pas du souvenir de son action ce salutaire effroi que j'avais essayé de lui inspirer sur la désobéissance. Je vis qu'il me fallait venir au secours de l'argumentation de Sophie, et faire comprendre à Louise qu'en effet désobéir est mal parce que cela n'est pas bien. Je fis porter la démonstration sur la nécessité de l'obéissance, et il fut bientôt convenu entre nous qu'une grande personne doit avoir plus de raison qu'une petite fille, et savoir mieux les choses; que par conséquent, pour être sûre de bien faire, une petite fille doit écouter sa mère, croire ce qu'elle lui dit, et faire ce qu'elle veut; qu'ainsi, lorsqu'on obéit à sa mère, on fait une chose raisonnable et l'on est une petite fille bien sage. Louise fut enchantée de découvrir que l'obéissance fût une action, et qu'obéir fût faire quelqu'autre chose que de ne pas désobéir, ce qui jusqu'à présent lui avait été assez indifférent. Je voulus inutilement essayer ensuite de fixer son attention sur le tort de la désobéissance; elle me répétait toujours : « Oui, mais » obéir c'est bien. » Importunée de l'idée d'une faute qu'elle ne mettait pas grand intérêt à éviter, elle prenait plaisir à celle d'un devoir à remplir, toute fière de se trouver une volonté à exercer quand elle pensait n'avoir qu'à subir la mienne. Elle s'en croyait déjà plus raisonnable pour sentir qu'elle pouvait l'être de son propre mouvement, et sa bonne conduite acquérait à ses yeux l'importance d'une propriété.

Il est certain que, si vous ôtez le plaisir de faire le bien, s'abstenir du mal n'est plus qu'une privation, une absence d'action dont rien ne dédommage, un vide que rien ne remplit. Louise, en renonçant à briser mes pains à cacheter ou à jeter la poudre dans l'encrier, se retranchera un plaisir qui ne peut être remplacé que par celui d'accomplir un acte de devoir auquel elle attache quelque mérite. Vivre c'est agir; pour qui ne fait rien de son existence, l'existence n'est rien; demeurer complètement inactif, c'est ne pas sentir, c'est dormir. Pour l'homme accoutumé à se posséder, exercé à user de lui-même, cette faculté d'action n'est, comme toutes les autres, qu'un moyen: l'enfant la sent comme un besoin. Quelle que soit sa faiblesse, ses forces surpassent encore ses connaissances; il a plus d'activité à dépenser qu'il n'en sait employer. Les enfans agissent donc pour agir, n'importe en quel sens. Inhabiles, impuissans à user des choses, ils les tentent sur tous les points, ne s'adressant presque jamais au point juste. *Mille routes dévoyent du blanc*, dit Montagne, *une y va*. D'ailleurs, le véritable emploi des choses est rarement à leur usage, et ils n'en peuvent entrer en possession qu'en les appliquant à quelque emploi qui leur appartienne et n'appartienne qu'à eux. Un enfant, si on le laisse faire, ne manquera pas de prendre vos plumes pour s'en faire un balai, de se servir du flambeau de la cheminée en guise de marteau, et de vos livres pour s'en construire un marche - pied : transporté d'ailleurs de joie et de fierté, s'il attrape sur quelque tas d'ordures une vieille coquille d'œuf dont il invente de se faire une tasse. Devancé partout et toujours dans l'art d'user raisonnablement, il ne sort de sa nullité qu'en usant à contre-sens, casse les meubles pour leur trouver un emploi nouveau, prend plaisir à courir à quatre pattes parce qu'on va d'ordinaire sur deux pieds, et aimera mieux, pour peu qu'on l'y fasse penser, manger sous la table que dessus. C'est par la même raison que souvent il aimera mieux désobéir qu'obéir. Peu tenté des devoirs que vous lui avez inventés, il y préfèrera des malices tirées de son propre fonds, et mettra une sorte de fierté à traiter avec vous à sa manière, c'est-à-dire, autrement qu'il ne convient; car il ne croit faire sa propre volonté que lorsqu'il ne fait pas la vôtre, et pour être bien sûr qu'il marche à sa guise, il a besoin d'aller en sens contraire de celui où vous le conduiriez.

De quoi s'agit-il pour le ramener dans la bonne voie? de faire qu'il y trouve un but à son activité, une application de sa volonté; de lui donner envie d'aller à droite au lieu de lui défendre d'aller à gauche. Prenez un enfant dans un de ces momens de malveillance où le mouvement qui tourmente son esprit comme ses jambes et sa langue le dispose à chercher tous les moyens de vous déplaire; demandez-lui de vous rendre un petit service; neuf fois sur dix il s'y portera joyeusement, enchanté d'avoir trouvé quelque chose à faire, d'échapper à cette inaction qui l'agitait, à cette inutilité d'existence dont il essayait en vain de sortir; ravi d'échanger pour le plaisir de vous obliger, celui qu'il trouvait à vous désobliger, et d'employer pour vous, dans un but déterminé, cette activité qu'il perdait contre vous en efforts irréguliers. Si cependant vous eussiez voulu lui ordonner la chose que vous vous êtes borné à lui demander, il s'y fût probablement refusé. Votre ordre lui prescrivait une volonté, il eût mieux aimé se donner à lui-même celle de vous désobéir.

La volonté des enfans est à nous si nous savons nous en servir, contre nous si nous prétendons nous en passer ou l'assujétir. Puissance active, elle ne peut demeurer neutre, et ne saurait cesser d'être libre; tout ce qu'elle nous demande, c'est un motif d'action qu'elle puisse s'approprier, un mobile conforme à sa nature. La nature de la volonté, c'est d'agir pour produire un effet; nul ne veut sans l'idée d'arriver à un résultat. Celui qui crache dans un puits pour faire des ronds veut faire des ronds, et l'enfant ne tapera pas longtemps sur la pierre qu'il ne peut entamer, à moins que ce ne soit pour le bruit. Les résultats capables de servir de but à la volonté d'un enfant ne doivent pas se chercher bien avant dans sa nature morale, encore informe, faible et confuse; un temps viendra, et viendra bientôt, où l'action sur soi-même, une victoire remportée en faveur du devoir sur la fantaisie ou la passion du moment, sera un évènement assez marquant pour l'exciter à l'honneur et au plaisir de se dompter. Sophie arrive à ce point, Louise est à peine en route. Dans les cinq ou six premières années de l'enfance, l'enfant tourne peu ses regards sur lui-même; il vit à l'extérieur, et reçoit de nous presque tout le mouvement nécessaire à son existence. Que gagnera-t-il à observer la défense qui lui a été faite? rien que l'avantage de n'être pas grondé; ce n'est là qu'un résultat tout-à-fait négatif, tout-à-fait nul pour l'activité; pauvre compensation du plaisir qu'il aurait eu à faire sa volonté. Louise généralement s'en contente peu; obéir, uniquement pour ne pas désobéir, lui paraît une chose, comme je vous le disais tout à l'heure, absolument insignifiante; mais obéir pour s'en faire un mérite était un plaisir déjà à sa portée avant même qu'elle s'en fût rendu compte; déjà lorsque telle ou telle désobéissance est assez habituelle, assez bien établie pour qu'il y ait nouveauté de s'en abstenir, lorsqu'elle peut venir me dire, comme une chose dont je lui saurai gré: « Maman, je n'ai pas jeté d'eau ce matin par la » fenêtre, » ou bien, « je n'ai pas tiré la queue » de mon chat, » alors, je puis compter sur un amendement progressif, dont il me faudra chaque jour payer le prix en éloges, jusqu'à ce qu'il se confirme, et qu'au mérite de renoncer à l'action défendue succède celui de n'en être plus capable. Lorsque nous en serons là, nous nous glorifierons de nos désobéissances passées, comme d'un enfantillage désormais indigne de nous; car ce n'est encore quelque chose d'être sage que parce qu'on se souvient de ne l'avoir pas toujours été.

Cependant un progrès notable s'est opéré depuis que nous avons acquis de nouvelles idées sur le mérite général de l'obéissance; elle s'en fait un exercice qui l'amuse et qu'elle applique à tout, charmée de pouvoir me dire, à chaque instant : « N'est-ce pas, maman, que j'ai bien obéi? » Dans son zèle de néophyte, elle chercherait volontiers les tentations pour le plaisir d'y échapper. Il faut que j'entretienne de tous mes soins cette disposition; elle seule peut donner, à une vertu de six ans, un intérêt qui vaille la peine des sacrifices que j'aurai à lui demander. Aussi éviterai-je, le plus que je pourrai, les punitions qui atténueraient le mérite de bien faire; car c'est ce mérite que je veux augmenter, et rendre tous les jours plus sensible. Je ne prétends pas, mon ami, que de long-temps encore il tienne beaucoup de place dans notre vie, et Louise qui oublie quelquefois, pour un jeu amusant, le plaisir de manger, auquel cependant elle n'est pas indifférente, oubliera bien mieux encore, et plus d'une fois, pour une sottise un peu séduisante, le plaisir qu'elle pourrait se promettre à demeurer sage : mais je veux que mes encouragemens, que ma joie maternelle, toujours prête à lui tenir compte du plus petit acte de bonne volonté, lui aient rendu ce plaisir assez vif pour qu'elle ne puisse qu'avec regret et désir le voir s'éloigner d'elle. Alors le souvenir des joies de la bonne conscience rendra plus amer le sentiment de la faute; alors un reproche aura toute sa valeur, car celui-là seul qui connaît le mérite et a senti le goût du bien peut donner au mal toute son importance; alors la punition même, si elle était nécessaire, pourrait contribuer à augmenter le zèle du bien, car je la crois peu propre à donner l'aversion du mal: cette aversion ne peut venir que du goût et de la connaissance du bien. La sorte de crainte qu'inspire le châtiment est la crainte d'être puni, non celle de mal faire. Je regarde donc les punitions non comme un moyen d'amélioration, mais comme une mesure de circonstance et dont l'influence se borne au moment où on l'exerce. Je ne nie pas que la menace ne produise quelquefois son effet; car pour un enfant dirigé d'ordinaire par les encouragemens, être menacé, c'est être puni. Sophie reçoit de la menace d'une punition le sentiment d'une honte infinie à laquelle elle n'échappe que par l'indignation, et en protestant contre l'idée que sa bonne conduite future puisse être le résultat de la crainte.

Nous ne sommes pourtant pas assez heureuses, elle et moi, pour que les punitions effectives, quoique à la vérité rares et légères, soient totalement hors d'usage. Je les crois même plus utilement employées avec elle qu'avec sa sœur. Louise est encore trop irréfléchie pour y voir souvent autre chose qu'un acte d'autorité, au lieu que Sophie sait déjà y reconnaître un acte de justice, et plus en état de juger la faute punie, sait mieux aussi par où rentrer dans l'ordre et retrouver la route du devoir. Quand le goût du bien s'est relâché, que les motifs raisonnables ont perdu leur empire, qu'il ne reste plus de moyen de rendre l'activité à sa direction légitime, il faut bien l'arrêter, priver l'enfant d'une liberté dont il s'obstine à mal user ou ne se sent pas le courage d'user bien; et, en l'obligeant à une action, à une occupation qui lui déplaît, le forcer, pour échapper à la contrainte, de se réfugier dans la volonté du bien, la seule en ce moment qu'il soit laissé libre d'accomplir. Mais il faut pour cela que cette volonté lui soit présente et familière, que les moyens d'expiation s'offrent à lui naturellement et clairement. S'ils lui sont rendus trop difficiles, s'il les ignore ou les sait mal, dans le trouble où la punition jette ses esprits, il ne les découvrira pas, et, désespéré, se précipitera dans la révolte, seule voie qui lui paraisse alors ouverte à son activité. Je ne connais pas de spectacle plus affligeant et plus immoral que celui d'un pauvre enfant châtié pour avoir fait le mal sans savoir comment revenir au bien, et livré, solitaire, à l'amertume d'une punition où n'est pas la contrition, et à laquelle il ne prend d'autre part que l'aigreur qu'elle lui cause. Tel est, en général, l'effet du châtiment sur les enfans très petits, et sur ceux à qui une éducation rigoureuse n'a cherché à inspirer le goût du bien que par l'expérience des dangers que l'on court à faire le mal. Comme la punition leur arrive avant qu'ils aient appris à en user, ils la rejettent de toute la force de leur volonté, ou la reçoivent comme un pur accident, qu'ils s'instruisent plutôt à éviter par adresse qu'à subir avec résignation. Pour qu'une punition soit morale, il faut, non seulement que l'enfant la comprenne, mais qu'il l'accepte et y concoure; qu'avec le châtiment commence pour lui le travail de la réparation, et qu'il fasse, de la peine de sa faute, le moyen d'en mériter le pardon. C'est ce qui arrive d'ordinaire aux enfans élevés dans le goût du bien, mais que la faiblesse ou l'emportement du caractère en ont assez écartés pour rendre une punition nécessaire. Il est rare que le mouvement désordonné, source de la faute, persiste longtemps après la punition prononcée et irrévocable. Le sentiment de la justice et celui de la nécessité s'emparent à la fois du coupable; sa raison lui montre, dans la soumission volontaire, l'unique moyen de satisfaire sa conscience et de reprendre sa liberté; en même temps renaît aussi le sentiment de ses forces. Pour les sentir, il faut les employer. Tant que l'imagination s'est abandonnée à ses caprices, elle n'a point demandé d'effort à la volonté; mais vouloir rentrer dans la règle, forcer au devoir la paresse ou l'irritation qui nous dominaient, c'est un acte énergique de la nature morale, un effort presque toujours récompensé par un accroissement d'activité dans notre existence. Dès lors, tournée vers le bien, cette activité s'y porte d'ordinaire avec un redoublement de zèle. J'ai vu plus d'une fois Sophie ajouter d'elle-même quelque chose à la tâche que je lui avais donnée pour pénitence, renouer ainsi sur le champ nos relations amicales, et substituer à la honte de la pénitence qui lui avait été imposée, l'honneur d'un acte spontané de vertu.

On ne saurait, je crois, espérer des enfans très jeunes ce retour si prompt, cet effort si déterminé et si profitable. Empêtrés dans les mouvemens divers que leur causent la faute et la punition, ils ne savent comment se démêler d'eux-mêmes: leur inexpérience du bien a besoin d'être dirigée, leur force d'être avertie et soutenue. A peine ont-ils goûté l'amertume de la punition indispensable, qu'il faut éclairer leur intelligence, tourner leur attention sur les moyens de rentrer en grâce; il faut qu'à l'instant même du naufrage une main, toute prête à les attirer, leur indique le port du salut, et leur épargne ainsi de trop longs ébranlemens qui, dans ce premier âge, ne laissent guère d'autres traces que celles de la fatigue.

Je ne crois pas, mon ami, que les punitions ainsi employées avec ménagement puissent devenir habituellement nécessaires. D'autant plus redoutées qu'elles auront été plus rares, elles ne seront appelées que dans ces grands désordres auxquels ne suffit pas le gouvernement ordinaire. Il me semblerait dangereux d'en user plus souvent. L'emploi fréquent des punitions rend à peu près nuls tous les autres moyens, et je n'en connais aucun d'aussi insuffisant au développement de la morale. Le châtiment frappe fort, mais n'atteint qu'un bien petit nombre de cas. Il est mille dispositions pernicieuses contre lesquelles ne peut rien la sévérité de l'éducation, la jalousie, l'égoïsme, le besoin de tyranniser, le désir de tourmenter, et mille autres penchans désordonnés, produits exubérans d'une activité dépourvue de direction et d'emploi. Par quels moyens de correction pourrai-je empêcher Sophie de refuser ses joujoux à sa sœur, Louise de grogner si elle croit s'apercevoir que Sophie a la plus grosse part? Quelles ressources la sévérité pourra-t-elle me fournir contre des dispositions d'une beaucoup plus funeste conséquence, selon moi, que ne le saurait être une désobéissance accidentelle ou un emportement passager? Je l'ignore; mais je sais comment je ferai naître dans ces jeunes cœurs le sentiment généreux qui réprime de si honteux mouvemens. Je ne vois pas ce que la crainte pourrait mettre à la place des vertus qui manquent à l'envieux, à l'avare, au poltron; mais je conçois très bien quelles vertus peuvent naître dans la place vide laissée à ces lâchetés de nature que l'éducation néglige trop souvent pour porter toute sa force contre des irrégularités d'enfance. Mes encouragemens au bien pénétreront sans peine en mille lieux que ne pourrait atteindre toute la rigueur de mon autorité. Je ferai connaître l'amour du sacrifice là où je ne pourrais réprimer la personnalité; j'instruirai à trouver dans le plaisir des autres une joie qui ne laissera plus de chances à la jalousie contre laquelle tout mon pouvoir serait sans action : par là, et seulement par là, je pourrai appliquer à toutes les actions de mes enfans cette scrupuleuse exactitude de morale, préservatif de la vertu contre les faiblesses de la volonté et les complaisances de l'esprit. Toujours agissans de la main, du cœur ou de la pensée, toujours en présence de nos semblables, de nous-mêmes, de Dieu, qui sans cesse nous communique et nous impose sa loi, il n'est pas une de nos actions où nous n'ayons quelque bien à faire, quelque mal à éviter. Dirai-je à ces enfans : « Là le mal vous attend, ici le piége est préparé, ce mouvement est une faute, ce plaisir n'est pas permis, cette joie est coupable, ce rire répréhensible? » Me croirai-je permis de les environner de terreurs, de paralyser leur vie, d'arrêter l'essor de leur âme? Non; mais je mettrai, si je puis, chacune de leurs actions sous la protection d'une idée ou d'un sentiment moral. Leur conscience, toujours avertie, toujours prête à m'entendre, saura ne pas tenir pour indifférente une légère malice où je leur aurai fait voir un oubli de la bonté: contre une petite ruse d'amour-propre, un demi-détour, un subterfuge de l'entêtement, j'invoquerai, j'espère, avec succès, l'honneur de la bonne foi, les habitudes de la droiture: je ne laisserai point passer un mouvement de partialité égoïste sans rappeler aussitôt les obligations de la justice. Les principes une fois enracinés, mon exactitude à y revenir n'aura rien d'importun. Fondés sur l'habitude du bien, que j'aurai formée, je l'espère, et que je m'appliquerai à entretenir, mes avis n'auront rien de sévère, ils seront plutôt un avertissement qu'un reproche, ils établiront entre nous une foule d'intimes communications sur des intérêts qui nous seront également précieux; et c'est ainsi qu'une application soutenue à des devoirs le plus souvent faciles parce qu'ils leur seront chers, promptement reconnus parce qu'on ne s'en sera jamais écarté de bien loin, fera régner, j'ose m'en flatter, autour de ces jeunes âmes, une atmosphère morale où elles marcheront conduites et animées par le goût de tout ce qui est bon et l'ardeur pour tout ce qui est bien.

LETTRE XIV.

Mme de Lassay à Mme d'Attilly.

La Saulaye, mai 1817.

Nous aimons bien, chère tante, que vous n'aimiez pas les punitions. Bon dieu! quelle tâche que celle d'avoir à affliger un pauvre petit être livré entre vos mains, qui commence à sentir sa dépendance, et à qui il faut la faire sentir par le chagrin! Hier, mon petit Just avait passé toute sa journée dans l'enchantement d'une balle élastique achetée le matin à la fête du village; mais un plaisir continu finit par perdre de son mérite, le goût s'éveille et l'imagination devient plus exigeante. Après avoir assemblé toute la maison avec des cris de joie pour la rendre témoin du triomphe de la balle qui rebondissait de dessus le perron jusqu'au haut du grand acacia, on a commencé à vouloir en obtenir quelques effets un peu plus piquans, et d'encore en encore, vers le soir, il ne suffisait plus de l'avoir fait retomber sur la tête du cheval de la pompe, ou dans la perruque de Gérard, et la balle commençait à prendre le chemin de mon visage qu'elle faillit attraper plus d'une fois. Elle fut retirée des mains de Just, qui n'obtint de la ravoir qu'en promettant de prendre garde. En effet, il prit si bien ses mesures que la balle vint me tomber sur l'épaule; la surprise me fit faire un cri qui mit Edmond en colère contre son fils, d'autant que le triomphe de Just avait éclaté dans un de ces malins sourires des yeux dont les enfans croient qu'on ne s'aperçoit pas. Edmond, cette fois, prit la balle pour tout de bon et déclara qu'on ne l'aurait pas de la journée. Alors vinrent les protestations et les prières, puis la colère, puis les pleurs avec de tels sanglots et de si ardentes supplications, enfin un tel désespoir quand on me vit renfermer la balle, que je crus pouvoir au moins accompagner la sévérité de quelques paroles de consolation. « Je » ne peux pas te la rendre aujourd'hui, lui disais- » je, mais demain. » — « Vous le pouvez, vous » le pouvez, s'écriait ce pauvre enfant avec une » sorte d'indignation, mais c'est que vous ne » le voulez pas... Si vous vouliez me la ren- » dre... Mais vous voulez me faire du chagrin » quand vous pourriez me faire un si grand plai- » sir; » et cela avec une expression que j'avais tant de peine à soutenir! Il appuyait sa tête contre le mur avec des pleurs si amers! Edmond et moi nous nous sommes regardés; chère tante, vous êtes de celles qui nous comprendrez : je ne sais quel accent ou quel souvenir nous a rappelé en ce moment à tous deux ce jour où nous avons cru le perdre ; Edmond a couru vers son fils, l'a porté sur mes genoux, et, je ne vous dirai pas comment, mais tels ont été les témoignages de notre tendresse que sans céder nous sommes parvenus à calmer ce pauvre enfant. Cependant il s'est allé coucher triste et morne, son cœur ne s'est point rouvert à cette gaîté confiante avec laquelle il vient ordinairement nous porter la joie de ses douces caresses, et nous sommes demeurés plus tristes que lui, tentés de nous reprocher quelque chose, quoique certains de n'avoir pas eu tort. Le dernier numéro de votre journal, arrivé ce matin, nous montre bien que, comme nous, vous jugez quelquefois les punitions indispensables; mais cependant, chère tante, peut-il être bon d'exciter, ne fût-ce que quelques momens, dans le cœur d'un enfant, le sentiment qu'a bien réellement éprouvé ce pauvre Just et que j'ai déjà entrevu plusieurs fois? Il y a quelque temps, les petites contrariétés qu'il faut bien que subisse quelquefois un enfant vif et volontaire ne faisaient que l'irriter; il se fâchait, criait, c'était tout ; il riait dès qu'il avait cessé de pleurer, quelquefois même il pleurait et riait en même temps, sans savoir auquel des deux s'en tenir. Il n'en est plus de même; trop enfant pour comprendre, comme Sophie, la justice et les motifs d'une punition, il n'a pas non plus le chagrin abandonné de la bonne Louise, toute livrée à sa peine sans songer à faire porter le moindre ressentiment sur ce qui la lui cause. Unique objet de notre affection et de nos soins, Just, tout petit qu'il est, sent déjà ce qu'il est pour nous. Il en jouit, il aime à venir nous répéter à son père et à moi : « N'est-ce pas que vous ne me donneriez pas pour cent mille francs, pas pour tout le » monde? » Et si quelque chose blesse l'idée qu'il a de notre tendresse, il en reçoit un sentiment amer, qui passe, je le sais bien, mais qui empêche pour le moment que la punition n'ait toute son utilité. Rousseau dit « qu'il ne faut jamais in» fliger aux enfans le châtiment comme châti» ment, mais qu'il doit toujours leur arriver » comme une suite naturelle de leur mauvaise » action; car il faut, dit-il, que l'enfant voie la » nécessité dans les choses et non dans le caprice, » et il traitera de caprice toute volonté contraire » de la sienne et dont il ne sentira pas la raison. » Cela est bien vrai, mais comment faire? Rousseau veut, par exemple, que si un enfant casse les vitres, on l'enferme dans un lieu sans fenêtres, sous le prétexte de l'empêcher d'en casser davantage. Supposé que pareille aventure arrivât à Just, il en serait certainement encore plus malheureux et plus irrité que de la confiscation de sa balle, car il ne comprendrait pas davantage qu'il y eût quelque proportion entre la punition et la faute. « Un enfant, dit encore Rousseau, » ne sent la raison de rien dans tout ce qui » choque ses fantaisies. » En effet, si Just n'a pas compris hier la justice de sa punition, c'est qu'il avait trop de chagrin pour cela. Il savait bien qu'il avait mal fait; mais il ne peut imaginer encore qu'il ait fait beaucoup de mal, et il sent qu'il a beaucoup de chagrin; alors il lui paraît qu'il n'y a pas de proportion, qu'on est trop sévère, qu'on l'opprime, et c'est ce que la méthode de Rousseau ne donne pas du tout les moyens d'éviter. Si on enferme ainsi un enfant, non pas pour avoir désobéi puisqu'on ne lui aura rien défendu, mais pour avoir cassé des vitres, il lui paraîtra toujours que, pour votre propre intérêt, vous lui causez un grand chagrin que vous auriez pu lui épargner. On ne remédiera à rien en lui donnant, comme le veut Rousseau, une idée de la propriété; et puis il sera tout aussitôt fait de lui en donner une de l'obéissance. Une fois celle-là entrée dans sa tête de manière à ce qu'il ne l'oublie pas, on aura du temps de reste pour les autres, mais c'est là qu'il en faut venir.

Il y a bien une autre espèce de punitions naturelles, celles qui résultent des dangers que peut courir un enfant par sa désobéissance; Edmond les aime assez; quant à moi, elles me font trembler. Mais Edmond sait mieux que moi ce qu'on peut risquer, son fils est sa vie comme il est la mienne, je soumets donc mes frayeurs à son courage. Nous avons défendu, par exemple, à Just de grimper le long du treillage, du moins quand il n'est pas avec son père ou avec moi, et nous soupçonnions fort que la défense n'était pas observée; mais Edmond disait: « Qu'il tombe » une ou deux fois, et cela le rendra obéissant. » En effet, l'autre jour le treillage a cassé, il est tombé et s'est fait assez de mal, il a eu surtout assez peur pour s'en souvenir. Edmond en a été fort aise, et moi fort aise surtout qu'il en fût quitte pour quelques écorchures; car j'ai représenté à Edmond qu'il pouvait tomber de six pieds au lieu de tomber de deux, et sur le pavé de la cour aussi bien que sur la terre du potager. Nous y veillerons davantage, et je crois bien aussi que Just deviendra un peu plus prudent. Mais pour que de telles leçons soient utiles, il faut qu'elles touchent de bien près à un danger, ce qui fait mourir de peur; et puis, chère tante, est-il bien sûr qu'un enfant reçoive des leçons aussi utiles du mal qu'il se fait que du mal qu'il fait?

LETTRE XV.

Mme d'Attilly à Mme de Lassay.

Paris, mai 1817.

Il est certain, ma chère enfant, que, malgré nos peurs de mères, il peut y avoir quelquefois de l'avantage à ce qu'un enfant apprenne un peu à ses risques et périls que si l'on veut ne pas tomber du treillage, il faut avoir l'adresse de s'y tenir ou la précaution de s'assurer qu'il est assez fort pour vous porter; que pour ne se pas brûler il ne faut pas toucher à la cire à cacheter bouillante, etc., etc. C'est ainsi qu'on fait bien connaissance avec les choses. A la vérité, il est à craindre que la connaissance, si elle est achetée trop cher, ne décourage encore plus qu'elle n'instruit, ce qui serait un grand inconvénient; mais en tout cas, la leçon que peut recevoir un enfant d'un nez cassé ou d'un doigt échaudé sera une leçon de prudence et non de morale. Les leçons que donne l'expérience sont spéciales et bornées; les accidens nous instruisent à éviter les accidens; il faut avoir éprouvé le repentir pour sentir en soi une raison morale d'éviter les fautes, et les accidens ne produisent pas le repentir. Seulement, de même que la punition, ils y peuvent donner lieu en interrompant le mouvement qui produit la faute; c'est une punition où n'entre pas l'idée de la justice.

La justice est l'action d'une volonté intelligente, appliquée à rétribuer chacun selon son mérite. Si un scélérat en escaladant une maison est renversé et tué par une pierre qu'il détache de la muraille, nous ne dirons pas que la pierre a été juste, et l'idée de justice que nous attacherons pourtant à cet accident nous viendra de la conviction d'un juge suprême qui cette fois aura voulu, sans l'intermédiaire de la justice humaine, se charger d'appliquer lui-même la peine du crime. Cependant, qu'un pauvre ouvrier soit écrasé par l'écroulement du mur auquel il travaille, l'idée de justice et de châtiment ne se présentera point à notre esprit, là où il n'y avait point de crime à punir. L'idée d'injustice ne nous viendra pas davantage, car la volonté supérieure et infaillible qui aura dirigé l'évènement ne nous paraîtra point avoir agi en raison du mérite ou du démérite de la victime, mais par de tout autres motifs et dans de tout autres vues.

Au sentiment de la faute tient donc l'idée de la

justice, et la douleur d'un accident ne porte pas nécessairement l'attention sur la faute qui l'a causée; elle l'en détourne quelquefois. Lorsqu'il arrivera à Just de se couper en empoignant par la lame un couteau que vous lui aurez défendu de toucher, si vous essayez en ce moment d'éveiller en lui le remords de la désobéissance, il ne manquera pas de répondre à vos efforts pour l'affliger encore sur lui-même : « Je me suis déjà » fait bien assez de mal, » et par la douleur physique il se croira acquitté de la tristesse morale. Idée dangereuse qui met un taux aux devoirs de la conscience, et nous porte à croire que le malheur peut racheter des obligations de la vertu.

Il n'est qu'une monnaie pour payer la faute, c'est le repentir. Le châtiment seul n'a jamais rien expié, et les suites accidentelles d'une action répréhensible ne peuvent avoir d'utilité morale que si elles procurent au coupable les moyens d'acquitter sa dette, si elles produisent le repentir. J'ai eu l'autre jour une bonne fortune en ce genre. Louise, dans l'engouement d'une robe neuve, refusait absolument, malgré mes ordres, de se laisser mettre son tablier, qui pour moi avait le mérite de préserver la belle robe, mais pour elle le tort de la cacher. Comme sa bonne l'attachait en dépit de sa résistance, elle est entrée dans une telle colère que, tirant le tablier de toutes ses forces, elle l'a déchiré. Vous jugez quelle consternation a pris la place de l'emportement, et quel effroi s'est peint dans les regards de la pauvre Louise, lorsque les tournant alternativement sur moi et sur le tablier déchiré, elle ne savait si elle devait s'épouvanter davantage de mon mécontentement ou du terrible accident qu'elle venait de causer. Dans le système de Rousseau, il m'eût fallu profiter du dégât commis pour en faire le motif d'une punition exemplaire. J'ai fait le contraire : plus le mal était grand, plus la punition m'a paru inutile ; elle n'aurait rien ajouté au sentiment de la faute, elle aurait pu même le diminuer, car au chagrin si vif qu'éprouvait Louise d'avoir déchiré son tablier, se serait substitué ou du moins associé celui d'en être punie ; en pensant un peu plus à elle-même, elle aurait un peu moins pensé à ce qu'elle avait fait. Je n'ai pas même voulu condamner la coupable à subir toute la journée le spectacle de la loque pendante de son tablier ; il ne faut pas espérer que le souvenir d'une faute occupe bien long-temps ces têtes légères, et il arrive toujours un moment où la punition trop longue devient une punition trop forte, car elle demeure présente et sensible quand la faute ne l'est plus, et met ainsi le dégoût et l'ennui à la place du repentir. J'avais à profiter du moment, c'est ce que j'ai fait. Pendant que tout en grondant un peu sur la nature de l'accroc, la bonne raccommodait à la hâte le tablier, un sermon qu'il a bien fallu écouter avec humilité et patience a retracé toute l'énormité du cas. Mais j'ai eu soin de faire porter mes reproches sur les dispositions perverses qu'annonçait une pareille action, beaucoup plus que sur ses funestes résultats, car il fallait éviter que Louise attachât l'idée de délit au tablier déchiré plutôt qu'à l'accès de colère et de désobéissance, ce qui, dans le système de Rousseau, ne pourrait manquer d'arriver, et ferait de la punition une précaution de prudence personnelle au lieu d'un acte de justice désintéressé.

L'opinion qui fait de l'intérêt bien entendu le principe et la base de la morale, opinion encore aujourd'hui classique pour beaucoup de gens, était celle du siècle qui nous a donné Rousseau. Toujours dominé par la vérité de son génie, lors même qu'il subit le joug des erreurs de son temps, il échappe sans cesse par une noble inconséquence à l'empire des faux principes dont il n'a pas su reconnaître et signaler l'usurpation. Ainsi, à peine vient-il de nous prescrire les moyens de fonder la moralité de l'enfant sur l'expérience de ses besoins, c'est-à-dire sur son intérêt, et sa foi aux engagemens sur leur utilité, qu'il proteste aussitôt contre cette insolente prétention des intérêts humains, réclame les droits de la conscience, et rétablit la véritable loi, « gravée dans nos cœurs par l'auteur de toute » justice, principe inné qui n'attend pour se dé- » velopper que les connaissances auxquelles il » s'applique. Otez, dit-il, la loi primitive des » conventions et l'obligation qu'elle impose, » tout est illusoire et vain dans la société hu- » maine : qui ne tient que par son profit à sa » promesse, n'est guère plus lié que s'il n'eût » rien promis. »

Il est bien peu de ces principes élevés qu'on ne rencontre au moins en germe dans les écrits de Rousseau ; mais ils semblent presque toujours l'abandonner lorsqu'il rentre dans les conseils de pratique. Esprit solitaire, il se trouble et s'épouvante du mouvement des affaires de ce monde, et ne reprend la franchise de son allure que dans les hauteurs de la spéculation. Ainsi, le principe de l'intérêt dont il repousse avec tant de dédain l'empire illégitime, se reproduit sans cesse dans son système d'éducation. De là cette tentative d'écarter l'autorité, puissance purement morale, pour y substituer la force dont le pouvoir se fonde uniquement sur l'intérêt, et de réduire toutes les relations du maître et de l'élève à un pur contrat, en vertu duquel le plus fort et le plus habile gouverne pour l'avantage de tous deux.

Gardez-vous bien, mes amis, de vous effacer aux yeux de votre fils, d'écarter de la punition l'action paternelle et la volonté de punir; c'est là ce qu'elle a de moral, car c'est par là seulement qu'elle peut être désintéressée. Le monde punit pour son propre compte; les choses froissent celui qui n'a pas su s'arranger à leur forme et à leur marche; un père punit comme la providence pour rétablir l'intégrité de l'être moral altérée par la faute, sans autre intérêt personnel dans la faute ou la punition que celui qu'il reçoit de sa coexistence avec l'enfant, dont les devoirs font partie des siens, puisqu'il est chargé de l'obliger à les accomplir. Sur ce devoir commun au père et à l'enfant se fonde le droit de punir, qui n'est jamais un droit que parce qu'il est un devoir: c'est sur un intérêt particulier au maître que se fonde le droit d'empêcher qu'on ne lui casse ses vitres. En enfermant son élève, il se met simplement en défense contre lui, et s'y met parce qu'il le veut bien, car il lui est loisible de n'en rien faire; la peine qu'il inflige émane de sa propre volonté. Le père n'est pas libre de se soustraire à la mission qu'il remplit, de rejeter la loi qu'il impose.

Mes amis, c'est dans le malheur qu'on s'unit, c'est dans la tristesse d'une punition que se révèle le plus clairement la conformité d'intérêts entre le juste juge et le coupable repentant. Jamais Sophie ne m'entend mieux que lorsque ma fermeté encourage la sienne à soutenir sans faiblesse l'épreuve qu'elle n'a pas su éviter, que je n'ai pu lui épargner. Jamais elle ne me regarde avec tant de confiance qu'au moment où, certaine du pardon qu'elle va mériter, elle me témoigne des yeux son activité à remplir la tâche imposée. Ne craignez donc pas, ma chère enfant, qu'il soit trop difficile de faire comprendre à Just votre sensibilité aux chagrins que vous lui causez ; il s'en doute suffisamment puisqu'il s'y adresse, et il ne vous accuse de dureté que parce qu'il sent bien que ce reproche n'est pas pour vous sans quelque valeur. Il s'agit surtout de le lui rendre inutile en évitant de s'en laisser émouvoir, et il cessera bientôt entièrement de penser ce qu'il n'aura plus d'intérêt à vous dire.

Tâchez, ma chère enfant, que le calme préside aux actes de sévérité que vous jugerez inévitables; alors la bonté pourra s'y placer naturellement et sans danger. L'agitation entretient le désordre, et vous ne serez maîtresse de votre enfant que lorsque son imagination apaisée lui laissera clairement apercevoir la nécessité de se soumettre. Évitez donc qu'une expression dure ou violente entretienne en lui l'irritation et le besoin de la lutte, ou qu'une émotion trop visible lui laisse l'espoir de regagner quelque chose sur votre faiblesse. Une fois l'arrêt fatal prononcé, tâchez que votre tranquillité ne laisse aucune prise à ses passions, et leur violence s'usera bientôt d'elle-même. Alors, prête à sympathiser avec lui du moment où il rentrera dans la voie de la raison, la seule où vous puissiez vous rencontrer, vous le ramènerez bientôt au point où vous voulez le conduire; et, attiré à son tour dans vos sentimens, il oubliera insensiblement l'amertume de la punition pour songer à celle que vous a donnée sa faute. Ainsi, loin que sa punition lui soit plus difficile à supporter venant de vous, votre tendresse, qui l'applique à regret, mais par nécessité, lui donnera au contraire le caractère de bienveillance qui écarte le ressentiment et le caractère d'inévitable qui appelle la résignation. Ces deux points une fois bien compris, vous pourrez encore trouver de la résistance dans la volonté de votre fils, mais sa raison ne songera plus à vous rien contester, et vos décisions, indulgentes ou sévères, seront pour lui l'arrêt de la justice qu'on subit non sans répugnance, mais du moins sans murmure. Le principe et le but de Rousseau ont été d'instruire les enfans à reconnaître l'empire de la nécessité; mais il n'y a de nécessité en droit de nous commander que celle du devoir. Se soumettre à la nécessité physique qu'on peut repousser est d'un lâche; accepter celle à laquelle on ne saurait échapper est bientôt appris : tout le monde meurt bien, quand on ne peut faire autrement que de mourir; mais il faut apprendre à mourir le plus tard qu'on peut si la mort ne se présente que comme un danger, et aussitôt qu'il le faut dès qu'elle devient un devoir. Faire tête aux nécessités physiques et se soumettre aux nécessités morales, voilà ce que doivent savoir les hommes et apprendre les enfans, et c'est assurément un étrange contre-sens de l'éducation, de prétendre les former au courage de la vertu en les accoutumant à céder à la force. Trouvez des hommes toujours prêts à plier sous la nécessité physique, et vous en ferez sur-le-champ des esclaves ou des sbirres; mais si vous en voulez un qui préfère la misère et la mort au crime commandé ou aux lâchetés de la servitude, il vous faudra chercher celui qui ne reconnaît que les nécessités morales.

LETTRE XVI.

Mme d'Attilly à M. d'Attilly.

Paris, juin 1817.

Vos filles, mon ami, sont si sages depuis quelques jours, que je me trouve tout-à-fait hors de propos en ce moment où le cours de mes idées et ma correspondance avec Henriette m'ont conduite à m'occuper des punitions. J'en serai du moins plus à mon aise pour considérer la chose d'une manière générale, et regarder un peu tant en avant qu'en arrière. Ce sont des points de repos dont nous avons quelquefois besoin en éducation, pour nous remettre au courant des années qui se sont écoulées sans que nous y prissions garde, et ne pas attendre que nos enfans nous rappellent qu'ils ont grandi tandis que nous n'y songions pas; car il en est de tout avec eux comme pour leurs vêtemens, il faut sans cesse changer de mesure.

Ce n'est pas que cela ne se fasse assez sans qu'on y pense; nous sommes un peu, nous autres mères, comme les enfans avec leur cerceau : nous donnons le mouvement, et puis nous le suivons; toujours sur la trace, attentives à redresser ce qui penche, à courir du côté où l'on menace de tomber, nous dirigeons notre marche suivant le besoin, et arrivons à point sans avoir examiné la route ou calculé le temps; ainsi je m'aperçois que, sur plusieurs points, j'ai insensiblement changé de conduite, mais sans m'être aucunement rendu compte des motifs de ce changement. J'indiquais l'autre jour à Henriette la méthode que je crois bonne à suivre dans les petites punitions qu'elle est quelquefois obligée de faire subir à son fils; lorsque ensuite cessant de m'occuper de Just, je reportai mon attention sur mes enfans, et particulièrement sur Sophie, je trouvai mes conseils devenus en grande partie inapplicables, et découvris que je n'employais presque plus aucun des moyens dont j'avais autrefois fait usage.

Me voilà donc maintenant à chercher par où j'ai passé, et à reprendre les traces de ma propre expérience, afin de reconnaître, dans ce que j'ai fait, les observations qui m'ont dirigée à mon insu. Mais, lorsque pour classer un peu mes idées, je me suis demandé quelle sorte de punition m'avait servi le plus ordinairement et le plus utilement, il m'a été impossible de rien trouver d'absolument général; chacune des occasions où j'ai eu à punir s'est présentée à mon souvenir accompagnée de circonstances particulières, exigeant presque toujours quelque modification dans l'application de la peine selon l'âge, la disposition du moment, le penchant à combattre ou les conséquences à éviter, et je m'aperçois que dans le cas où il me prendrait fantaisie de devenir roi fainéant, et de déléguer mon autorité, il me serait très difficile de rédiger un code de lois pénales d'après lequel je pusse m'assurer que justice serait toujours exactement rendue à mes pauvres petits sujets.

Mon ami, le grand défaut des lois, c'est de ne s'appliquer jamais qu'à peu près, et s'il faut que l'individu s'accommode aux lois, c'est la moitié du temps parce que les lois n'ont pas su s'accommoder à lui. Mais des lois pénales, pour être bonnes, auraient bien plus besoin que d'autres de s'adapter exactement à l'individu qui doit les subir; car il est certain que ce n'est pas lui qui s'y prêtera, et que le coupable n'aura pas pris le soin de mesurer son délit ou son crime de telle sorte que la peine qu'il doit lui attirer tombe sur lui parfaitement juste et utile. Aussi la nouveauté des faits trompe-t-elle sans cesse les prévoyances de la loi, et l'imperfection attachée à toutes les institutions humaines ne se révèle nulle part aussi grossièrement que dans un code pénal, engin d'autant plus propre à l'injustice qu'il aura prétendu à plus d'exactitude; car la justice est de juger un homme sur son action telle qu'il l'a commise, et non sur un fait établi d'avance, et dont la loi présume coupable celui qu'elle ordonne de punir. Or, la criminalité d'une action se compose de circonstances et de combinaisons variables à l'infini; plus la loi aura exactement défini le degré et la nature du crime qu'elle impute des siècles d'avance à l'individu prévenu de tel ou tel fait, plus il est probable que ses calculs se trouveront faux et faussement appliqués. Ainsi le fait matériel sera bien celui que la loi a désigné, mais il se sera passé autrement qu'elle n'a dû le supposer; le crime sera le même extérieurement et quant à celui qui en a souffert, mais entièrement différent quant à celui qui l'a commis. Les motifs qui ont entraîné le coupable, sa situation, son âge, feront de son action une tout autre action; son caractère, son éducation, le degré de développement dont il est doué ou susceptible, feront de lui-même un tout autre homme que l'homme et l'action présens à la pensée du législateur. Cependant la loi, toujours la même, s'applique et punit, comme ces machines qui frappent, et frappent incessamment, soit qu'elles aient à rencontrer du bois, du fer, qu'elles brisent ou façonnent les matériaux soumis à leur action.

Il faut certainement que le mal soit bien grand, puisque de tout temps on a travaillé à y remédier; le jury, le droit de grâce, tous ces recours de la justice contre la loi sont autant de moyens imaginés pour assurer à un accusé l'avantage d'être jugé par des hommes vivans et présens, dont l'intelligence communiquera avec la sienne, dont la conscience sera intéressée à lui rendre la justice spéciale qui lui est due, dont enfin l'arrêt, s'il le condamne, condamnera du moins en lui son véritable crime, et non pas celui de son voisin ou de son aïeul.

J'ai vu, mon ami, plus d'un enfant puni pour des fautes tout autres que celles qu'il avait réellement commises, et recevant par conséquent de la punition une impression plus dangereuse peut-être que ne l'eût été l'impunité. Il est difficile de dire quels ravages ont produits dans la morale des hommes les châtimens injustes ou mal appliqués, mais il est aisé de comprendre l'effet qu'ils peuvent avoir dans l'éducation des enfans. Le but de la justice sociale est de régler la conduite extérieure. L'éducation a surtout pour objet de régler la raison. Il suffit à la société que l'homme menacé de sa rigueur sache quelle action il doit éviter; il faut que l'enfant sache pourquoi il la doit éviter; et si la punition lui donne un motif pour un autre, sa raison est faussée, et la règle de ses actions devient défectueuse. Ainsi, qu'un enfant soit toujours également puni de répondre, soit qu'il le fasse par humeur et pour se soustraire à l'obéissance, ou parce qu'il croit avoir de bonnes raisons à donner, il comprendra certainement fort bien qu'il faut se taire, mais non pas qu'il soit différent d'avoir raison ou tort, de raisonner sincèrement ou de mauvaise foi.

Ces rigueurs d'application, nécessaires, je le sais, dans l'éducation publique, n'y ont pas, d'ailleurs, le même inconvénient que dans l'éducation particulière. Les maîtres d'un collége gouvernent au nom de la loi : défectueuse ou non, il faut s'y soumettre, et l'on ne peut accuser qu'elle : la loi n'appartient pas à ceux qui l'appliquent. Des parens gouvernent au nom de la justice; législateurs, juges et gracieux souverains, ils ne dépendent que d'elle, et l'erreur de leur jugement compromettra nécessairement ou leur autorité ou la sienne. Nous ne sommes soumis à notre propre raison qu'à condition de la consulter sans cesse, et dépendans de nos propres arrêts que parce que nous sommes toujours libres de les rendre justes. Quel que soit donc l'avantage des règles extérieures, je crois qu'il faut éviter de s'en faire une entrave, et d'échanger le devoir d'examen contre un certain devoir d'assujétissement aux formes, qui n'est trop souvent qu'un moyen commode à la paresse d'esprit et à la paresse de conscience, pour décider sans réflexion et avoir tort sans scrupule. J'ai vu, dans quelques familles, prononcer, sur le rapport d'une bonne ou d'un domestique, la punition d'usage, sans songer à examiner quel motif avait déterminé la faute, à quel genre de tort moral devait s'appliquer la punition. Dans quelques autres, les punitions réglées d'avance s'appliqueront avec une exactitude légale, beaucoup plus favorable à la liberté qu'à l'autorité; car l'enfant, assuré, par exemple, d'être réduit au pain sec pour une certaine faute, pourra, le jour où il préférera sa faute à son dîner, se regarder comme entièrement maître de sa conduite et libre de suivre sa fantaisie pour un prix convenu; en effet on ne lui demandera rien de plus, et l'on sera long-temps avant de s'apercevoir qu'une punition réglée perd son effet par l'habitude, et va contre la véritable règle, qui est de rendre la punition sensible. Ailleurs une sorte de routine assujétira à un même mode de punition tous les enfans de la famille, quelle que soit la différence de leurs dispositions naturelles, ou, sans tenir aucun compte des progrès de l'âge, on continuera à dix ans ce qui fut bon à six. L'erreur est facile et commune quand la volonté s'exerce sans obstacle, et l'éducation est le champ où la volonté agit le plus et rencontre le moins les résistances propres à l'arrêter et à la rectifier. Aussi arrive-t-il à des parens, cependant assez raisonnables, de se former, sur plusieurs points de l'éducation de leurs enfans, des systèmes fondés uniquement sur la volonté très arrêtée de les bien élever, n'ayant d'ailleurs jamais songé à se demander si, pour arriver à son but, cette volonté n'a pas encore quelque autre chose à faire que de demeurer constante et immuable. Une femme du peuple souffletait sa fille; on lui demanda ce qu'avait fait l'enfant: « Rien, dit-elle, » mais ne faut-il pas leur donner une éducation?» On a vu des axiomes appliqués aussi judicieusement que les soufflets de cette brave femme.

Mon ami, le gouvernement paternel est le seul qui puisse être à la fois légitime et arbitraire, car les parens sont les seuls maîtres dont la volonté, à parler en général, se dirige toujours au bien de ceux qu'ils gouvernent. Gardons-nous donc d'assujétir notre raison et notre volonté, par une soumission puérile, à des phrases une fois faites, à des règles une fois tracées. Notre mission est de surveiller le développement des germes cachés au fond des cœurs; c'est là que doit s'exercer notre action, que nous devons puiser les règles de notre conduite. La principale est de faire sortir, autant que nous le pourrons, du sentiment de la faute même, le motif qui doit produire l'amendement. Le châtiment doit donc se régler sur la manière dont sera sentie la faute. Mais le sera-t-elle de même par un enfant ou par un autre, cette année et la suivante, aujourd'hui et demain? le sera-t-elle de même au moment où elle fut commise et à celui où s'applique la peine, et le même châtiment conviendra-t-il à un commencement de repentir ou à l'endurcissement opiniâtre? Il est donc évident, mon ami, que la même peine sera rarement applicable à des fautes de même nature, et que les combinaisons qui doivent déterminer la punition varieront presque à chaque occasion particulière. Ainsi, je suppose qu'un enfant ait cassé un meuble dans un accès de colère; la peine ne saurait être la même si l'accident a été le résultat d'un emportement irréfléchi, ou si la colère l'a poussé à vouloir réellement le dégât qu'il a commis. Le caractère de la punition devra encore varier selon qu'elle s'appliquera au moment même de la faute, et tandis que l'emportement dure encore, ou lorsque la crainte et la confusion auront succédé à la violence; car la secousse un peu dure, nécessaire dans le premier cas pour arrêter et détourner la passion, pourrait, lorsqu'elle s'assoupit, avoir l'effet de la réveiller. Une tâche aura été omise ou par paresse et parce qu'on aura laissé couler le temps dans la langueur et l'oisiveté, ou parce que l'amour du jeu aura emporté et fermé l'oreille au son de la pendule qui appelait aux leçons, ou parce qu'on aura été saisi d'un certain dégoût du devoir et d'insensibilité sur les suites de la faute; le but de la punition sera alors, selon la circonstance, ou de donner de nouveaux motifs d'activité au travail, ou de régler l'effervescence du plaisir, ou de rendre de l'importance à la vertu.

Le degré, la nature et la forme de la punition seront encore nécessairement subordonnés au caractère de l'enfant, plus ou moins sensible à l'honneur et affligé de déplaire, plus habituellement dominé par les idées de devoir, ou moins disposé à la règle et plus dur à l'impression des sentimens honnêtes, prompt à résoudre et ferme à prendre son parti, ou lent, embarrassé, indécis, facile à troubler et mou pour agir. Louise sera punie plus souvent que Sophie; Sophie a besoin de l'être plus sévèrement. La légèreté oublieuse de Louise rend ses fautes sans importance, mais les renouvelle sans cesse; elle a continuellement besoin d'être remise dans le bon chemin, y rentre sans peine, et s'y maintient aussi long-temps qu'elle y pense, et d'aussi bonne volonté que le permet la mesure de ses forces, moindres que celles de sa sœur, indépendamment de la différence de l'âge. Sophie agit rarement sans savoir ce qu'elle fait; si elle se fâche, son intention est de se fâcher, et sa colère se tourne presque toujours en impertinence. Elle ne perd guère le temps de la leçon, ne barbouille sa page d'écriture, ou ne fait son ourlet de travers, que lorsqu'elle a pris son parti d'être grondée, quelquefois même de vouloir l'être. Sa disposition variable, mais non pas légère, la pousse toujours avec force dans le sens du moment; lorsqu'elle revient au devoir, c'est avec la même résolution qu'elle a mise à s'en écarter : elle se courbe difficilement sous sa punition; mais une fois son tort bien réellement reconnu, ce qui n'arrive pas toujours, il est rare qu'elle y retombe promptement. J'ai maintenant peu d'occasions de la punir, j'en aurais peu le moyen, si je n'avais attaché quelque chose de si grave à l'idée d'une pénitence pour une grande fille de huit ans, que mon indignation devient la partie principale du châtiment. Si je me fâchais bien fort contre la pauvre Louise, elle en perdrait tout-à-fait la tête; elle oublie quelquefois si parfaitement qu'elle soit en faute, que la punition la prend au dépourvu, et la jette dans un trouble bien suffisant pour détourner le cours de ses idées, et produire, au moins pendant quelque temps, l'effet nécessaire. Mais Sophie, plus préparée à ce qui va lui arriver, résiste plus long-temps à l'impression que je veux produire sur elle. Elle s'est en quelque sorte irritée d'avance contre le mécontentement qu'elle prévoit; elle voit venir la réprimande, la repousse quelquefois avant d'en être atteinte, et, prête à la défense, ne se laisse pas aisément dompter. Ce qui arrive le plus sûrement jusqu'à elle, c'est le retranchement de cette intimité établie entre nous, et dont Sophie fait sa joie et sa gloire. Cesser de lui parler, ou seulement de la tutoyer, est un acte de sévérité contre lequel demeurent sans force tous ses projets de résistance. Il s'établit alors entre elle et moi une barrière qu'elle n'ose franchir. Plus de sourires de confiance, plus de ces habitudes de familiarité qui, la rapprochant de moi, la grandissent à ses propres yeux. Elle s'adresse à moi timidement, et, déchue de son rang, perd jusqu'au droit de se plaindre. C'était ma bonté qui l'élevait jusqu'à moi, j'ai perdu le désir de la lui témoigner, je suis mécontente, c'est un fait auquel elle n'a rien à opposer; elle sent sa dépendance et n'en peut sortir; elle ne sait plus que faire de sa volonté, et le besoin de rentrer en grâce la ramène aux pensées propres à rétablir l'union.

La sévérité morale, plus naturelle à mesure que l'enfant grandit, puisque la faute devenant plus grave doit exciter plus de mécontentement, devient donc aussi plus efficace, parce que les biens qu'elle retranche sont plus vivement sentis; elle est en même temps plus nécessaire, parce que les moyens de sévérité matérielle diminuent chaque jour. On met un enfant de trois ans en pénitence derrière une chaise, ou le visage tourné contre la muraille; cela ne se peut plus faire pour un enfant de cinq. Louise sera au désespoir si je lui retranche son dessert, ou que je lui fasse manger du pain sec à son goûter; ce sont là les grands évènemens réservés pour des occasions extraordinaires. Sophie attacherait peu d'importance à une pareille punition, et sentirait une sorte de fierté à la mépriser comme au-dessous d'elle. Quant aux tâches que je puis ajouter comme punition au travail ordinaire, vingt vers sont bientôt sus; pour causer un véritable chagrin, il en faudrait donner soixante, et, avant de les avoir appris, elle aurait le temps de s'ennuyer de mon mécontentement, de son chagrin et du bon sentiment auquel j'aurais voulu la ramener; et contente de se voir délivrée d'un si lourd fardeau, elle pourrait bien oublier sa faute dans la joie d'en avoir fini de sa pénitence.

La grande difficulté, mon ami, c'est d'occuper assez l'enfant de la peine qu'on lui impose pour qu'il ne lui soit pas aisé de s'en distraire, et d'éviter en même temps qu'elle ne l'absorbe assez pour écarter le sentiment de la faute. C'est pourquoi, dès que l'âge le permet, je préférerais généralement les tâches aux privations, et les privations temporaires aux privations définitives. Une privation est une peine purement passive, un chagrin, et pas autre chose. Une vieille comédie a dit à propos des regrets pour un amant mort :

L'amour devient douleur et la douleur se passe.

Peu de gens, peu d'enfans surtout, conserveront volontiers un chagrin inutile ; et, dès qu'une chose est sans ressources et ne peut plus offrir que des sujets de chagrin, tout le monde vous dira qu'il est raisonnable d'en prendre son parti, c'est-à-dire d'y penser le moins possible. C'est ce que fera un enfant, dès qu'il sera bien persuadé que la privation dont il s'afflige est irrévocable. Plus le désespoir aura été grand, plus il sera pressé de s'en débarrasser, à moins, comme je l'ai dit, que la punition ne soit temporaire, et surtout conditionnelle. Il faudra bien alors qu'il s'en occupe et conserve son chagrin pour s'occuper des moyens de le faire cesser. L'utile tristesse de la punition sera entretenue par l'espérance du pardon ; elle le rappellera aux devoirs imposés pour prix de rachat, et deviendra ainsi un contrepoids à la légèreté de l'enfance, non un fardeau trop lourd pour sa faiblesse.

Il en est de même du travail imposé comme pénitence, il faut le faire ou demeurer en disgrâce; bien plus, il faut le faire ou l'avoir à faire. L'enfant ne peut pas s'en reposer dans l'indifférence comme il ferait d'une privation qu'il oubliera pour peu qu'on la prolonge. Il sait très bien que le temps ne fera pas sa besogne, que la bonne volonté lui est imposée aussi bien que le chagrin, et que, tôt ou tard, il faudra de nécessité rentrer dans le devoir. Il s'y mettra donc tristement et courageusement comme à un acte de vertu difficile, et l'effort soutenu dont il aura besoin pour l'accomplir ne lui laissera pas oublier que son travail soit une peine.

J'ai entendu objecter à ce genre de punition que le but de l'enseignement étant de donner aux enfans le goût du travail, il ne fallait pas, en l'imposant pour châtiment, le leur présenter comme un mal; et je crois en effet que si l'enfant dont toute la force d'attention suffit à peine à épeler quelques syllabes, était obligé, en punition de quelque grande faute, à recommencer le soir la leçon qu'il a eu tant de peine à achever le matin, un si terrible effort pourrait bien épuiser son zèle et même sa patience, et que le goût de la lecture, déjà fort difficile à inspirer, en recevrait sans doute un notable dommage. Mais une fois sorti des premières difficultés de l'instruction, une fois accoutumé à diriger son attention, à se servir de son intelligence dans un but spécial et commandé, le travail n'est plus pour l'enfant qu'une occupation moins agréable que ses jeux, un exercice de volonté moins spontané et plus difficile, auquel cependant l'amour du devoir et le prix qu'il attache à l'honneur de bien faire peuvent donner un intérêt suffisant, en attendant qu'il y trouve un véritable plaisir d'intelligence. Jusqu'à ce qu'il soit devenu susceptible d'un semblable plaisir, le goût qu'il pourra prendre au travail dépendra uniquement du motif qui l'y porte, et la tâche imposée par l'humiliante nécessité d'accomplir une pénitence sera nécessairement une peine, sans que le travail, soutenu par d'honorables motifs, perde pour cela le droit de l'intéresser.

Je sais que cette peine s'amoindrira aussi par la facilité que prendra l'enfant au travail, et même par le bon sentiment qui lui fera accepter ce moyen d'expiation. Alors aussi, mon ami, cessera la nécessité de punir, et la punition superflue devient aussitôt dangereuse. Lorsque l'enfant, plus facilement ramené au devoir, n'aura besoin que d'être averti par cette honte salutaire que fera naître en lui le reproche de sa faute, il faudra éviter d'y joindre la honte d'une punition qu'il pourrait regarder comme une injure faite à son honneur. Il faudra surtout se garder de l'en humilier aux yeux des autres, ressource que je crois rarement nécessaire et toujours fâcheuse à employer, mais surtout à l'âge où commence à se former le besoin de l'estime, et où l'enfant sait déjà rougir assez, à ses propres yeux, pour craindre de rougir à ceux d'autrui. L'humiliation publique n'est qu'un moyen de nous faire comprendre le sentiment que reçoivent les autres d'une action répréhensible, et par conséquent celui que nous en devons éprouver nous-mêmes. Ce genre de leçon peut être utile à l'enfant trop petit pour concevoir toute l'importance de sa faute, et incapable d'en ressentir un grand dégoût, s'il n'était averti par celui qu'elle inspire autour de lui; encore faut-il en user avec ménagement. Que de gens vivent en paix avec leur déshonneur, et disent : « Cela m'empêchera-t-il de mener mon fiacre? » La honte s'affaiblit en arrivant de trop loin et de manière à ce que le sentiment moral qu'elle doit produire ne puisse être fortifié et soutenu par une impression un peu plus sensible. Tel bandit au pilori soutiendra avec impudence les huées du peuple, qui s'ira pendre ensuite ou noyer de désespoir si ses camarades de vagabondage ou ses amis de cabaret refusent de le recevoir ou de lui parler comme à l'ordinaire. La honte n'est utile que subie dans un très petit cercle, lorsqu'elle est accompagnée pour l'enfant d'un refroidissement de la part de ceux dont il a besoin, dont la tendresse, la complaisance sont nécessaires à l'agrément de sa vie. Il ne faut donc rendre témoins de son humiliation que ceux qui peuvent y concourir utilement. En s'appliquant, au contraire, à la dérober aux autres, on lui prouvera à quel point on redoute le jugement qu'ils porteraient de sa faute, et cette sorte de honte partagée avec lui, ce secret que vous aurez soin de lui garder, deviendra entre vous le signe de la communauté d'intérêts qui ne doit pas cesser, mais à laquelle il pourrait cesser de croire s'il se voyait exposé par vous avec trop d'indifférence à l'improbation des autres. Il faut la lui épargner entièrement dès que la conscience, une fois formée, ne demandera plus qu'à être éveillée, et que l'enfant, bien instruit de la gravité de sa faute, redoutera l'opinion qu'elle pourrait donner de lui, si on venait à la connaître : du besoin de se cacher naîtra pour lui la honte, et cette opinion présumée deviendra une partie de sa peine, par l'idée d'humiliation qu'elle attachera à sa conduite. C'est un grand mal que la honte secrète pour qui sait déjà craindre la honte publique. Nous ne renonçons pas volontiers à penser de nous-mêmes ce que nous voulons que les autres pensent de nous, et du prix que nous attachons à leur suffrage se forme assez naturellement notre jugement sur l'importance des qualités qui peuvent nous l'obtenir. Mon ami, soignons attentivement les délicatesses de l'honneur dès qu'elles commenceront à se produire. C'est un germe fécond et facile à flétrir, car le goût de l'estime s'augmente par la possession, mais il serait malheureusement trop aisé de blaser sur la honte.

LETTRE XVII.

Mme de Lassay à Mme d'Attilly.

La Saulaye, juillet 1817.

On me parlait hier, chère tante, d'un homme de nos environs, qui élève singulièrement son fils. Il lui laisse une très grande liberté; comme il passe toute l'année à la campagne, cet enfant, âgé d'environ douze ans, va seul où il veut, pourvu qu'il ne s'éloigne qu'à une certaine distance, et ne reste dehors qu'un certain temps. Ce n'est pas là ce qui nous étonne; Edmond dit qu'il compte bien que Just en fera autant, le plus et le plus tôt qu'il se pourra; cependant cette liberté n'ira sûrement pas aussi loin que celle du petit Léon (c'est ainsi, je crois, qu'on m'a nommé le fils de notre voisin): il ne fait que ce qui lui plaît; cependant comme son père, homme instruit et homme d'esprit, m'a-t-on dit, quoique un peu bizarre, veut concilier l'éducation de son fils avec la liberté qu'il lui laisse et qu'il n'est pas dans ses principes de le contraindre au travail, pour l'y engager, il a imaginé de le lui payer. Chaque tâche a un taux, et l'enfant ne reçoit pour ses plaisirs d'autre argent que celui qu'il gagne. Cela serait, d'après ce qu'on m'a raconté, assez considérable; le père est riche et prétend qu'il est juste de payer en raison de ses moyens; « car, » ajoute-t-il, il n'y a pas concurrence, et mon fils » peut seul me fournir ce que je lui demande. » Ainsi il fait de cet arrangement un véritable marché; chaque faute coûte à l'enfant une espèce d'amende qui se prend sur le prix du travail; il pourrait y en avoir tant que l'enfant se trouverait redevable; alors le surplus se reporte sur les profits des tâches à venir; le père appelle cela *prendre hypothèque*: puisque son fils, dit-il, a pris l'engagement de travailler à un prix convenu, il lui doit son travail, et s'il ne le livre pas ou le livre mal fait, il est tenu à des dédommagemens. Aussi y a-t-il des amendes pour une tâche omise, pour avoir laissé passer l'heure de la leçon et plusieurs autres choses; et si Léon ne veut pas travailler, son père l'y oblige afin qu'il ait de quoi le payer: c'est ce qu'il appelle *la contrainte par corps;* mais on m'a dit qu'elle n'était presque jamais nécessaire : le petit garçon est vif, spirituel, entend son affaire, et y trouve fort bien son compte. On lui demandait l'autre jour s'il travaillait bien, il répondit: « C'est mon » intérêt. »

J'ai voulu savoir ce qui serait arrivé si Léon n'avait pas voulu accepter le marché, ou si après l'avoir accepté il eût refusé de le tenir. Le père convient, m'a-t-on dit, que son moyen n'aurait été bon à rien avec un enfant mou et paresseux; « mais, dit-il, qu'est-ce que cela me fait? il me » suffit d'avoir réussi avec mon fils. La vie est une » affaire de pratique; on applique à chacun ce qui » lui convient. Si je trouvais un maçon qui voulût » me rebâtir ma grange pour des complimens, je » ne m'embarrasserais guère de ce qu'il faut de » l'argent aux autres. »

Cela me paraît bon, chère tante, pour un maçon à qui vous ne demandez autre chose que de rebâtir votre grange ou votre mur. Quand on n'a à traiter avec les gens que pour leur faire faire sa volonté à son profit, je conçois qu'on s'occupe seulement de ce qui peut les persuader; mais je suppose que le voisin dont je vous parle n'eût pu engager son fils au travail qu'à force de gâteaux, et en lui donnant des indigestions, je pense bien qu'il n'eût pas voulu de ce moyen. Il aurait donc fallu, ce me semble, qu'il examinât également si la méthode qui lui a réussi pour l'exciter ne pourrait pas lui être mauvaise sous d'autres rapports. Je ne saurais trop dire pourquoi, mais elle me répugne; on m'assure pourtant qu'elle n'a pas eu, jusqu'à présent, de mauvais effets. Le petit Léon est, m'a-t-on dit, fort gentil, actif, décidé; il a l'air d'un petit homme, tant il paraît ferme dans ses volontés, sait prendre son parti et se tirer d'affaire en toutes choses. Son ton avec son père est, m'a-t-on-dit, un peu résolu, mais pas plus qu'il ne convient à celui-ci, qui d'ailleurs, le contrariant fort peu, ne lui donne guère occasion de manquer de respect. L'autre jour cependant il l'avertissait de prendre garde à l'effet de je ne sais quelle machine de son invention qui menaçait de casser les cloches du potager. « Si je les casse, » répondit le petit garçon sans se déranger, « j'en serai quitte pour quelques » thèmes de plus; » et le père le laissa continuer. Je crois pourtant qu'il faut qu'un enfant sache qu'il y a encore d'autres raisons pour ne pas faire de dégât que la nécessité de le payer, et qu'il ne faut pas lui laisser supposer que tout puisse se réparer avec de l'argent, sans compter qu'il vaut mieux l'employer à autre chose. Mais en même temps on m'a conté que, le mois dernier, cet enfant avait employé, pendant dix jours de suite, ses récréations à des travaux de surplus que son père lui paie comme les autres quand ils sont bien faits, afin de compléter la somme dont il avait besoin pour fournir à un orphelin du village, qu'il aime beaucoup, une petite pacotille de merceries, avec laquelle l'enfant pourra commencer à gagner sa vie en vendant dans les campagnes.

Edmond n'y était pas quand on m'a conté tout cela, je le lui ai dit ensuite : j'étais curieuse de savoir ce qu'il en penserait. Il a été révolté de l'idée de faire gagner à son fils, par le travail, sa petite part des biens de la famille ; il dit qu'il faut que Just se sente notre enfant en toutes choses et à tout moment ; qu'il se connaisse des droits dans la maison, et sache qu'il est là chez lui. Just y est tout-à-fait disposé ; il a son avis sur la manière dont on ratisse le jardin, et trouverait fort mauvais qu'on ne l'écoutât pas quand il remarque que le cheval de son père a chaud et qu'il ne faut pas le laisser refroidir, ou quand il vient tout affairé avertir qu'il est tombé une pierre du mur de clôture. Edmond aime à lui voir ces airs de propriétaire, et dit que c'est ainsi que les garçons s'attachent à la famille, et que quand on leur donne de bonne heure, chez leurs parens, une existence importante, ils sont moins pressés d'aller chercher des divertissemens ailleurs. Voilà pourquoi il trouve absurde à un père de traiter avec son fils comme avec un étranger, et de lui vendre ce qu'il peut lui donner, comme s'il n'avait dans la maison paternelle d'autres droits que ceux qu'il acquiert. Il n'entend pas raison là dessus. Quant à moi, ce qui me blesse surtout de cette éducation du petit Léon, où je crois bien qu'il peut y avoir de bonnes choses, c'est l'importance donnée à l'argent, et l'attachement à en gagner inspiré de si bonne heure à un enfant. Dites-nous, chère tante, ce qu'il vous en semble.

LETTRE XVIII.

Mme d'Attilly à Mme de Lassay.

Paris, août 1817.

Je vois d'ici, ma chère enfant, l'indignation d'Edmond; je reconnais son système favori sur l'esprit de famille et l'importance des garçons. Il n'y aurait pas sûreté, je crois, à le contrarier trop fort là-dessus; cependant comme je suis bien loin, je me hasarderai à vous dire que je serais tentée de croire l'éducation du petit Léon assez propre à produire un habile homme et même un honnête homme, et après cela, j'ajouterai que je ne vous conseillerais pourtant pas de la donner à votre fils.

Ne jetez pas les hauts cris, mon cher Edmond, ou du moins écoutez-moi avant de vous fâcher. Nous connaissons, n'est-ce pas, vous et moi, d'habiles et honnêtes gens à qui nous désirerions encore quelque chose : eh bien, c'est ce quelque chose qui manquera, ce me semble, à l'éducation du petit Léon et ne l'empêchera pourtant pas, s'il a d'ailleurs en lui l'étoffe nécessaire, de se faire, comme les gens dont je vous parle, une considération méritée. Il sera l'homme de notre temps, ce que je crois très bon à beaucoup d'égards, mais non pas l'homme de tous les temps, ce que je crois encore meilleur.

Nous sommes, mes amis, dans un siècle de morale pratique, mais purement pratique. A aucune époque, peut-être, en aucun pays, il n'y eut moins de principes fixes et plus d'honnêtes gens; personne ou presque personne ne croit à rien, ne songe même à se demander s'il n'y aurait pas quelque chose à croire certainement, si la vie n'aurait pas un but digne de l'intelligence qui la dirige, les vertus une base capable d'en assurer la constance et l'ensemble, la vérité un domaine où l'homme pût aller chercher les invariables principes de sa conduite. Cependant, à prendre les choses en masse, on voit régner les habitudes de l'ordre, les vertus ne nous manquent pas, et l'on reconnaît même, quand l'occasion le provoque, un goût naturel de la vérité, fruit lent mais sain de cette rectitude de sens qui fait aujourd'hui le caractère de notre France. Cette rectitude, elle la doit à l'habitude de l'activité, au travail, maintenant répandu dans toutes les classes, véritable patrimoine de tous. Devenu, par la division des propriétés et la répartition plus égale des fortunes, possible au pauvre et utile même au riche, le travail est surtout l'espérance et le moyen de cette foule innombrable d'existences qui viennent se classer et prendre rang dans la société, à mesure que la valeur personnelle de chaque individu marque la place qu'il y doit atteindre. Tout le monde, en France, est occupé ou cherche à l'être; et à peine retrouve-t-on, dans un cercle infiniment resserré et insignifiant, quelques restes de cette oisiveté systématique, principale affaire de ce qu'autrefois on appelait exclusivement la bonne compagnie, dont la tâche était d'occuper le temps, et de donner de l'intérêt à une existence sans objet. Avec l'oisiveté, il est vrai, a disparu ce loisir où de nobles esprits aimaient à se reposer de l'activité des choses de la terre, et dont quelquefois même les esprits légers et frivoles se plaisaient à remplir les vides par des idées généreuses et des sentimens désintéressés. Dans le monde d'autrefois on a vu l'humanité, la philosophie à la mode; et la philosophie et l'humanité n'ont pas laissé d'y gagner quelque chose. On a vu des questions nobles et sérieuses, bien que traitées superficiellement, prolonger, après souper, des réunions destinées à l'amusement. Il n'en est plus ainsi; les soins de la vie intellectuelle sont comme ajournés et laissés de côté pour un moment moins pressé; mais la vie matérielle du moins a été prise sérieusement et utilement; chacun a ses affaires et s'y applique.

Avoir des affaires, ma chère enfant, c'est apprendre à vivre avec les hommes, avec les choses, avec soi-même; c'est passer son temps dans un cours de vérités expérimentales, bornées, j'en conviens, à une certaine face des objets et par là capables de nous tromper quelquefois sur la place que tiennent et doivent véritablement tenir dans le monde des choses auxquelles nous avons donné, il est vrai, une attention forte et intelligente, mais que nous avons considérées sous un seul point de vue et uniquement par le côté qui nous regarde. La vie purement pratique rétrécit l'esprit; mais la pratique elle-même commence à s'étendre beaucoup, et l'expérience nous vient de tant de différens côtés que, pour peu qu'on regarde autour de soi, force est bien d'apprendre à comparer et à juger. Les points de contact se multiplient et se combinent tous les jours dans une progression croissante. Chaque homme a affaire à plus d'hommes, chaque profession à plus de professions diverses; chaque invention se met sur-le-champ en rapport avec un plus grand nombre d'inventions, et influe sur le sort d'un beaucoup plus grand nombre d'états et de métiers, et l'activité de chacun reçoit de l'activité générale un redoublement d'impulsion et d'étendue. Il faut aujourd'hui savoir pour agir, et l'on ne peut agir sans apprendre encore beaucoup. Quelle que soit la nature des vérités que répand et fait germer dans l'esprit des hommes ce mouvement laborieux qui se produit aujourd'hui parmi nous, le résultat n'en peut être que moral; car voir les choses telles qu'elles sont est un puissant motif pour les vouloir telles qu'elles doivent être.

Ainsi dans les relations qu'établit le travail entre les hommes, se forme et s'apprend la nécessité de la rectitude. Mme Geoffrin disait: « Il faut faire » commodément ce qu'on fait tous les jours. » Nul ne se soumet à rencontrer sans cesse dans ses relations journalières les détours de l'astuce ou les entraves de la méfiance; plus les rapports sont multipliés, plus, pour aller vite en affaires, la confiance devient indispensable. La confiance ne s'acquiert que par la probité, l'exactitude et les mœurs; et le travail, en absorbant ce surcroît d'activité que l'homme désoccupé a tant de peine à gouverner, ne laisse dominer dans l'homme laborieux que l'instinct de la règle et les habitudes de l'ordre. De là la puissance des sentimens de famille; l'homme occupé cherche son plaisir dans le repos, et l'on ne trouve le repos qu'au milieu des siens. En eux aussi se concentre l'intérêt de sa vie; le père le prolonge audelà de son existence terrestre, sur des enfans qu'un travail constant pour assurer leur subsistance ou leur avenir a rendus l'objet habituel de sa pensée; il songe à leur assurer dans la société une place qui le tranquillise sur leur vie entière, et reconnaît bientôt que le mouvement si rapide de la civilisation actuelle rend l'avenir incertain pour quiconque est réduit à le chercher dans une seule voie qu'il pourra trouver fermée ou encombrée ou sans issue, lorsqu'il se sera mis en état d'y entrer. Alors ce père inquiet commence à vouloir pour son fils, des moyens plus étendus que ceux qui l'ont soutenu lui-même. On ne voit point de petite fortune acquise par le travail, dont le possesseur n'emploie la meilleure partie à donner à ses enfans une éducation plus élevée que ne l'a été la sienne; il n'est pas d'homme si spécial dans sa profession qui ne consacre les fruits de son travail à mettre son fils en état de choisir entre plusieurs autres, ou d'agrandir du moins, par les secours de l'instruction, l'industrie à laquelle lui-même a dû sa fortune. Ambition louable, ne fût-elle que de l'ambition, mais qui est bien plutôt l'expression d'une nécessité sentie.

Le travail est ainsi devenu le point d'appui de ce mouvement d'amélioration progressive, maintenant très sensible bien qu'encore très insuffisant. Notre temps en reçoit une direction spéciale, et votre voisin, en accoutumant son fils à chercher, dans l'activité du travail, la source de son bien-être et le principal intérêt de sa vie, le dispose certainement à participer, autant qu'il sera en lui, à tout ce que peut offrir de bon et d'utile l'esprit général de l'époque. D'après ce que vous me dites du petit Léon, ma chère enfant, on reconnaît déjà en lui les effets de cette sorte d'éducation. La fermeté dans les décisions, la promptitude à prendre son parti, est le propre de celui à qui l'on a rendu le travail naturel et facile. Dans le naufrage, il peut dire comme Bias : *Je porte tout avec moi;* il sait où trouver ses ressources et y recourt sans incertitude. Il sera même généralement disposé à venir au secours des autres. On a remarqué que dans les temps de calamités, c'était de la bienfaisance des classes pauvres que sortaient les soulagemens les plus abondans : il n'est pas rare de voir des ouvriers, chargés d'une nombreuse famille, y ajouter encore l'adoption de quelque orphelin ; et l'usage des souscriptions tel qu'il s'est établi depuis quelque temps, ainsi que la manière dont elles sont remplies, prouve assez que, dans l'occasion, le travail a quelque chose à épargner pour venir au secours d'un grand malheur ou acquitter une noble dette. Des fortunes de propriétaires ne suffiraient pas à de si fréquens appels ; elles ne prêtent pas comme le revenu de l'industrie. L'homme accoutumé à chercher ses moyens en lui-même se fait des ressources indéfinies comme son invention et sa constance, et l'ouvrier n'eût-il que ses bras, rien ne met l'esprit à l'aise sur toutes choses comme de pouvoir se dire : « Je travaillerai une » heure de plus. »

Votre petit voisin s'en aperçoit et m'a l'air passablement indépendant; mais il est difficile que l'indépendance acquise par le travail aille jamais beaucoup trop loin, car elle est soumise à la nécessité de la règle, et pour pouvoir casser beaucoup de cloches dans le potager de son père, Léon aurait besoin d'employer beaucoup de temps à faire des thèmes destinés à réparer ses sottises, ce qui est toujours autant de pris sur le temps où l'on en fait. Aussi, suis-je persuadée que, malgré la fierté de sa réponse, un instant de réflexion lui aura fait penser qu'il était bon d'épargner les cloches et les thèmes, et de ne pas gaspiller en étourderies puériles un argent dont on sait très bien le prix quand il a fallu le gagner.

Vous me paraissez blessée, ma bonne Henriette, de cette connaissance acquise de si bonne heure et de cette importance mercenaire attachée au travail dès les années de l'enfance. Quant à moi, ce que je pourrais désapprouver dans cette sorte d'éducation, ce n'est pas ce qu'elle apprend à un enfant du prix de l'argent ; l'argent a son importance, elle est bonne à connaître, c'est une vérité comme une autre, et une vérité d'autant plus nécessaire à bien établir qu'elle peut être mal comprise. L'habitude de dédaigner l'argent indique assez généralement l'habitude d'en avoir, et l'on met d'ordinaire son amour-propre, non pas à s'en passer, mais à en posséder assez pour n'avoir pas besoin d'y songer. De là un embarras timide chez ceux à qui leur position ne permet pas de traiter d'une manière si dégagée avec les nécessités de la vie, et une sorte de vergogne attachée en certains cas aux droits du travail, comme si celui qui les perçoit en contractait quelque infériorité. C'est, selon moi, attacher beaucoup trop d'importance à l'argent et lui donner l'avantage qui ne lui appartient pas. Ma chère enfant, le travail ne déroge plus, et le salaire a aussi sa dignité. Notre petit Jules rencontrera, parmi les relations de sa jeunesse, des camarades et, je l'espère, des amis dont le mérite fera la seule richesse. Il verra alors comment un esprit élevé peut noblement et simplement échanger son travail journalier contre des moyens d'existence nécessaires. Il est utile qu'il l'apprenne d'avance et se forme de bonne heure à cette délicatesse un peu mâle qui, tout en connaissant la valeur de l'argent, ne lui fait pourtant pas l'honneur de le regarder comme si précieux que, dans tout échange, la prééminence soit à celui qui paie, et qu'il y ait si grande différence entre donner et recevoir.

L'éducation du petit Léon me paraît devoir, en ce genre, le disposer merveilleusement à cette simplicité d'idées que je regarde comme inhérente à la véritable noblesse de l'âme. Placé dès son entrée dans la vie au milieu des réalités à la portée de son âge, il ne s'accoutumera pas à les compliquer de combinaisons et de sentimens factices, et prendra probablement des habitudes naturelles comme ses vertus. Je ne sais pas quel est au fond cet enfant, ce qu'il sera un jour, je ne connais point son caractère particulier, et ne saurais pressentir les circonstances qui pourront concourir à le former. Je l'examine simplement comme un idéal et cherche à me représenter quel effet doit produire sur un enfant bien né l'éducation qu'on lui donne ; je la crois propre, je le répète, à favoriser le développement libre et original d'une foule de bonnes et utiles qualités. Mais l'éducation doit faire plus, elle doit donner aux qualités une base, et ici la base manque; on n'en a point cherché d'autre que l'intérêt, et l'intérêt ne saurait être la base d'aucun système complet d'éducation, car il ne répond qu'à une portion de la nature humaine.

Et d'abord, qu'est-ce que l'intérêt? Quelle est

sa nature, sa direction, sur quoi se fondent son pouvoir et ses moyens d'action? Mon marchand d'étoffes m'assure qu'il a intérêt à me vendre de bonne marchandise. Je comprends à merveille qu'il ne veut pas perdre ma pratique et ne peut la conserver que s'il me sert bien; cela me paraît d'une vérité évidente, et je prends en conséquence l'étoffe qu'il me conseille. Ma couturière, à qui je la porte, me dit qu'elle ne vaut rien et se coupera tout de suite. Le marchand me l'a pourtant donnée comme la meilleure de sa boutique. « C'est, dit-elle, qu'il avait intérêt à » s'en défaire. » Il est en effet certain que si l'étoffe est mauvaise, il a trouvé de l'avantage à me la vendre au prix d'une bonne; son intérêt aura été, dans les deux cas, le mobile de sa conduite; et, selon qu'il l'aura considéré dans le moment présent ou dans un avenir plus éloigné, il se sera déterminé à me tromper ou à me servir honnêtement; mais passons. On me parle d'un homme entièrement adonné à son intérêt, c'est-à-dire appliqué à tourner toute chose au profit de son bien-être, de son avancement, et surtout de sa fortune; l'instant d'après on vient me demander mon intérêt pour une famille malheureuse qu'on veut m'engager à aider de mes démarches et de mes secours : ainsi l'on peut également mettre son intérêt à rendre un service désintéressé et soigner avec âpreté ses intérêts pécuniaires, et j'exprimerai également une idée nette et claire quand je dirai que je prends un vif intérêt à la cause des Grecs, ou que j'ai pris un intérêt dans une affaire, que mes enfans sont mon premier intérêt, ou que mon intérêt doit passer avant celui de mes enfans.

Une telle variabilité dans le sens de l'expression tient nécessairement au caractère variable de la chose même qu'elle exprime. On serait, je crois, fort embarrassé, en effet, de déterminer quel est réellement l'intérêt des hommes, celui qui toujours et en tout temps deviendra nécessairement le motif de leurs actions. On ne pourra dire d'une manière absolue que l'intérêt qui nous dirige nous soit toujours personnel, car on a vu des actions déterminées par un pur intérêt d'humanité. On ne le bornera pas à une certaine nature d'objets, car, depuis le jeu des onchets jusqu'à la question de l'immortalité de l'âme, on peut prendre intérêt à tout; et quand un homme nous déclare que son intérêt est sa loi, encore avons-nous besoin de savoir où il le place : car il se peut qu'il voie son intérêt à se faire créer comte, marquis ou baron, tandis que, selon moi, il n'y gagnera qu'un ridicule. Tout le monde vous dira qu'il est de l'intérêt d'un propriétaire d'améliorer son bien, mais il peut être fait de sorte que les soins à prendre dans cette vue lui soient absolument intolérables, et alors on ne pourra soutenir cependant qu'il ait intérêt à faire ce qui le rend malheureux.

On ne saurait donc assigner à l'intérêt une nature propre et particulière, car il y a des intérêts de toute nature. On parle des intérêts de la conscience comme des intérêts de la fortune, et, à moins de nier que la conscience ne soit une partie de nous-mêmes, il faut bien mettre ses intérêts au nombre des nôtres. On ne saurait dire que l'intérêt nous conduise dans un sens déterminé, car tel homme, par intérêt, bravera le mépris, tel autre croira surtout avoir intérêt à obtenir l'estime; et mille actions diverses ou contraires auront été produites par des motifs d'intérêt. Aussi, lorsqu'on a voulu faire de l'intérêt le mobile universel de toutes nos actions, et par conséquent y trouver le point d'appui de la morale, s'est-on trouvé fort embarrassé du vague d'une pareille notion, et grande a été la difficulté d'en faire sortir le principe d'unité qui doit présider au code moral d'après lequel se règlent les relations des hommes entre eux, et sans lequel il leur serait impossible de se fier les uns aux autres. Ce qui fait que je me fie à mon voisin, que je crois honnête homme, c'est que je sais comment se doit conduire un honnête homme, et présume par conséquent qu'il se conduira ainsi. Mais comment se fier de la probité d'un homme à l'intérêt qui fait tant de fripons? Comment tirer du motif de l'intérêt qui trompe tant de gens un principe de conduite sûr et utile? Alors on s'est déterminé à dépouiller le dogme de son embarrassante généralité; on a reconnu que tous les intérêts n'étaient pas également propres à nous diriger, et l'homme déchu du droit qu'il se croyait acquis depuis si long-temps de prononcer sur ses intérêts personnels selon sa raison personnelle, son goût, ou même sa fantaisie, a été sommé de reconnaître exclusivement pour siens une certaine classe d'intérêts, seuls réels et dignes de l'occuper; le reste a été rejeté comme des intérêts faux et trompeurs. L'emploi assigné à la raison a été de séparer ces intérêts véritables de l'alliage des intérêts mensongers, et l'intérêt considéré de cette manière s'est appelé l'*intérêt bien entendu*; c'est de celui-là, et de celui-là seul, qu'on a fait la base de la morale, sans cependant nous indiquer aucun autre motif que notre intérêt même pour nous obliger à bien entendre nos intérêts.

Ainsi, la question n'a pas même été déplacée. Il reste toujours à savoir quel appui trouvera en nous la morale ainsi travestie en intérêt personnel, bien ou mal entendu, n'importe. Il est bien clair que nous ne cédons à notre intérêt que parce que nous y croyons voir notre intérêt, que nous l'entendons ainsi, et ne croyons pouvoir l'entendre autrement, et qu'ainsi ce qui nous paraîtra le plus souhaitable ou le plus utile sera toujours pour nous l'intérêt bien entendu; et notre morale, confiée à la garde de nos passions, n'aura pour règle qu'un calcul de probabilités dont il est impossible d'affirmer les bases; car, pour un homme passionné, le jour n'est pas de vingt-quatre heures, l'an de douze mois, deux et deux font autre chose que quatre. Un Arabe avait enlevé la femme d'un autre : conduit devant le calife, il déclara que, si on voulait la laisser en sa possession pendant quatre mois, il consentait, après ce terme, à avoir la tête coupée. Il avait balancé quatre mois et sa vie entière, et, soustraction faite de la perte, il se trouvait du reste. La distinction de l'intérêt bien entendu n'a donc été autre chose qu'une innocente satisfaction que se sont donnée à eux-mêmes les sectateurs de la doctrine de l'intérêt, une honnête protestation en faveur de la morale, dont, en la dépouillant de son pouvoir, ils attestent du moins les droits légitimes.

Ils ne se sont pas mieux tirés d'affaire au sujet de la nature humaine, qu'il leur est impossible d'expliquer en bornant les motifs de nos actions à l'intérêt, bien ou mal entendu, ou enfin comme ils l'entendent, car c'est encore le cas de demander qu'est-ce que l'intérêt lorsqu'il commande le dévouement, le sacrifice, la destruction de l'être dont l'intérêt est supposé le but et le mobile de nos actions; quel intérêt enfin peut avoir un homme à sacrifier sa vie à son pays, à son ami, à un devoir quelconque. Quelle partie de lui-même recueillera le fruit de ce sacrifice, ignoré peut-être de celui ou de ceux à qui il le fait, et dont le sentiment va périr avec lui? L'intérêt, dira-t-on, d'obéir à un sentiment tellement impérieux que le besoin de le satisfaire a pris possession de son existence, et qu'il lui est moins pénible, plus facile de mourir que d'y renoncer. Quelles que soient en moi la cause et l'origine d'un pareil sentiment, il existe, il suffit, c'est mon sentiment, il m'appartient, je lui appartiens, nous ne sommes qu'une seule et même chose. Je me sacrifie à mon sentiment, c'est-à-dire à moi. Qu'ainsi le devoir ait demandé ma vie, je la donne au devoir; mais pourquoi? parce que tel est mon choix, mon plaisir ou mon besoin. S'il en était autrement, le devoir parlerait en vain, je n'obéirais pas. Il a commandé à d'autres le même sacrifice, et ils ne l'ont pas fait; il le demandera encore à d'autres qui ne le feront pas. Ils reconnaîtront également sa loi comme obligatoire, et cependant ne lui obéiront pas, parce qu'ils n'en reçoivent pas l'impression que j'en reçois, n'ont pas en eux le sentiment impérieux qui me fait à moi une nécessité de m'y soumettre. Mon action aura donc en moi, pour cause déterminante, non la loi qui m'ordonne de mourir plutôt que de manquer à mon devoir, mais la manière dont je suis affecté de cette loi, le sentiment que j'en reçois. Que mon sentiment change, que d'autres impressions viennent combattre et affaiblir ma résolution, et le devoir tout aussi impérieux, tout aussi bien reconnu, n'aura plus sur moi le même pouvoir. Mon impression déterminera mon sacrifice; c'est moi-même que je sacrifie, mais je me sacrifie à ma manière d'être, de sentir actuelle; à ce qui est moi, puisque je suis ainsi et ne saurais être autrement; enfin à ce qui ne me laisse aucun autre intérêt capable de balancer celui auquel je me sacrifie, lequel devient par conséquent l'unique ou le premier intérêt de mon existence.

En supposant l'intérêt ainsi compris, et ce n'est pas là, il en faut convenir, la manière ordinaire de le comprendre, et qu'ainsi, on admette au nombre des intérêts de l'homme tout sentiment, quel qu'il soit, capable de le maîtriser, il faudra, je l'avoue, convenir que l'homme vertueux est conduit par le pressant intérêt qui le pousse à la vertu, et reconnaître le devoir comme un intérêt tellement dominant que l'homme y puisse sacrifier son bonheur et même sa vie. Alors, en effet, on pourra, sans crainte d'erreur, donner l'intérêt pour mobile de toutes nos actions, puisqu'on aura compris sous le nom d'intérêt tout ce qui nous fait agir, et la doctrine de l'intérêt personnel se résumera à ceci, que nous obéissons à ce qui décide notre volonté, et que notre intérêt est ce qui nous intéresse.

Ainsi, de deux choses l'une; ou le devoir, la vertu, le dévouement, tous les sentimens désintéressés rentrent dans le système des intérêts, et sont mis au nombre des motifs d'intérêt personnel auxquels se rapportent nécessairement toutes nos actions; ou bien leur empire est aboli, leur existence niée ou réduite à n'être plus qu'un mode de l'intérêt personnel, pris dans son acception la plus vulgaire; auquel cas il n'y a de morale que l'appréciation de l'utile, la vertu est un calcul de prudence, et le sacrifice un marché fait à profit. De ces deux manières d'expliquer le système de l'intérêt personnel, la première n'explique rien, laisse la question où elle l'a prise, et il reste à comprendre pourquoi nous avons intérêt à être vertueux, quelle puissance nous oblige à aimer le devoir, à nous plaire au dévouement, à préférer le sacrifice : l'être moral demeure entier, mais incompréhensible. La seconde explication, en retranchant l'être moral, nous met en contradiction avec notre expérience de tous les momens. Refuser à l'homme la sympathie, la libéralité, la générosité spontanée, c'est nier le mouvement à celui qui marche; prétendre sans le secours de la loi morale, non-seulement diriger, mais comprendre l'homme, c'est attribuer la soumission à qui n'a pas de maître.

L'inconvénient de cette doctrine est donc de nous laisser ignorer la meilleure, la plus riche partie de nous-mêmes, qui demeure ainsi privée de culture, et dont les fruits naturels périssent trop souvent étouffés par les mauvais germes qu'on n'a pas songé à en écarter. Beaucoup cependant parviennent à maturité; une foule d'actions désintéressées sont produites tous les jours par d'honnêtes gens, bien convaincus que l'intérêt est la seule loi de leur existence. La loi morale est en nous, et s'y fait place; des sentimens réels l'emportent à chaque instant sur les faux systèmes. Mais ces sentimens demeurent isolés, sans liens au moyen desquels ils s'appellent et se fortifient mutuellement; ils se développent selon le hasard des circonstances, destinés à périr sans avoir vécu s'il ne leur vient pas du dehors un appel capable de les mettre en action. L'homme qui, dépourvu de la connaissance d'une loi morale, obéit cependant à des instincts moraux, pourra posséder certaines vertus et manquer absolument des autres. C'est ce qui s'est vu dans les temps barbares, où la nature agit seule et libre dans le bien comme dans le mal, où l'homme ne connaît de lui-même, de ses vertus, de ses devoirs, que ce qu'a pu lui en apprendre l'expérience. C'est ainsi que de la classe ignorante sortira un grand caractère, mais sans unité, sans proportions, grand seulement dans cette partie de sa nature morale à laquelle auront fait appel les circonstances du dehors; sur tout le reste inférieur à l'homme ordinaire, quelquefois au dessous même de la brute, un brigand célèbre, un Cartouche.

Si l'on veut examiner le caractère des temps où nous vivons, on y reconnaîtra les effets moins saillans, mais aussi réels et plus généraux, de ces incapacités partielles dont se trouve frappé l'homme privé de la connaissance ou de la conviction d'une loi morale. L'expérience ne nous révélant nos devoirs qu'à mesure et selon que les circonstances auront réveillé et fortifié tel ou tel des instincts moraux destinés à nous en avertir, quelques-uns sont parfaitement reconnus, généralement accomplis, d'autres ignorés ou à peine entrevus. J'ai dit toutes les vertus que produit l'habitude du travail. Dirai-je toutes celles qui manquent à des hommes sans habitude de la liberté? Montrerai-je, sur tous les points où l'expérience ne nous a pas fait reconnaître des devoirs, nos meilleurs mouvemens privés d'autorité morale, et faibles contre le plus léger intérêt de fortune ou de vanité? Soutenus dans le cours de la vie ordinaire par les sentimens, les vertus qu'a réveillés en nous le degré de perfectionnement social auquel nous sommes appelés à participer, nous ne soupçonnons pas qu'il en existe au-delà, et traitons de chimères toutes les idées qui voudraient nous préparer à des circonstances possibles, mais encore à naître, à des vertus dont nous n'avons pas encore trouvé l'application. De là résulte que la circonstance arrive et nous prend au dépourvu, que des vertus deviennent nécessaires avant d'être établies et même comprises, et que les hommes manquent aux évènemens.

Ainsi, les devoirs publics et politiques dont nos divers gouvernemens nous ont si rarement laissé le temps ou les moyens de faire un apprentissage pratique, sont encore parmi nous presque entièrement ignorés. Nous les apprendrons comme le reste, quand les nécessités extérieures nous y obligeront; mais, faute d'avoir reconnu cette nécessité intérieure, dont l'avertissement précède l'action du dehors, et pour donner l'ordre n'attend pas l'attaque de l'ennemi, il y aura beaucoup d'occasions manquées, beaucoup de batailles perdues avant que nous ayons appris à tenir ferme. Ainsi encore l'habitude de la vie réelle a mis dans les esprits le goût et le penchant à la vérité; mais le devoir de rechercher, de suivre et de professer la vérité en tout, ne nous a pas été indiqué comme la première loi de la raison, la première condition de la vertu: faute de ce dogme positif, la vérité n'a pour nous le plus souvent que l'intérêt d'une belle découverte, faite pour prendre sa place dans les plaisirs de notre esprit, non dans les affaires de notre fortune ou de notre existence, et celle qui n'a point de rapport à notre situation actuelle est négligée ou regardée en passant comme objet de curiosité; si elle y est contraire, on détourne la tête et on l'étouffe avec un soupir. J'en dirai autant d'une foule d'instincts moraux, vivant dans les cœurs, mais pour ainsi dire sans existence régulière et reconnue. Fruits d'une nature assez développée par la civilisation, mais dépourvus de la sanction d'une loi morale qui les classe et les avoue, les place à leur rang de vertus, leur donne l'appui d'un devoir, ils n'obtiennent qu'une possession précaire et sous la protection du bon plaisir, hôtes bien accueillis, mais sans aucun droit dans la maison où ils n'ont rien à disputer au véritable maître. Aussi notre siècle nous montre-t-il généralement le goût du bien fort supérieur à la pratique du bien, et la pratique encore au-dessus de la théorie. On est meilleur qu'on ne voudrait et qu'on ne croit le devoir, on s'en veut de certaines faiblesses morales qui viennent quelquefois vous arrêter ou vous ralentir dans la poursuite des intérêts de la vie, seul but légitime des efforts d'un être raisonnable; on s'excuse d'avoir cédé à un scrupule d'honneur, de délicatesse, de fidélité, ou bien l'on veut être plaint de la nécessité où l'on s'est trouvé de sacrifier certaines répugnances honnêtes. Tout indique, dans les hommes de notre temps, la lutte de deux tendances impossibles à faire marcher d'accord, faute d'avoir reconnu la loi qui règle les rangs et assure la prééminence à qui de droit.

Sans loi morale, point d'unité possible dans la conduite, surtout si des penchans moraux viennent encore compliquer la situation, ajouter aux vicissitudes du dehors les agitations du dedans, et dépourvus, pour nous diriger, de l'autorité d'un devoir, prennent, pour nous troubler, l'empire d'un sentiment ou d'une habitude. Nul principe de conduite ne se présente alors pour nous guider et déterminer notre choix. La résolution même de tout sacrifier à notre bien-être deviendra une source d'anxiété; car où sera certainement le bien être pour l'homme que la morale poursuit de ses instincts sans le soumettre à sa loi, que la conscience tourmente sans l'éclairer? Préoccupé du soin de son bonheur, du devoir d'assurer son repos, il le demandera, tantôt à la vertu qui lui plairait, tantôt à l'intérêt qui le séduit : s'ils viennent à se combattre, incertain de ce qu'il préfère, il ne trouvera aucun motif de décision dans sa raison, qui ne lui recommande rien que d'être heureux; et si, après avoir choisi, il regrette son choix, si, après avoir sacrifié la vertu, il demeure malheureux de son sacrifice, quel que soit l'avantage qu'il aura payé au prix de son bonheur, tous les argumens de la prudence humaine n'auront pas le droit de lui persuader qu'il ait eu raison.

Aussi l'incomplet est-il le caractère le plus commun des mœurs de notre temps, et voyons-nous l'inconséquence portée jusque dans le mal. Passé un certain ordre de devoirs assez étroitement imposés par les nécessités sociales, nul ne sait bien positivement s'il est tout-à-fait raisonnable de céder, soit à son intérêt, soit à sa conscience. La vie se passe à transiger du plus au moins, à modifier ou couvrir de la main gauche ce qu'a fait la main droite. L'un tremblerait de se faire honneur de son courage, l'autre n'ose recueillir tous les avantages de sa lâcheté : celui-ci fait un mauvais trafic et se relève par une bonne action, l'autre rachète, par un acte de faiblesse, les imprudences d'une généreuse sincérité : tel se soulage en bons propos, tel fait marcher de front le mal et le bien comme devoirs de situation et devoirs d'honnête homme. Ainsi rien d'entier, rien d'uniforme, sans cesse les ridicules de l'inconséquence à côté des pauvretés de la faiblesse, et il semble qu'en nous retirant l'appui des convictions morales, la suprême sagesse ait voulu se rire un instant de notre insuffisance. Et cette insuffisance ne s'est pas manifestée seulement dans les êtres ordinaires; on a reconnu qu'une volonté forte, un esprit puissant, n'étaient pas capables de réprimer cet incurable dévergondage de la nature humaine, lorsqu'elle n'est pas contenue par la seule loi qui puisse l'embrasser et la dominer tout entière : le grand phénomène de notre siècle, l'homme de qui l'intérêt personnel avait fait son dieu, et qui faisait de l'intérêt personnel la règle de ses pensées comme le moyen de sa puissance, Buonaparte, devenu à lui-même sa propre loi, a épuisé la force de son génie calculateur à satisfaire des volontés sans autre intérêt réel pour lui que celui de sa volonté même ; et l'idole des adorateurs de la prudence humaine a péri victime des besoins de son imagination et des saillies de son caractère.

La loi morale est donc la seule base sur laquelle puisse reposer une éducation complète. Ce n'est pas en procédant par l'intérêt et les récompenses que l'on parviendra à l'établir; et pour revenir au système suivi à l'égard de votre petit voisin, il y a une idée étroite et fausse à faire du travail pour l'enfant ce qu'il ne peut être que pour l'homme, une action dirigée vers le profit; car l'homme et l'enfant ne se portent pas aux mêmes actions par les mêmes motifs. Un homme en a mille pour se livrer au travail, la nécessité, l'intérêt, l'ambition, l'amour-propre, la vocation, le goût, l'ennui même, et ce besoin de se décharger du poids du temps qui, pour le moins actif, donne du prix à une occupation de quelques heures. L'enfant n'en peut avoir qu'un seul qui le soutienne constamment, c'est le devoir, et je répondrais bien que le sentiment moral qui arrive naturellement sans qu'on l'en prie, a attaché pour le petit Léon quelques idées d'honneur et de devoir au travail que lui a prescrit la volonté de son père : je ne crois pas que les motifs d'intérêt les mieux sentis pussent à eux seuls soutenir sans relâche la constance d'un enfant, et tout père réduit auprès de son fils à l'emploi de ce seul mobile sera certainement obligé d'user souvent, pour le ranger à son intérêt, d'une autorité qui serait plus utilement employée à le soumettre à son devoir. Dans l'éducation, ainsi que dans la vie, c'est toujours au devoir qu'il faut, en définitive, avoir recours, comme à la seule et véritable garantie des liens même que l'intérêt a formés; et ceux qui refusent ou négligent de s'y adresser d'abord réussissent seulement à se priver des avantages de l'unité vainement cherchée ailleurs que dans le principe qui domine tous les autres.

Convaincue donc, comme je le suis, qu'il n'y a pas d'éducation, quelque système qu'on ait prétendu y adapter, dont la force ne se fonde réellement d'un côté sur la loi morale et l'autorité paternelle qui la représente, de l'autre, sur le sentiment du devoir, j'ai toujours regardé les récompenses comme contraires au véritable principe de l'éducation. Je ne sais si vous vous rappelez, ma chère Henriette, qu'ayant un jour récompensé d'un morceau de chocolat une page lue avec une grande distinction, vous vous trouvâtes assez embarrassée lorsque, le lendemain, Just vous en demanda autant après une leçon qui n'était ni assez remarquable pour mériter la même faveur, ni assez mauvaise pour motiver un refus. Je vous engageai à le satisfaire, pensant qu'il valait mieux que le morceau de chocolat devînt une habitude qu'une récompense. En effet, reçu comme habitude, il n'était qu'une preuve de votre bonté; comme récompense, il devenait le prix, le signe représentatif du mérite, et le mérite, vous en conviendrez, se trouvait assez mal représenté. Toute action doit avoir son but conforme à sa nature, autrement sa nature même se corrompt. Une bonne action faite par intérêt ou vanité n'est plus une bonne action, de même qu'un plaisir pris par ostentation cesse d'être un plaisir. Si la récompense devient le but d'un acte de devoir, ce n'est plus le devoir qui agit, c'est la récompense.

Cependant, il a aussi les siennes, placées quelquefois bien haut pour la faiblesse de l'homme, mais rabaissées par l'éducation à la portée de l'enfance. Le goût du bien est en nous une source de plaisirs comme le goût du beau. Ce plaisir dans les âmes élevées ou dans ces momens qui élèvent les âmes même les plus communes, peut aller jusqu'à l'émotion, à l'attendrissement; les enfans n'y sont point étrangers, et nous saurons le leur rendre sensible. Rien de plus animé, de plus tendre que la joie d'un enfant à la fin d'une journée signalée par un redoublement de zèle et d'exactitude à ses devoirs. Ayons soin de la partager, car nous y sommes nécessaires. Il faut à l'enfance des plaisirs vifs; trop faible pour les trouver en elle-même, elle les demande à tout ce qui l'environne. Elle se passera moins de nous encore dans ses joies que dans ses chagrins, car ses chagrins s'apaisent par l'impossibilité de les entretenir, ses joies se glacent si notre froideur refuse de les alimenter, et les joies de la vertu sont bonnes à soutenir. Son prix est pour nos enfans dans la satisfaction que nous en ressentons; non cette satisfaction simplement approbative qui leur exprime notre opinion sans entrer en partage de leurs sentimens: *Laissez approcher ces enfans*, et ils n'approcheront point de votre raison sévère tant qu'elle ne consentira pas à descendre vers eux. Sans doute au moment de l'instruction, lorsqu'il s'agit d'inculquer le devoir, la leçon doit être grave, c'est au maître à donner le ton. Apprendre à un enfant la science du bien, lui en inspirer la force, c'est l'élever vers l'homme; mais le bien une fois fait, il faut qu'il en jouisse en enfant. Sa joie est communicative, laissez-la se communiquer à vous; elle est tendre, qu'une vive expression de tendresse y réponde et l'augmente; il vous aime mieux quand il se sent bien avec vous, ce qui est pour lui la même chose que d'être bien avec sa conscience; qu'il sente mieux combien il est aimé et soit heureux à la fois de son amour pour vous et pour le bien.

Quand alors l'affectueuse satisfaction des parens se manifesterait par une complaisance inattendue, quand pour procurer un plaisir long-temps désiré, on choisirait le moment où, plus heureux par leur enfant, les parens aiment à augmenter ses jouissances, le bien n'en serait pas corrompu. Nulle idée de récompense ne s'y attacherait que celle de la récompense légitime. L'enfant pourrait en sentir plus de zèle à mériter une approbation et une tendresse que de tels bienfaits lui rendraient encore plus chères; mais un plaisir pareil à celui qu'il aurait reçu ne deviendrait pas le but direct de son travail, comme il n'en aurait pas été la récompense. Mes filles se rappellent toujours avec joie et orgueil une bien belle, bien belle promenade que je leur ai fait faire un jour qu'elles avaient très bien, très bien pris toutes leurs leçons. Il ne leur est pas arrivé depuis d'imaginer que les mêmes leçons également bien prises dussent leur procurer le même plaisir; cependant Sophie n'y pense jamais sans venir m'embrasser et se mettre aussitôt avec plus de zèle à l'obéissance et au travail. Je vois donc beaucoup d'avantages et nul inconvénient à ce que le plaisir, qui est le bonheur de l'enfance, se place pour elle à la suite du devoir satisfait : c'est le meilleur moyen de faire aimer la vertu à l'enfant, jusqu'à ce qu'il puisse l'aimer pour elle-même, indépendamment de ses résultats : accoutumé ainsi à trouver tout facile et agréable lorsqu'il a bien fait, l'importance qu'il met à bien faire s'accroît pour lui de tout le bonheur qui accompagne sa jeune vertu, sans qu'il l'ait ni calculé ni arrangé d'avance. Il aime à être sage, parce qu'il aime à être heureux; mais si l'idée du bonheur ne se sépare jamais de celle du devoir, celle du devoir marche toujours la première, et elles se fortifient ainsi mutuellement. Promettez au contraire à un enfant tel ou tel plaisir, telle ou telle récompense s'il s'acquitte bien de sa tâche, toute idée de devoir disparaît; un calcul intéressé en prend place, occupe seul son esprit; la tâche pourra bien être faite, mais il n'aura point appris à bien faire; ses efforts de volonté ne seront que momentanés, et le lendemain, si vous ne lui proposez pas un nouveau plaisir, vous courez risque de le voir travailler fort mal. Que l'enfant s'amuse parce qu'il a bien fait, rien de plus juste, mais qu'il ne fasse bien que pour s'amuser, rien de plus dangereux.

Il est bien vrai cependant que, lorsqu'on veut obtenir quelque chose de moi, on a soin d'être sage, non pas que la faveur qu'on sollicite soit la récompense de la sagesse, car la sagesse est de devoir constant, et ne peut ainsi être l'objet d'une récompense; d'ailleurs on sait bien que le plaisir qu'on me demande, dès qu'il est en mon pouvoir, n'a pas besoin d'être acheté; mais il ne faut pas avoir mérité de le perdre, et ce que je n'accorde pas comme récompense, je puis le refuser comme punition. A la vérité aussi, je n'y suis pas bien sévère : quel que soit le plaisir que j'aurai promis d'avance, il est bien entendu qu'un certain degré de mauvaise conduite me mettrait dans l'impossibilité d'exécuter ma promesse; mais j'ai soin alors de n'être pas trop facilement mécontente, de ménager les choses de manière à ce que nous arrivions au moment fatal à peu près en état de grâce. Seulement, s'il m'en a coûté de la peine, s'il m'a fallu soutenir la bonne volonté chancelante, écarter de mauvaises intentions prêtes à éclater, je mets alors une grande sévérité à faire valoir mon indulgence, je rappelle combien on a démérité, pour obliger à sentir tout ce qu'on me doit; puis ensuite je donne bonne et franche quittance. Dieu sait tout ce qu'elle me vaut, et comme on prend avec sagesse des plaisirs qu'on a craint de perdre, avec modestie une faveur à laquelle on ne se sent pas de droits. De tout le jour on n'éprouve pas une émotion de joie qui ne se tourne en reconnaissance : j'entendrai plus d'une fois répéter autour de moi : « Maman est bien bonne », et croirai avoir gagné quelque chose au profit du devoir. Tout ce qui est pour nous est pour lui.

Cependant, à mesure que l'âge s'avance, les joies de la conscience deviennent plus intérieures, et nous y participons d'une manière moins active. Quand Louise m'a fait quelque belle surprise, comme d'apprendre sa leçon avant l'heure prescrite, et qu'elle saute en frappant des mains tout autour de la chambre, si je ne lui parais pas assez joyeuse, elle me dit d'un ton de reproche : « Maman, vous n'êtes donc pas contente? » Pour Sophie, souvent déjà il lui suffit d'un sourire, mais il faut que ce sourire lui dise que je suis heureuse. Un jour viendra où elle n'aura besoin que de me voir satisfaite : le sentiment du devoir aura pris un caractère plus sérieux et plus solide ; il ne s'agira plus d'en faire un des plaisirs de son enfance ; il sera devenu l'affaire de sa vie, le but vers lequel elle marchera d'un pas égal et par sa propre force. Elle aura mon approbation pour appui ; mais les excitans lui seront retirés, ils ne valent rien dès qu'on peut s'en passer. Ces tendres émotions que l'enfant reçoit par élans, et oublie ensuite comme l'espace qu'en sautant il a laissé derrière lui, deviendraient dans la jeunesse un besoin dangereux. On doit craindre de les attacher à l'exercice de la vertu ; pour lui demeurer fidèle, il ne faut pas s'accoutumer à lui demander des joies trop vives et trop sensibles, et, comme toutes les affections profondes, l'amour du bien ne doit commencer par l'attrait et le plaisir que pour nous rendre ensuite capables de la peine et du sacrifice.

Il est même d'assez bonne heure, pour l'enfance, quelques occasions rares et difficiles où le devoir se présente nécessairement sous un aspect sévère. Je fus obligée, il y a quinze jours, de faire arracher à Sophie une dent très forte; elle a les nerfs irritables et craint la douleur, elle eut besoin de courage; elle en mit ce qu'il fallait et je pris soin de lui en faire honneur. Mais, en ce moment de crise, une expression de tendresse eût été mal reçue ou n'eût servi qu'à l'affaiblir; c'était de ma force qu'elle avait besoin pour soutenir la sienne, et même, l'opération finie, ce fut le sentiment de sa force que je m'attachai à entretenir. Il est impossible de donner à un enfant le goût de se faire arracher une dent, d'avaler une drogue amère, ou de renoncer à un plaisir vivement désiré; il faut surtout lui apprendre qu'il en a le courage. Convenons alors avec lui que ce courage sera grand; c'est le seul moyen de lui en faire venir l'envie. Ne traitons pas légèrement une peine qu'il serait tenté d'exagérer pour nous la prouver. « Ne disons point » comme Arrie : *Pœtus, cela ne fait point de mal;* » mais, *cela fait mal, et il le faut* (1). »

---

(1) *Essai sur l'éducation des femmes,* par Mme la comtesse de Rémusat.

C'est ainsi qu'en nous unissant aux sentimens de nos enfans, nous les associerons à notre raison. Tout doit tendre à resserrer l'alliance qui fait leur sûreté, et, je le pense entièrement comme vous, mon cher Edmond, il ne saurait y avoir trop entière communauté d'intérêts entre le fils et son père. La récompense les sépare; c'est le prix d'un marché où le devoir rempli, payé, chacun est quitte de son côté. Je regarderais donc l'éducation du petit Léon, ainsi que toutes celles qui se fonderaient de même sur l'intérêt et les récompenses, comme incomplètes, et, quelque bonnes qu'elles pussent être d'ailleurs, n'atteignant qu'une partie du but. Il est utile d'apprendre à ne devoir rien qu'à soi-même, mais il faut savoir d'abord tout ce qu'on peut tirer de soi, et celui qui n'a pas essayé de la force du devoir ne connaît pas la moitié des siennes.

M. d'Attilly, arrivé d'avant-hier, vient de lire ma lettre et veut vous écrire à son tour. Il dit que j'ai raison, et qu'il va soutenir une thèse toute contraire.

LETTRE XIX.

M. d'Attilly à M. de Lassay.

Paris, août 1817.

Votre tante ne veut pas d'éducation incomplète, et en cela elle est assurément dans le vrai; mais moi je suis surtout l'ennemi des vérités incomplètes, car je les crois merveilleusement propres à servir l'erreur, et ce serait, je pense, une erreur de rejeter de l'éducation toute idée d'intérêt et de récompense. L'éducation publique en deviendrait impossible, ou du moins incomplète à son tour; car elle perdrait son plus grand avantage, qui est de représenter à un certain point la vie. L'intérêt, dans la vie, n'est point le mobile de tout, mais il l'est de beaucoup de choses. Le travail n'est pas toujours récompensé, mais la récompense, c'est-à-dire le bien-être, la considération, les agrémens de l'existence, ne s'obtiennent pas généralement sans travail. Les relations des hommes entre eux produisent nécessairement certaines passions; il ne faut pas prétendre à les écarter absolument des relations des enfans, puisque ce serait leur représenter le commerce de ce monde sous un aspect imparfait et trompeur. Ce n'est pas, d'ailleurs, un sentiment à dédaigner que celui qui nous meut et nous excite par l'espoir d'une couronne de feuillage, des regards du public, et des acclamations de nos camarades; et le temps où l'ambition peut s'attacher à de semblables intérêts ne saurait être trop soigneusement mis à profit. Ainsi votre tante, dont j'admets sans restriction l'opinion et l'expérience, quant à ce qui regarde l'éducation domestique, me permettra d'avoir mon avis à part sur les éducations de collége, qu'oublie facilement de faire entrer dans ses systèmes une mère qui n'a que des filles à élever.

L'éducation domestique et l'éducation publique, comme elles s'appliquent à des âges différens, reposent aussi sur des principes différens. L'éducation domestique, que, vous le savez, je crois bonne à prolonger au moins jusqu'à douze ans, prend l'enfant à son entrée dans la vie, et le tient à l'abri des atteintes trop rudes du monde extérieur, sous la protection et la dépendance des personnes. Avec l'éducation publique, il commence à entrer sous la domination des choses. La première, toute morale, n'a pour but que le seul intérêt de l'enfant; la seconde, toute légale, le subordonne à l'intérêt de la société dont il fait partie; société formée dans l'intérêt de tous et où les intérêts particuliers de chacun ne tiennent que le second rang. Ainsi, l'on renverra l'écolier qui porte le désordre dans son collége, n'eût-il ailleurs aucun autre moyen d'éducation.

L'enfant élevé chez ses parens ne travaille, n'obéit, ne remplit sa tâche ou son devoir, quel qu'il soit, que pour lui-même, pour accomplir son devoir; il n'est donc pas raisonnable, il serait dangereux de le récompenser, car il pourrait prendre l'habitude de ne regarder le devoir comme obligatoire que lorsqu'il est assuré de la récompense. Il n'en est pas ainsi de l'élève d'une maison d'éducation publique, pension ou collége, il n'importe. Sans doute les considérations de devoir entreront pour beaucoup dans ses efforts, son application au travail, la sagesse de sa conduite; nul ne saurait s'en passer, et c'est à lui préparer ce puissant véhicule qu'est nécessaire, je crois, la prolongation de l'éducation domestique, la seule où le sentiment du devoir puisse recevoir toute son intensité, puisqu'elle est la seule qui en puisse faire son premier mobile. Je regarde même comme la meilleure éducation celle qui peut associer les deux, et pense qu'il est bon que l'écolier, après avoir été chercher au collége des motifs d'émulation et d'ardeur au travail, revienne journellement ranimer, dans les habitudes et les affections de la maison paternelle, cet amour du devoir que l'éducation publique remplace par d'autres motifs, tous utiles et légitimes, mais moins purs. Son travail ne souffrira point de cette association très naturelle de la vie domestique et de la vie publique : je pense même qu'un enfant disposé à bien faire portera d'autant plus d'ardeur dans sa classe du matin, qu'il sera sûr de retrouver le soir, chez lui, des parens intéressés à sa bonne conduite, ou prêts à lui reprocher ses torts. Mais, en demeurant ainsi sous l'influence des relations de famille, l'écolier n'en contracte pas moins d'autres relations, réglées d'après d'autres principes. Il se trouve en concurrence avec une soixantaine d'enfans comme lui, qui tous ne peuvent se conduire et travailler également bien, et par conséquent être traités de même. Ici se produit une nouvelle idée de justice; non plus la justice du père, qui, comme celle de Dieu, rétribue chacun selon son mérite personnel, mais la justice de la société, qui proportionne la part de chacun à son mérite comparatif. Cette justice relative préside à la plupart des rapports des hommes entre eux; tous en ont le sentiment : il naît et se produit avec la société; il est indispensable au maintien de l'ordre et doit donc être entretenu et satisfait.

Il faut que celui qui a bien fait sache que le mérite a droit à la supériorité, et celui qui a mal fait que le démérite exclut l'égalité. La récompense est donc nécessaire et morale dans ce cas, et pour celui qui l'obtient et pour celui à qui on la refuse. Elle n'ôte rien à la puissance du devoir, qui conserve ses motifs et ses récompenses à part. Ce n'est pas simplement l'exactitude au devoir, le zèle ou le talent, qu'on a prétendu récompenser; car si l'enfant eût été sans concurrens, tout cela eût pu exister de même, et il n'eût pas été question de récompense. Elle est le prix de sa supériorité, l'expression d'un droit acquis par lui, reconnu par les autres.

Considérée sous ce point de vue, la récompense, telle que la peut conférer l'éducation publique, est parfaitement en rapport avec le genre de mérite qu'on veut récompenser. Ce mérite est la supériorité; on le paie en distinction. Celui qui a mérité entre tous les autres réunit sur lui les regards, l'approbation, l'estime de tous les autres : rien de plus légitime, de plus moral qu'un pareil triomphe, car c'est un sentiment très moral que celui qui nous fait chercher dans l'estime le prix de nos efforts. C'est un noble lien social que le besoin mutuel de l'approbation : il met les hommes en communication par ce qu'il y a entre eux de plus élevé, le mérite d'une part, de l'autre, l'amour désintéressé du mérite ; et multiplie ainsi pour eux les points d'appui, les nécessités de la vertu. Le mérite, récompensé de l'approbation des autres, ne s'appartient plus à lui seul; tous ceux qui ont contracté alliance avec lui par l'approbation qu'ils lui ont accordée, ont sur lui droit de reproche s'il la rompt. Il entre à bon droit quelque chose de personnel dans la censure de celui qui vous estimait, et que vous avez contraint de vous mésestimer; vous lui enlevez un bien qui lui était cher et dont il vous avait payé le prix. C'est un tort d'homme à homme, et vous le sentez ainsi : l'humiliation que vous éprouvez de rougir à ses yeux est celle d'un débiteur insolvable devant son créancier mécontent; elle est votre plus grande peine. Mais quelle ardeur donneront à vos efforts les regards de celui dont vous avez obtenu l'approbation! quel appui aux bonnes résolutions! quelle récompense des sacrifices! Celui qui se sent estimé n'est jamais seul; ses vertus ne mourront point ignorées, il sait, même en ce monde, où en trouver le prix.

Ce besoin d'approbation se manifeste sous un grand nombre de formes, et prend différens noms. Sous celui d'amour-propre, il a le plus souvent été regardé comme un défaut. L'amour-propre en effet peut devenir et devient souvent un défaut et la source de beaucoup d'autres. Il en peut naître bien pis que des défauts; l'amour-propre irrité a fait commettre des crimes. Mais le principe corrupteur n'est pas dans le besoin même d'approbation et le goût de la louange: il est dans ce qui corrompt tout, dans le sentiment personnel qui nous fait préférer, à tort ou à raison, nos jouissances à celles des autres, dans l'égoïsme de l'esprit qui arrête et borne notre vue à nos intérêts, à nos goûts, à nos mérites, et fait, de ces objets regardés de si près, quelque chose de si considérable que le reste nous en demeure caché, s'oublie et cesse, en quelque sorte, d'exister pour nous. L'amour-propre nous fait prendre plaisir à ce qu'il y a de bien dans notre personne ou nos actions, cela est naturel; mais l'égoïsme nous persuade que les autres doivent ressentir ce plaisir de ce qui nous concerne, aussi vivement que nous-mêmes, et c'est ce qui ne peut, ce qui ne doit pas être. Ainsi, rien de plus légitime à une femme qui joue bien du piano que de désirer la part d'éloges que méritent son talent, la peine qu'elle s'est donnée, le plaisir qu'elle peut procurer aux autres. Sur quoi cependant doivent se mesurer ces éloges et le degré de distinction qu'on lui accordera? Sur l'opinion des autres et le degré de goût ou d'estime que leur inspire le genre de mérite offert à leur approbation. Mais point: ce qu'il lui faut, c'est une admiration proportionnée au plaisir qu'elle se fait à elle-même; et lorsqu'il lui en aura coûté une journée pour rompre ses doigts à un passage difficile, elle prétendra qu'à la fin de la journée ceux qui l'entendront reçoivent de ce passage bien exécuté autant de joie qu'il peut lui en donner. Elle les occupera de son talent comme elle s'en occupe, attirera continuellement sur elle-même une attention qu'on aimerait mieux tourner vers autre chose, mais qui lui paraîtra ne pouvoir être plus dignement employée qu'à contempler et apprécier les mérites d'une personne qui joue bien du piano.

Voilà l'absurdité de l'amour-propre. Aussi son tort le plus commun est-il d'être ridicule, parce qu'il vient d'une erreur et se fonde sur une appréciation des choses tout-à-fait disproportionnée à leur importance réelle. Satisfait de sa situation, et persuadé qu'on lui accorde tout ce qu'il prétend mériter, il devient vanité: mécontent, il se tourne en susceptibilité, en exigence, en jalousie. Pour guérir toutes ces misères, il suffirait de faire comprendre à chacun qu'en raison et en justice il ne peut espérer l'attention des autres qu'autant que cette attention leur sera agréable, leur respect ou leur déférence qu'en raison des avantages qu'il leur procurera en échange. L'homme riche saurait alors que sa fortune n'est pas un fait si intéressant pour ceux qui le rencontrent dans un salon, qu'ils ne trouvent pas un tel plaisir à le savoir riche, et ne lui en ont pas une si grande obligation, qu'ils lui reconnaissent sur eux un droit d'insolence et de fatuité. La femme qui pense imposer par des airs de cour et le mérite singulier de savoir les anecdotes du château, ou d'avoir été au jeu du dimanche, pourrait s'apercevoir que cela ne fait rien, mais rien du tout aux quatre cinquièmes des gens qui l'écoutent. L'homme d'esprit, de talent, de génie, a droit à nos égards particuliers; notre respect est acquis à l'homme de bien; nous nous reconnaissons leurs obligés, redevables à leur supériorité du plus noble plaisir de notre nature, celui de contempler, de connaître, de sentir le beau et le bon. Mais il faut bien qu'ils sachent que ce plaisir a en nous sa mesure, et ne se peut payer qu'à notre prix. Le grand compositeur, personnage très considérable parmi les habitués de l'Opéra Italien, ne sera plus que risible s'il veut conserver le même degré d'importance au milieu d'hommes occupés de débats politiques, ou animés à la controverse d'un point de théologie; il le sera même aux yeux de ses admirateurs, lorsqu'il prétendra traiter comme l'affaire de leur vie ce qui n'est l'affaire que de la sienne. S'il arrivait même à celui qui s'est distingué par des actions louables, d'exiger des autres, pour prix de son mérite, un tribut d'éloges, un degré d'attention supérieur au plaisir qu'ils trouvent à l'estimer, la vertu ne le sauverait pas des ridicules de l'amour-propre; ils atteignent jusqu'à la gloire.

Pour en préserver les enfans, l'important n'est pas de rabaisser leurs succès à leurs propres yeux, mais de leur apprendre ce qu'ils peuvent valoir aux yeux des autres. C'est là la grande difficulté de l'éducation particulière, et ce qui peut y rendre les récompenses si dangereuses, car, si l'on veut éviter d'avoir recours à l'intérêt, il faut nécessairement s'adresser à l'amour-propre, et, dans ce cas, on court grand risque d'en fausser la mesure. Il manque à l'enfant élevé chez ses parens des égaux au milieu desquels il puisse recevoir en éloges tout juste la valeur de son mérite; il ne peut guère avoir affaire qu'à des supérieurs et attend d'eux seuls la récompense qu'il ambitionne. C'est un bon sentiment que le désir d'être estimé et loué de ses supérieurs; il tend constamment à nous élever, nous préserve de l'orgueil puisqu'il vient de la conscience que nous avons de la supériorité d'autrui; mais quoique l'amour-propre sache toujours se faire bonne part, les éloges reçus dans l'intérieur de la famille n'auront jamais l'effet d'une distinction de collége, l'amour-propre n'y trouvera jamais une de ces récompenses qui peuvent devenir le but du travail de l'année. Il faudra donc étendre ses triomphes au dehors, ce qui ne se peut qu'aux dépens de la réalité, en formant à l'enfant, parmi les parens, les amis, les connaissances de la maison, un public factice dont les éloges obligeans lui persuadent qu'un profil bien esquissé par un enfant de huit ans mérite d'attirer l'attention, et que c'est déjà quelque chose dans le monde qu'un petit garçon capable d'un thème sans faute. Ainsi fera-t-on naître en lui toutes les illusions qui forment la sottise, ou le besoin malheureux des succès sans mérite, et de là le goût de la société des inférieurs, où les applaudissemens s'obtiennent à volonté et l'importance à peu de frais.

Dans l'éducation domestique, l'amour-propre de l'enfant n'a point de théâtre, et celui qu'on pourrait lui faire ne lui convient pas. L'écolier en a un vaste, brillant, et cependant fait à sa taille. Le monde où il vit est un monde réel, mais un monde d'enfans, animé d'intérêts où il a sa grande et véritable part; là, le thème est une affaire et le barbarisme un évènement; l'ambition y poursuit des distinctions dignes d'elle, et rien n'est trompeur dans les gloires de l'école, car elles n'en sortent pas, ou du moins ne s'élèvent jamais plus haut que l'importance d'une gloire d'école. Le plus fort d'un collége sait très bien que toute cette considération dont il brille dans les murs du collége, n'est rien au-delà, et vous ne le verrez jamais se targuer dans le monde de ses succès de classe. Lors même qu'une récompense plus éclatante attirera sur lui les regards du public, la nature de cette récompense toute spéciale ne lui permettra pas d'y voir autre chose que ce qu'elle est, un encouragement accordé à ses efforts, un honneur que le public veut bien lui faire par intérêt pour sa jeunesse et les espérances qu'elle permet de concevoir. Il n'y verra point une importance acquise, mais un motif pour travailler à l'obtenir; et un prix universitaire, le plus beau triomphe qui puisse exciter les désirs et les émotions d'un jeune cœur, n'aura jamais pour l'amour-propre les inconvéniens d'une composition montrée à cinq ou six amis ou connaissances.

Ce n'est pas assurément que je prétende écarter de l'éducation domestique tout emploi de l'amour-propre. Comment s'en passer? comment le bannir? Les enfans ont encore plus besoin que les hommes qu'on leur apprenne le véritable prix de leurs qualités, de leurs actions. Dépourvus d'opinions, souvent même d'idées sur le mérite et la valeur de ce qu'ils font ou de ce qu'ils voient, ils ne sauraient trouver en eux-mêmes ces points d'appui qui, dans un âge plus avancé, nous dispensent d'en chercher ailleurs. Peines, plaisirs, jugemens, tout leur vient du dehors; c'est au dehors qu'ils demandent ce qu'ils doivent penser et faire; ils sont curieux de savoir ce qui peut leur valoir des éloges, attirer sur eux l'attention: de là cet esprit d'imitation que nous remarquons en eux; en faisant comme une grande personne, ils croient bien faire, et leur amour-propre est flatté. Sont-ils plusieurs; si l'un d'eux fait une chose qui semble nous plaire, vous verrez tous les autres essayer aussitôt d'en faire autant: ils sont charmés d'avoir acquis la certitude qu'à cette manière, à cette action, est attachée une louange; et la naïveté de leur âge ne leur permet de cacher ni le plaisir qu'ils y prennent, ni le désir qu'ils ont d'y revenir sans cesse. Au lieu de chercher à diminuer en eux ce besoin d'éloges, cette dépendance de notre opinion, si bien d'accord avec leur situation et leur ignorance, profitons-en pour les animer à tout ce qui est bien et leur en inspirer l'amour; autrement il pourrait se tourner vers ce qui est mal. Si vous négligez de faire à votre fils un mérite de sa sincérité, il n'est pas impossible qu'il s'en fasse un de son habileté à bien mentir: de petits garçons mal surveillés et mal dirigés mettront leur amour-propre à voler adroitement ou audacieusement les fruits du voisin, parce qu'on ne les aura pas accoutumés à se faire un honneur de la probité.

Ne refusez donc pas à vos enfans les éloges bien et légitimement acquis. Ils doivent savoir et sentir que c'est un mérite, et un grand mérite dans un enfant, que de bien faire ses tâches, d'obéir avec exactitude à la volonté de ses parens, en leur absence comme en leur présence : ayez soin seulement qu'ils soient fiers non d'avoir rempli leur devoir en telle ou telle occasion, mais de ce qu'on les croit incapables d'y manquer : ainsi le sentiment de leur mérite sera pour eux un engagement à le soutenir. Dès que vous aurez reconnu en eux quelque disposition heureuse, accoutumez-les à la regarder comme une portion d'eux-mêmes, aussi nécessaire que des yeux, une langue ou des jambes, dont ils doivent faire usage comme des membres de leur corps, mais sans songer à remarquer chaque fois l'usage qu'ils en font. Votre fille a-t-elle un bon cœur, s'occupe-t-elle volontiers du plaisir des autres, est-elle disposée à s'oublier pour eux ; remarquez-le avec satisfaction, ou même avec éloge, comme un mérite naturel et parfaitement reconnu ; établissez qu'elle est bonne, et ne supposez pas qu'elle puisse être autrement, elle ne songera pas à en être fière, mais elle aimera à le sentir; elle se plaira toujours davantage à exercer une vertu qu'on aime, et la tentation de manquer de bonté ne se présentera à elle que comme une chose impossible. Votre fils a-t-il reçu en partage une intelligence distinguée; faites-vous-en un droit pour lui reprocher dans l'occasion sa lenteur et sa paresse : que sa tâche soit toujours proportionnée à ses facultés : « Un enfant qui a de l'in- » telligence doit faire cela; » et s'il ne le faisait pas : « Il est honteux pour un enfant qui a » de l'intelligence de n'avoir pas fait ce qu'il » pouvait faire. » Ainsi la conscience du mérite formera en eux le sentiment du devoir; car le bien nous est tellement imposé par notre nature, que personne ne saurait se sentir capable de quelque chose de bien, sans reconnaître aussitôt qu'il le doit, et le sentiment du devoir est le vrai contre-poison de l'orgueil.

Il ne naîtrait jamais en nous, si nous n'avions à nous comparer qu'à nous-mêmes, puisque nous ne pouvons nous trouver au-dessus de nos devoirs; mais, demeurassions-nous au-dessous, nous trouverions encore des gens au-dessous de nous. Le devoir que nous remplissions sans y attacher aucun orgueil, sera négligé par un autre, et nous nous sentirons fiers de valoir mieux que lui. C'est là l'espèce d'amour-propre que l'éducation doit s'attacher à réprimer; il n'en peut sortir que du mal : le désir de rabaisser les autres, ce qui nous donne toujours moins de peine que de nous élever au-dessus d'eux ; un détestable plaisir à découvrir des défauts en autrui. L'injustice, la jalousie, enfin ce qu'il y a de plus mauvais dans l'amour-propre, vient uniquement de cette disposition à fixer notre attention non sur ce que nous avons de bon en nous, mais sur ce que nous avons de meilleur que les autres. Il ne sera pas difficile d'y trouver un remède. Opposez comparaison à comparaison ; que l'enfant qui se vante de courir mieux que celui-ci soit aussitôt averti qu'il saute moins bien que celui-là. Ne laissez jamais son orgueil se gonfler d'une supériorité quelconque, sans le rappeler au souvenir de quelque infériorité, soit à l'égard de celui qu'il déprime ou de quelque autre : il se dégoûtera facilement d'une méthode où il trouvera nécessairement plus à perdre qu'à gagner, et comprendra qu'il y a moins de mérite et de plaisir à valoir mieux que ce qui ne vaut rien, que de honte à demeurer au-dessous de ce qui est bien ; et au lieu de ce misérable orgueil qui se contente de regarder en arrière, vous exciterez en lui l'émulation de marcher en avant.

Beaucoup de gens se sont élevés contre l'usage de l'émulation, ils y ont vu précisément le danger d'accoutumer les enfans à s'énorgueillir d'une comparaison désavantageuse à leurs camarades, et à chercher leur plaisir et leur savoir dans l'abaissement des autres. Ce danger sera réel et grand toutes les fois que vous proposerez à l'enfant, pour objet d'émulation, non une vertu, une qualité, un talent, mais une personne. Dites un jour à Just, arrivé à neuf ou dix ans : « J'ai » vu ton cousin Camille, il commence le grec, » et a déjà fait une petite version. » Que Just veuille aussitôt apprendre le grec, qu'il aspire à la version, et même jouisse vivement, quand il y sera parvenu, de l'avoir faite un peu mieux que son cousin Camille, il n'y a pas là le germe d'un mauvais sentiment. Il a eu la joie de faire mieux encore que ce qu'on lui avait dit être bien : la comparaison l'élève et elle ne rabaisse rien. La version de Camille n'en est pas moins bonne, Camille n'y perd rien ; il n'entrera pas dans la tête de Just de chercher à le rabaisser ; au contraire, car plus Camille aura bien fait, plus sera grand le mérite de Just qui a mieux fait encore, et, tout à la bienveillance, il ne songera qu'à consoler son cousin du petit chagrin de s'être laissé surpasser. Si, au lieu de cela, ils sont continuellement l'un à l'autre objet de comparaison, si l'un ne peut rien faire qu'on ne le donne à l'autre pour exemple, et que l'éloge accordé à celui-ci renferme nécessairement un reproche pour celui-là, il est certain qu'entre deux rivaux sans cesse en lutte, et humiliés tour à tour, chaque victoire deviendra une vengeance, la faute et le malheur d'un adversaire un sujet de triomphe, et, perverti par la rivalité, le plaisir d'atteindre le but perdra tout ce qu'il a d'honorable. Il faut donc généralement éviter l'emploi de l'émulation dans l'éducation particulière, où la concurrence se concentre d'ordinaire entre deux enfans, toujours les mêmes, toujours en présence, en sorte que leur attention se fixe beaucoup plus sur l'antagoniste que sur l'objet même du combat.

L'éducation publique est à l'abri d'un pareil inconvénient. On voit rarement, dans les colléges ou dans les pensions, s'établir entre deux enfans une rivalité particulière et soutenue. Par l'organisation même des écoles publiques, ce danger est prévu et prévenu. Le but qu'on y propose à l'ambition des élèves n'est point de vaincre tel ou tel de leurs camarades en luttant avec lui corps à corps, mais d'atteindre à des récompenses, à des honneurs offerts également à tous, vers lesquels ils tendent tous par une même route, et qui excitent assez vivement leurs désirs pour absorber leur attention, et l'empêcher de se fixer sur les obstacles que la supériorité des plus forts oppose aux succès des moins avancés. Il y a peu d'écoliers qui, au moment d'un concours, ne se flattent d'obtenir quelque distinction, même quand elles sont rares et peu nombreuses; c'est qu'ils pensent beaucoup plus au prix qu'ils désirent et aux efforts qu'ils se promettent de faire pour le mériter, qu'à ce qu'ils doivent craindre de concurrens plus habiles. La rivalité se perd dans le nombre de ces concurrens; elle n'a pas le temps de se former, de se consolider, et cependant l'émulation gagne à ce nombre qui laisse plus de latitude à l'espérance, et augmente, avec la difficulté, la gloire du succès. Il y a toujours dans les triomphes, même des meilleurs élèves, une fluctuation, des alternatives qui ne permettent guère à l'un d'entre eux de devenir spécialement le rival mécontent ou orgueilleux d'un autre; c'est tantôt Alphonse, tantôt Édouard, tantôt Henri, tantôt Auguste, qui gagne la première place ou le premier prix; ils brûlent tous de dépasser des concurrens, aucun ne songe à terrasser un adversaire, et l'émulation se trouve réduite à ce qu'elle doit être, à ce qu'elle est réellement, au désir légitime de la louange excité par l'espoir d'un succès peu commun, puisque beaucoup l'auront tenté, et qu'un seul aura pu réussir. Le vainqueur en aura gagné de même, et sa fierté ne pourra devenir de l'insolence, car la crainte que lui auront inspirée ses émules lui sera une preuve de leur mérite, et l'insolence se fonde sur le mépris des autres. Les vaincus ne seront point humiliés. Il est humiliant de se trouver le dernier, mais non de n'être pas le premier; et pour cette raison encore, ainsi que pour beaucoup d'autres, on peut affirmer que l'émulation d'*un à plusieurs* est la seule dont on n'ait rien à craindre, tandis que l'émulation d'*un* à *un* est toujours accompagnée de beaucoup de dangers et de mauvais résultats.

LETTRE XX.

Mme d'Attilly à M. d'Attilly.

Paris, octobre 1817.

LOUISE est revenue hier très scandalisée d'une visite que nous avons faite, et où elle a trouvé un petit garçon qui est certainement *bien méchant*, m'a-t-elle dit, car si on parlait de gâteaux ou de confitures, il disait : « Moi je suis gourmand, » je mange tout ce que je trouve. » Si on citait un enfant bien docile et bien appliqué : « Moi je » suis paresseux, disait-il, je n'aime qu'à ne » rien faire. » Louise pourrait bien aussi se laisser tenter par le gâteau qu'elle doit garder pour demain, ou par le fruit qu'elle trouve à terre sous un arbre, et braverait volontiers l'indigestion pour un goûter qui lui plaît. Elle serait bien capable aussi de préférer le *far niente* à toute la science et à toute la gloire du monde, dût-elle passer son loisir à s'ennuyer. Mais être gourmande ou paresseuse! c'est à quoi elle ne peut consentir ; et les raisonnemens qu'elle me fait sans cesse pour me prouver qu'elle ne mérite pas qu'on l'appelle ainsi, sont, comme on l'a dit de l'hypocrisie, que la pauvre Louise ne connaît guère, autant d'hommages que son vice rend à la vertu. Cependant, en attachant déjà du prix à la vertu pour l'honneur qu'elle rapporte, pour l'estime qu'on lui accorde, Louise ne l'aime pas encore assez pour lui sacrifier le plaisir, la fantaisie du moment. Ses sensations sont encore trop vives et ses sentimens trop faibles. L'honneur attaché à n'être pas gourmande est bien peu de chose en comparaison du plaisir que, dans le moment, elle peut trouver à l'être, et la honte de la paresse n'équivaut pas à la peine de la vaincre. Ses idées générales ne sont pas encore de force à lutter contre les occasions particulières, qui viennent attaquer leur puissance : aussi faut-il craindre de les y exposer, de peur que, trop souvent vaincues, elles ne s'accoutument à se soumettre, et ne se résignent à être méprisées.

Le petit garçon qui a si fort scandalisé Louise s'est probablement entendu dire deux cents fois qu'il était gourmand et paresseux ; probablement c'est là le seul frein qu'on ait opposé à ses fantaisies ; il n'y a pas d'enfans qui essuient plus de reproches que les enfans gâtés, précisément parce que c'est la chose qui les contrarie et les contient le moins, et que, de toutes les manières de se débarrasser des devoirs d'éducation, c'est celle qui, en satisfaisant l'humeur, coûte le moins à la faiblesse. Mais le propre de la faiblesse, c'est d'épuiser tous les moyens sans se servir d'aucun, parce que d'aucun elle ne sait tirer le parti qui pourrait le rendre utile. Un reproche qui pourrait faire rougir l'enfant accoutumé à résister à ses fantaisies, devient nul pour l'enfant trop petit ou trop mal élevé pour n'être pas disposé à y céder. On dit à celui-ci, au moment où il est tenté d'un gâteau, que s'il le mange il sera un gourmand. « A cela ne tienne, pense-t-il, je » serai un gourmand; » et cette idée ne lui ôte certainement pas la moindre partie de son plaisir. C'est ce plaisir qu'il se rappelle quand on lui reproche d'avoir été gourmand ; et quand il parle de sa gourmandise, ce qu'il exprime, c'est l'idée des plaisirs qu'elle lui procure; je doute que de long-temps une autre idée se joigne pour lui à ce mot, et que la honte qui l'accompagne soit jamais bien puissante sur son esprit.

Louise, au contraire, ne s'est peut-être jamais entendu reprocher généralement sa gourmandise et sa paresse, quoiqu'elle en ait été reprise en mainte occasion; mais chaque occasion est un fait à part qui ne se renouvellera plus. Louise, ainsi que tous les autres enfans, est persuadée que tout est fini pour elle avec la faute réparée ou pardonnée; il ne lui entre pas dans la tête qu'on en puisse faire de nouveau un sujet de reproche ni le fondement d'une opinion sur l'ensemble de sa conduite ou de son caractère : toujours tout entier au moment présent, un enfant ne le rattache ni au passé ni à l'avenir. Si j'accuse Louise d'avoir déjà perdu trois ou quatre paires de gants, elle me répondra : « Maman, je n'en ai » perdu qu'une aujourd'hui; » et si je lui parle d'une faute dont elle s'est plusieurs fois rendue coupable, elle me dira : « Mais je ne le fais pas à » présent. » Jamais à l'idée d'une faute les enfans n'attachent celle d'un défaut ou d'une habitude; et le mot « je ne le ferai plus » leur est beaucoup plus naturel que la pensée qu'ils recommenceront demain ce qu'ils ont fait aujourd'hui. Ainsi, à moins qu'on ne les y force, ils ne s'appliqueront jamais à eux-mêmes une idée générale de vice ou de vertu. Un enfant ne pense point être bon, et ne s'imagine pas non plus qu'il soit méchant; aucune vue générale sur son caractère n'est jamais entrée dans sa tête; cependant, cette sorte de vue ne lui est point étrangère, c'est même la seule manière dont il lui soit facile de concevoir le caractère des autres. S'il entend parler d'un personnage, soit historique, soit fabuleux, sa première question sera : « Était-il bon ? » ou bien : « était-il méchant ? » Lorsque vous lui aurez raconté le meurtre de Clitus, il en conclura, sans vouloir entendre à aucun argument contraire, qu'Alexandre était bien méchant, et après s'être attendri sur l'histoire d'Agar dans le désert, il se refusera absolument à convenir qu'Agar pût avoir quelques torts d'irrévérence envers sa maîtresse, et tiendra pour assuré qu'Agar était bien bonne et Sara bien méchante.

Cette manière si différente de juger lui-même et les autres tient également, dans les deux cas, à la faiblesse de son esprit qui se refuse à la combinaison des idées. Un caractère mêlé de bon et de mauvais lui offrirait un ensemble composé de plusieurs parties, dont il lui serait impossible de comprendre le rapport et le lien. Il ne voit jamais les choses à la fois que sous un seul aspect ; mais quant à lui-même, cet aspect varie sans cesse. Il s'est vu hier désobéissant, se voit aujourd'hui docile, et maintenant sous l'empire d'une bonne disposition, il vous parlera de la disposition contraire et des fautes qu'elle lui a fait commettre comme de chose extravagante, ridicule, dont il sera porté à se moquer plus qu'à s'en humilier, tant elle lui est étrangère. Mais le personnage dont on lui a raconté une action capable de le frapper, sur le compte duquel il a reçu une impression un peu vive, demeure empreint à ses yeux de la couleur sous laquelle il s'est présenté d'abord. Alexandre sera toujours et en toute occasion le meurtrier de Clitus, Agar la mère tendre et désolée, et toutes les actions de leur vie devront certainement être conséquentes à ce type une fois formé. De même, si je fais lire à Louise l'histoire d'un petit garçon qui a volé une pomme, c'est pour elle le petit garçon gourmand, qui ne peut certainement voir de pommes, comme l'ogre ne peut voir de petits enfans, sans les manger, devant qui rien n'est sûr, et qui mérite à tous les instans, et dans toute son étendue, la honte attachée à ce caractère de gourmand dont elle se fait une si révoltante idée.

C'est cette idée que je ne veux pas détruire, en lui apprenant qu'un gourmand n'est autre chose que ce qu'elle est encore elle-même. Elle pourrait bien cesser de le trouver aussi coupable et aussi odieux; et si, dans les momens où elle ne sentirait pas les atteintes de la gourmandise, elle se récriait contre la ressemblance, elle s'y résignerait dans les momens de la tentation, et apprendrait qu'elle a un grand défaut à vaincre à l'instant où il lui serait le plus impossible de le détester. J'aime mieux lui laisser un peu d'orgueil qui augmente sa honte toutes les fois qu'elle succombera, quitte à la louer ensuite d'un acte de sobriété comme si elle n'y était pas accoutumée.

Quant à Sophie, dont l'amour-propre est plus éveillé que celui de sa sœur, j'ai trouvé un autre inconvénient à lui reprocher ses défauts par leur nom, c'est qu'il pourrait lui arriver d'en tirer vanité. On aime assez à dire : « Je suis comme » cela. » C'est en quelque sorte se donner un état dans le monde en apprenant aux autres qu'on est quelque chose. Sophie commence à s'en apercevoir et aime à le faire remarquer ; tout ce qui lui est propre, bien ou mal, acquiert pour elle une certaine importance. Sa bonne lui avait dit plusieurs fois qu'elle était impatiente, elle se plaisait à le répéter, et j'ai eu quelque peine à la faire renoncer à ce genre de mérite, d'autant qu'assez peu disposée à se corriger, elle ne trouvait pas que l'impatience fût un fort grand défaut. J'attends, pour lui en donner une juste idée, quelque occasion où elle se soit impatientée d'une manière bien déraisonnable et bien ridicule, et je prendrai soin que le souvenir qu'elle en conservera soit de nature à lui faire passer l'envie d'apprendre à tout le monde qu'elle est impatiente.

J'aurai en tout à la préserver d'une assez grand désir d'attirer l'attention. Elle est à la fois vive et réfléchie, se sent, se rend compte d'elle-même, et se contemple avec une certaine satisfaction qu'elle aimerait à communiquer aux autres. Elle donnera volontiers de l'importance à ce qui la regarde, et ses défauts mêmes pourront avoir quelquefois pour elle le mérite de la propriété. Mais il faut surtout craindre que l'amour-propre ne gâte en elle des vertus, et pour cela éviter qu'il ne les touche avant qu'elles ne soient mûres. Heureusement Sophie n'a jamais pensé à en avoir, et elle peut entendre louer l'élévation des sentimens, la fermeté du caractère et plusieurs qualités dont elle manifeste déjà le germe, sans aucun retour sur elle-même et sans imaginer que de si beaux noms puissent avoir le moindre rapport avec les petits mérites qu'elle se reconnaît. Cependant, l'autre jour, votre sœur, dans un moment d'enthousiasme pour sa fille, qui est tour à tour pour elle un modèle de perfection ou un sujet d'impatience, me disait que Zéphirine avait réellement de la grandeur d'âme. Sophie, qui l'entendit, parut étonnée et demanda à sa tante comment donc Zéphirine avait de la grandeur d'âme. Votre sœur lui répondit par une plaisanterie; mais je compris clairement que Sophie voudrait aussi, avant peu, avoir de la grandeur d'âme comme sa cousine. En effet, le lendemain, sa sœur lui ayant donné une petite tape que, contre sa coutume, elle s'abstint de lui rendre, elle lui dit que c'était par grandeur d'âme, et en même temps elle jeta sur moi un regard de côté. Je me mis à rire. Sophie rougit et vit bien que sa tentative avait mal pris. Aussi se hâta-t-elle de rire elle-même et de m'assurer qu'elle avait dit cela pour s'amuser; mais elle ajouta toutefois, un moment après, qu'elle pourrait pourtant bien avoir de la grandeur d'âme tout autant que Zéphirine: je lui conseillai d'attendre, pour y penser, qu'elle sût ce que c'était. Elle n'osa me répondre par une définition dont le fond eût été que la grandeur d'âme consistait à ne pas rendre les tapes, et je ne crains pas beaucoup que de quelque temps encore son ambition se tourne sérieusement de ce côté; mais je vois à quel point il faut éviter d'exalter en elle cette passion de s'élever, qui s'accrocherait facilement à des mots et la déterminerait surtout pour la vertu dont elle entendrait faire l'éloge.

Cette disposition a faussé plus d'un noble caractère. Vers la fin du siècle dernier, un assez grand mouvement d'esprit dans une existence fort dépourvue d'intérêts importans donnait, beaucoup plus qu'à présent, aux gens du monde, le besoin de grossir un peu les évènemens et les sentimens de la vie commune. Il en était résulté une habitude de langage tout-à-fait disproportionnée avec les choses qu'on avait d'ordinaire à exprimer. Une femme qui pleurait sa fille ou son mari avait été réellement *sublime* dans sa douleur; le courage avec lequel on supportait un revers de fortune ne pouvait guère être moins qu'*héroïque;* on n'entendait parler que de procédés *inouïs*, de manières *inconcevables;* la facilité à parler s'appelait assez couramment de l'éloquence, et l'on avait souvent du génie. L'effet de cette exagération était d'attacher à l'éloge un prix indépendant du mérite, et d'éveiller la vanité sur mille choses auxquelles naturellement on n'aurait pas mis d'importance. Un homme d'esprit allait peut-être oublier lui-même le mot ingénieux qui venait de lui échapper dans la conversation, mais les femmes de sa société se récriaient, et son amour-propre ne résistait pas au plaisir de répéter et de répandre ce qu'elles avaient appelé une pensée profonde. Une femme attachée à ses devoirs aurait trouvé tout simple de suivre son mari à un commandement en Corse, ou de passer les nuits auprès de sa mère malade; mais elle savait qu'on parlerait, dans le monde, de son admirable dévouement ou de la grandeur de son sacrifice, et sa raison n'était pas à l'épreuve du désir d'en faire étalage. La simplicité manquait aux vertus les plus sincères; et même dans un sentiment vrai, il y avait presque toujours un mouvement, un mot pour l'effet.

C'est de ce poison des paroles que je veux m'appliquer à préserver Sophie. Louise en a peu de chose à craindre : abandonnée à tous ses mouvemens, elle n'en prévoit point l'effet et ne le remarque guère ; le naturel ne lui manquera jamais ; il ne faudra songer avec elle qu'à le diriger et le contenir. Chez Sophie, c'est la force qu'il faut empêcher de s'égarer : elle peut faire beaucoup pour le sentiment qui s'emparera d'elle, et l'amour-propre est là bien prêt à profiter des occasions. Je suis sûre qu'elle ne cherchera jamais, qu'elle n'accepterait même pas la louange qu'elle ne croira pas mériter ; mais je ne répondrais pas qu'elle ne cherchât, en faisant le bien, la manière la plus propre à s'attirer des louanges, et ne fût portée à s'exagérer à elle-même le mérite qu'on aurait loué en elle. Il faut donc éloigner d'elle tout ce qui pourrait exalter son imagination sur le prix de certaines vertus qu'elle n'est pas encore capable de comprendre et d'exercer naturellement. Ma tâche sera de les lui rendre familières avant de lui apprendre ce qu'elles ont de rare et d'élevé, et d'éviter, autant que je pourrai, d'exciter en elle l'ambition des bonnes actions avant de lui en avoir donné le besoin. Ainsi, par exemple, elle est assez sensible au plaisir de donner pour l'acheter par des privations et des sacrifices. Cependant sa générosité est subordonnée à ses fantaisies. Je l'ai vue disputer des journées entières, à sa sœur, un chiffon de gaze ou un morceau de papier doré, que chacune d'elles prétendait lui appartenir. Il ne tiendrait qu'à moi de faire cesser à tout jamais de pareils différens : il me suffirait de vanter à Sophie la générosité, et, en la lui présentant comme une vertu digne d'éloges, de l'appliquer à ses rapports avec sa sœur, et je suis bien sûre qu'au bout de quelque temps, chiffons, papier doré, entêtement même et plaisir de la dispute, tout serait sacrifié à celui de déployer sa générosité. Je me garderai bien de le tenter, l'inconvénient serait double. Louise, plus enfant, moins réfléchie, et plus disposée par conséquent à se prévaloir de la complaisance des autres, s'arrangerait fort bien pour compter toujours sur celle de sa sœur, et ne se refuser aucun désir, aucun caprice; et Sophie ne sacrifierait plus les siens au plaisir d'obliger Louise, mais à sa propre vanité; elle s'accoutumerait à agir pour le dehors, à chercher d'abord dans une action ce qu'elle peut avoir d'honorable, ce qu'elle a de bien ne viendrait qu'ensuite. Je ne me hâterai donc point de mettre sa vertu en serre chaude, je me contenterai d'approuver ses complaisances pour sa sœur, sans lui en faire un mérite ou même un devoir. Tant que ce devoir paraîtra difficile, il en faudrait payer trop cher l'accomplissement : j'attendrai avec patience que le penchant naturel se développe. Il se développera. Sophie a déjà la conscience de sa force, et rien ne contribue davantage à l'accroître. Quelquefois, lorsqu'elle s'est décidée à céder à sa sœur quelque objet en litige, elle me dit : « Je n'aurai » pas tant de chagrin à m'en passer que cela en » ferait à Louise ; » ou bien : « Louise est plus » petite que moi ; elle ne peut pas être aussi rai» sonnable. » J'entre alors dans son sentiment, et conviens avec elle que la privation d'un vieux joujou cassé, ou de quelque autre trésor pareil, ne lui saurait être bien sensible. Elle s'accoutume à le penser ainsi, et chaque jour diminuera à ses yeux l'importance de ses sacrifices; chaque jour, elle s'applaudira de les trouver plus faciles; mais, comme vous l'avez remarqué, l'idée du devoir croîtra avec le sentiment de la puissance, et elle rougira de disputer ce qui ne lui coûte rien à céder. Alors je ne craindrai pas de louer en elle un mérite qu'elle aura reconnu nécessaire, et elle pourra sans danger se croire généreuse quand la générosité sera devenue pour elle une vertu toute naturelle.

J'espère ainsi, mon ami, pouvoir lui conserver cette simplicité sans laquelle il n'est rien de tout-à-fait bon ni de tout-à-fait vrai, et en même temps employer utilement ce besoin d'estime, dont la force ajoute à celle des bons sentimens, mais n'en doit jamais prendre la place. Je ne prétends pas que Sophie s'ignore elle-même. Cette modestie naïve d'une âme incapable de l'orgueil du bien parce qu'elle est inaccessible à la pensée du mal, est sans doute un charme bien grand; mais elle a besoin de la douce tranquillité d'un caractère paisible, et ne résisterait pas à des passions un peu actives. Chez Sophie, les penchans sont droits; mais la personnalité tient beaucoup de place. Elle est sensible à tout ce qui la touche, seulement elle peut l'être encore davantage à ce qui touche les autres. Je crois qu'elle vaudra beaucoup, parce qu'elle a de la force et saura l'employer. La force ne s'emploie pas à notre insu; et pour vaincre ses défauts, il faut se sentir des vertus. La modestie de Sophie ne se fondera donc point sur l'ignorance de son mérite, ou le besoin de le dérober aux autres; elle le connaîtra, et ne sera pas fâchée qu'on le connaisse; mais, comme ce qu'il y aura de bon en elle se sera formé naturellement, et non par aucune excitation factice du dehors, elle sera portée à s'apprécier d'après son propre sentiment, et non d'après des éloges toujours moins justes que le témoignage de sa conscience. Tout en aimant ces éloges, elle les jugera, et ils ne satisferont jamais assez complètement la rectitude de son esprit, pour qu'elle en fasse le but de ses actions. D'ailleurs le sentiment qui conduit au bien est, dans le moment où il règne sur nous, beaucoup trop puissant pour admettre aucun partage. Vous voyez un pauvre tomber dans la rue d'inanition, vous y courez tout ému de frayeur et de pitié, et ne songez guère si le monde vous regarde, si l'on remarque l'activité ou la générosité de votre bienfaisance ; vous ne donnez avec faste qu'à celui dont l'infortune ne vous a pas assez touché pour vous empêcher de penser à vous.

Je ne nie pas cependant qu'après une bonne action inspirée par le sentiment le plus vrai, l'amour-propre ne puisse trouver son compte aux éloges qu'elle nous attire. Mais ce petit plaisir ne corrompt point en nous les penchans désintéressés qui nous ont portés au bien, car il ne saurait les atteindre ; il ne touche à rien de bon, et ne remplit que la place laissée vide. Les vrais motifs de la vertu, les besoins sur lesquels elle se fonde une fois fortement établis et fortement sentis, dès qu'ils parleront, ils feront taire tout le reste : ou supposé qu'au moment d'une bonne action la pensée de l'estime des autres vienne se glisser dans notre âme, ce ne sera que pour nous faire songer à la mériter. Mais elle nous soutiendra surtout dans les momens de faiblesse : celui qui aura su ne rien faire pour la louange fera tout pour éviter le blâme ; il pourra d'autant moins souffrir de s'avilir aux yeux des autres, que sa propre opinion lui fera mieux sentir la honte de sa chute. Leur estime deviendra alors la mesure de celle qu'il se doit conserver à lui-même, et lui sera un engagement quand elle n'aurait pas été son but.

Je pense donc, mon ami, et vous penserez, j'espère, comme moi, que dans l'éducation morale, l'amour-propre doit être employé plutôt comme appui que comme excitant, pour entretenir les bons sentimens déjà formés, non pour les éveiller et leur donner un essor qu'ils n'auraient pas encore la force de soutenir par eux-mêmes. Auxiliaire ambitieux, il ne doit être appelé au secours que quand on s'est assuré les forces nécessaires pour le maîtriser.

LETTRE XXI.

Mme d'Attilly à M. d'Attilly.

Paris, décembre 1817.

HENRIETTE est arrivée de la campagne; elle a passé hier la journée chez moi avec son fils. Just a fait le bonheur de mes filles, surtout de Louise, qui, très peu fière de sa grande supériorité d'âge, l'a jugé un camarade fort digne d'elle. Il est grandi, fortifié; c'est un joli enfant, plein de mouvement et de gaieté, ayant dix volontés par minute et dix fantaisies par quart d'heure. Une personne plus sévère que moi trouverait qu'on lui en passe trop. Il fallut hier au soir que sa mère allât à quatre reprises dans la pièce voisine, lui arranger d'une manière différente la corde servant de harnais pour l'attacher à la chaise qu'il traînait en qualité de cheval. « Allons, dit » votre oncle, qui avait dîné avec nous, encore » une qui gâtera son fils. » Je souris, et l'assurai qu'il en trouverait beaucoup de cette sorte : aussi désespère-t-il de la génération future. Quant à moi, je ne partage pas son effroi. L'éducation de Just en particulier ne me paraît, il est vrai, ni bien ferme ni bien active, mais je n'y vois rien d'important qui soit négligé, et point de mauvaise direction prise. Vous savez que je n'y suis pas difficile, et m'inquiète assez peu des défauts de cinq ans, surtout lorsqu'ils viennent de surabondance, et non de l'absence des instincts nécessaires. Just a tous ceux qu'on peut avoir à son âge, bonté, malice, crainte et envie de fâcher, besoin de faire plaisir, désir de tourmenter, naturellement docile et continuellement échappant à l'obéissance, s'occupant sans cesse de lui, non pour attirer l'attention, mais pour employer et porter en dehors cette vie dont il ne sait pas encore faire un autre usage. Il aime ses parens autant qu'on peut aimer à cinq ans, et on obtiendra beaucoup de lui par l'affection; mais cette affection même et ce besoin si actif qu'il a des autres lui donneront un empire dont il faudra se défendre. Au moindre mot un peu sévère, il quittera tout, le jeu sera suspendu, et il n'aura ni ne laissera de repos jusqu'à ce qu'une caresse ou une expression plus douce qu'il sollicite avec une ardeur presque irrésistible, lui apprenne que la paix est faite, et lui permette d'oublier complètement le chagrin qu'il ne peut supporter un instant. Hier, pendant qu'il était chez moi, on lui amena sa sœur de lait : il ne la sut pas plus tôt arrivée que, courant la chercher, il l'amena ou plutôt la traîna dans le salon malgré sa résistance, la poussa près de moi et m'embrassa, car nous étions déjà fort bons amis ; et d'un air un peu inquiet pour le succès de sa demande : « Ma tante, » me dit-il, embrassez-la. » Puis, lui apportant tous les joujoux de ses cousines, il l'invitait à jouer, et cherchait à la familiariser avec elles. Il la sentait sous sa protection ; durant tout le jour elle fut l'objet de ses soins ; il ne permettait pas à Sophie la moindre volonté, à Louise la plus petite malice. Au dessert, il voulut prendre un biscuit pour le lui porter : il n'y en avait plus, il lui garda le sien, et tant qu'elle fut dans la maison, parut ne penser qu'à elle. Elle partit en pleurant; elle l'aime extrêmement et ne peut s'en séparer sans larmes : quant à lui, après l'avoir assurée qu'il lui enverrait son plus beau joujou, il se dépêcha de la croire consolée, pour ne pas perdre une minute de plus du jeu qu'avaient interrompu le départ et les pleurs de la petite fille. Je n'ai jamais vu enfant si disposé en tout genre à jouir de ce qui est présent et à se passer de l'absent. La fantaisie qu'il a poursuivie avec le plus d'ardeur et de ténacité, s'il faut y renoncer, est oubliée sur-le-champ avec une merveilleuse facilité. Ce sera chose difficile de donner à cette petite créature, si vive et si mobile, un souvenir qui dure, un chagrin qui tienne. D'ici à quelques années, du moins, on n'y pourra réussir, je crois, que par une influence de tous les momens. Jusqu'à présent, tous les momens d'Edmond et de sa femme ont été à leur fils ; en résultera-t-il plus de mal que de bien? je ne le pense pas.

Votre oncle, mon ami, n'est pas le seul à trouver aujourd'hui tous les enfans gâtés, toutes les mères imbéciles, et les pères, à peu de chose près, aussi ridicules. Il y a certainement plus de vingt-cinq ans que j'entends répéter les mêmes plaintes, par beaucoup de gens qui n'y ont jamais pensé qu'au moment où ils en parlent, et je ne m'aperçois pourtant pas que notre jeunesse soit plus mauvaise que ses prédécesseurs, et qu'il y ait dégénération dans l'espèce humaine. Ne serait-ce pas que les enfans, sans être plus mal élevés, le sont par d'autres moyens ; que l'autorité paternelle, sans perdre de sa puissance, a changé de forme, et que les parens ont trouvé, dans des relations nouvelles avec leurs enfans, un genre d'influence autrefois à peu près inconnu? Nos mœurs ont subi un grand changement. Dans la plupart des familles aisées, l'enfant, autrefois nourri loin de ses parens, l'est aujourd'hui sous leurs yeux ; et le rapport naturel s'est rétabli entre les faiblesses paternelles et les infirmités de l'enfance. Je ne prétendrai assurément pas que les pères et les mères autrefois n'aimassent pas leurs enfans, non plus que je n'accorde qu'ils les élèvent mal aujourd'hui; mais ils les ont aimés autrement, et ont ignoré un grand nombre de ces sympathies que révèle la société du père et de l'enfant; beaucoup d'émotions sont demeurées étrangères à des parens dont le fils, enlevé de leurs bras dès sa naissance, va porter hors de leur vue et de la maison paternelle les incertitudes de sa frêle existence et la misère de ses premiers jours. Ils n'ont pas suivi le progrès si lent de ces semaines d'attente où la vie semble encore hésiter à se développer; ils n'ont pas travaillé vainement à apaiser les cris de détresse de cette pauvre petite créature qui ne sait encore que se plaindre, et qu'on ne sait pas toujours soulager. Ils n'ont pas contemplé ces membres inactifs, cette tête qui tombe, ces traits sans expression lorsqu'ils ne peignent pas la souffrance;

Pity like a naked new-born babe (1).

Leur enfant reviendra vers eux, beau des couleurs de la santé, animé des premiers rayons de

---

(1) La pitié sous la figure d'un enfant nouveau-né tout nu. (Shakspeare.)

l'intelligence, gracieux comme la fleur qui s'entr'ouvre, objet d'amusement plutôt que d'occupation. La paternité commencera pour eux dans les joies et les espérances, ils n'en connaîtront les devoirs qu'au moment de l'éducation.

Peines, plaisirs, devoirs, tout maintenant commence pour nous au premier cri qui nous annonce cette vie nouvelle où la nôtre va venir se confondre. Voyez un jeune ménage heureux de la naissance d'un premier enfant; il n'y a plus là qu'une seule et même affection, car qui pourrait distinguer les divers sentimens dont elle se compose? Les yeux caressans de la femme cherchent ceux de son mari pour les reporter sur leur enfant, et l'amour du père embrasse, dans une pareille sollicitude, les deux objets chéris dont il ne peut séparer l'existence : associé aux anxiétés maternelles, il ne les calme qu'en les partageant : à peine remarquerait-on une nuance entre le père et la mère inquiets pour leur enfant ou ravis de son premier sourire, et la communauté d'un si cher intérêt en double pour chacun la force et l'importance.

L'enfant élevé entre eux, but unique de toutes leurs pensées, recevra nécessairement et de très bonne heure toutes les impressions qu'il sera possible de lui communiquer. On occupera son attention; les premières lueurs de son intelligence seront mises à profit, les fantaisies, souvent satisfaites, seront du moins presque toujours dirigées. Il ne sera pas livré, comme il l'eût été chez une nourrice, à tous ces instincts irréguliers de colère, de mutinerie, de *mauvaiseté*, dont s'amusent des gens irréfléchis, peu soucieux de l'avenir moral d'un enfant auquel ils ne croient devoir autre chose que de soigner son enfance et sa santé. Un père et une mère préoccupés de leur fils voient dans chacun de ses mouvemens sa vie tout entière; ils frémissent d'apercevoir à deux ans le germe du défaut qui pourrait à vingt ternir son caractère, et lui imposeront volontiers, sur certains points qui leur tiennent à cœur, la morale qu'ils se sont imposée à eux-mêmes. Ainsi Henriette, facile et même faible pour tous les désirs de son fils, apercevrait avec aversion et réprimerait, peut-être avec trop de sévérité, la moindre apparence d'un mauvais sentiment, un désir de nuire, un égoïsme poussé jusqu'à la dureté; et j'ai vu ce pauvre Just, à quatre ans, tout interdit de l'air troublé de ses parens qui croyaient l'avoir surpris en mensonge. Il doit à cette continuelle communication de leurs idées et de leurs habitudes, une probité d'enfant assez rare pour son âge, une disposition de bonté et d'envie de faire plaisir très marquée, toutes les fois qu'il lui arrive de penser aux autres, et cela lui arrive plus souvent que ne sembleraient le comporter la légèreté de son caractère et le goût très déterminé de faire ce qui lui plaît; mais ce qui lui plaît, ce qu'il désire, est rarement mal en soi. Ses premiers pas ont été dirigés dans la bonne route; il ne s'est rien formé en lui de mauvais à réprimer. Le seul tort de ses volontés, c'est d'être trop fréquentes, le seul inconvénient de ses fantaisies est pour ceux qui veulent bien s'y prêter. Enfant gâté, si l'on veut, Just obtiendra tout de ses parens, sauf ce qui ne leur appartient pas, le droit des autres. Il n'entre pas dans ces âmes naturellement droites un sentiment qui puisse se tourner en injustice. Jamais leur fils n'obtiendra une préférence seulement douteuse sur le moindre de ses camarades de jeu; jamais l'enfant d'un domestique ne sera obligé de subir son caprice ou sa colère. S'élève-t-il une dispute, pour qu'on ne lui donne pas tort, il faudra qu'il ait deux fois raison; l'exercice de sa personnalité est borné à ses parens, et jamais, au milieu de leurs meilleurs amis, ils n'ont permis à leur fils d'importuner qu'eux seuls. En ce genre, à la vérité, il ne se refuse rien. Henriette surtout est tellement maîtrisée que, lorsqu'il est là, elle n'a guère une pensée à donner tout entière et sans distraction à autre chose ou autre personne.

Elle se guérira de cette fièvre maternelle, dont la vue donne des maux de nerfs à votre oncle. L'enfant grandit, s'achemine vers la liberté, et insensiblement écarte des soins qui commencent à le gêner. Avec sa force croît aussi celle de ses parens; ce cœur tremblant d'une jeune mère s'affermit et s'apaise. En même temps les volontés de l'enfant deviennent plus robustes, elles dépasseront bientôt la complaisance et même le pouvoir de ce qui l'entoure; on s'accoutume à refuser, il s'accoutume à demander moins, mais la confiance demeure établie. Si vous voyez un enfant élevé de la sorte un peu timide à solliciter quelque chose, c'est qu'il n'est pas tout-à-fait sûr que l'objet de sa demande soit raisonnable. Autrement, n'ayez pas peur qu'il doutât du consentement; et pourquoi en douterait-il? quel avantage ce doute aurait-il pour son caractère? Tout est gagné, ce me semble, mon ami, quand l'enfant a une fois reconnu une borne à ses désirs, quand il sait des motifs de se priver autres que l'impossibilité physique, comprend que le beau cheval roulant qu'il admire au jour de l'an chez Giroux, s'il passe le prix que ses parens peuvent mettre à de pareilles fantaisies, n'est pas plus à sa portée que la lune et les étoiles, et ne demande rien que sous la condition convenue que la chose sera trouvée raisonnable. La différence entre l'enfant gâté et l'enfant chéri, c'est qu'à cette objection, « cela n'est pas raisonnable, » le premier répondra : « Je le veux, » et l'autre seulement comptera sur ses parens pour trouver raisonnable ce qu'il désire.

Quand il n'aurait pas tort d'y compter, quand il serait vrai que l'affection me paraîtra un motif raisonnable pour céder au désir que j'aurais rejeté si j'aimais moins, n'est-ce donc pas un motif que l'affection ? un motif dont je veux que mes enfans soient instruits, dont je veux qu'ils ne doutent jamais, et qu'il me faut ainsi leur prouver à leur manière, encore plus qu'à la mienne? Il se passera grand temps avant qu'un enfant reconnaisse l'affection dans la fermeté de sa mère à le mettre en pénitence si l'occasion le requiert, ou à lui refuser le gâteau qui lui ferait mal; il lui en faut encore d'autres indices, et l'amour a encore d'autres soins que le bien de ce qu'on aime ; il lui doit des plaisirs, des joies, des consolations, tout ce qui fait le charme de la vie, et j'ai toujours admiré cette roideur de raison qu'on voudrait nous prescrire, comme si nous étions de pures machines à éducation. Il n'y a pas une mère à qui je n'aie entendu reprocher sa faiblesse. Eh ! oui certainement, nous sommes faibles, et c'est pour être faibles que le Ciel nous fit mères. Il nous a voulues appropriées à l'enfant, ainsi que le vêtement qui le couvre, l'aliment qui le nourrit. Il nous a donné pour le comprendre, un instinct, des organes qui ne peuvent servir qu'à nos communications avec lui; une faculté de craindre, de souffrir, de pardonner ou de céder, sans rapport avec le reste de notre existence, avec l'ensemble de notre caractère, une faiblesse qui n'est que pour lui, comme notre lait. Pour être sevré de lait, l'enfant n'aura-t-il plus besoin de sa mère? et aura-t-il une mère, si elle n'est pour lui que ce que serait un autre? Juste, je le veux, elle ne fera pas peser sur lui les caprices de l'autorité ou les impatiences du caractère; indulgente, elle pardonnera beaucoup à la légèreté de son âge, et ne poussera jamais la rigueur au-delà de l'absolue nécessité; attentive et tendre, elle soignera ses besoins et aussi ses plaisirs, aimera sa joie, et, dans la mesure voulue par les règles de l'éducation, compatira à ses peines. Mais tout cela, il l'obtiendrait également de tout être raisonnable, honnête et bon, chargé de l'éducation d'un enfant; et pourtant il n'aurait pas de mère!

Il la trouvera, lorsqu'une résistance nécessaire à quelqu'une de ses volontés aura excité dans son jeune cœur toute la violence du chagrin, toute l'amertume du ressentiment, quand il repoussera la raison, refusera les caresses. Faible, elle craindra le mal que peut lui causer sa colère, elle souffrira de voir couler ses larmes. Alors, seront oubliées les sévérités de l'éducation; elle perdra de vue un défaut à corriger, pour ne voir qu'une douleur à consoler. Au lieu de réprimer, elle apaisera, oubliera de gronder pour ne songer qu'à distraire; elle parviendra par mille détours à cette âme troublée, et, pour prix de sa faiblesse, obtiendra d'être écoutée : alors elle recevra les plaintes, elle y pourra répondre; alors elle sera entendue. L'enfant pressé dans ses bras se sent appuyé et compris; il n'est plus livré à ce désespoir d'un être faible, isolé en présence d'une raison qu'il ne peut comprendre, d'une volonté contre laquelle se débat vainement sa volonté impuissante; il a trouvé avec qui communiquer, et préfère à une résistance inutile les paisibles relations qu'on lui présente. Il songera bientôt à en profiter, et, sûr d'un recours, apprendra à prier au lieu de s'irriter.

Mais la mère sera-t-elle faible contre ses prières comme elle l'a été contre sa colère? Mon ami, j'ai encore bien peur qu'elle ne le soit; mais sera-ce donc un si grand mal? « Que tous vos » refus, dit Rousseau, soient irrévocables, qu'aucune importunité ne vous ébranle; que le *non* » prononcé soit un mur d'airain contre lequel » l'enfant n'aura pas épuisé cinq ou six fois ses » forces, qu'il ne tentera plus de le renverser. » Où est, bon Dieu, la nécessité d'une si terrible barrière contre les prières d'un enfant? Il en est une toute naturelle, qu'il ne songera guère à attaquer une fois qu'on la lui aura fait connaître et respecter : c'est la raison. Une fois qu'elle aura parlé, il ne faut permettre de disputer sur son arrêt qu'autant qu'il sera nécessaire pour le faire comprendre. Mais la raison n'est pas le seul motif des refus qu'on fait éprouver à un enfant. Les mille et une demandes qu'il nous adresse dans la journée ne trouvent pas toujours notre attention disposée à en peser et juger avec exactitude la légitimité. Il arrivera plus d'une fois de refuser un peu légèrement, sans réflexion. La chose aura paru plus difficile ou plus déraisonnable qu'elle ne l'est effectivement, on sera en distraction, occupé d'une autre idée, trop peu frappé de l'importance de l'affaire pour y donner toute l'attention convenable. Si je voulais imposer à mes filles la loi de ne jamais réitérer la demande que j'aurais une fois rejetée, il faudrait donc me prescrire, à moi, celle d'écouter toujours ce qu'elles me disent : c'est en vérité plus que je ne puis promettre. Mais, à cette condition même, est-il bien sûr que, le refus prononcé, mon devoir de mère me condamne à l'inflexibilité? On vient me demander une complaisance qui me dérange un peu, prendra le temps que je voudrais employer à autre chose, ou contrarie ma disposition actuelle; je crois qu'on n'y tient pas beaucoup, je refuse. Mais je m'aperçois que mon refus cause plus de chagrin que je n'avais pensé : on avait espéré mieux, et l'insistance, le ton de la prière m'apprennent qu'on ne renoncera pas sans tristesse. Alors ma résolution change; ce que je ne voulais pas tout à l'heure, je le veux maintenant, car je sais que le plaisir dont je dispose est capable de me payer ce qu'il pourra me coûter. On n'attend rien que de ma bonté, on m'offre en retour la joie de mes enfans; n'est-il pas naturel que je me laisse déterminer par la certitude d'une plus douce récompense, et puisse céder à l'expression d'un désir plus vif, après avoir résisté à une demande plus froide? Pourquoi voudrais-je leur cacher que si j'ai préféré ma commodité à l'avantage de satisfaire une légère fantaisie, j'y renonce volontiers pour celui de leur procurer un grand plaisir? Et qu'en résulterait-il de si fâcheux pour le caractère de l'enfant, quand il s'apercevrait qu'une demande plus soumise, une expression plus douce, une caresse plus tendre, ont excité l'affection à faire pour lui un peu plus qu'on n'y était porté d'abord?

On ne m'objectera pas l'inconvénient d'accoutumer ainsi les enfans à une opiniâtreté dans leurs demandes, à une tenacité dans leurs fantaisies, qui ne serait pas sans danger pour leur caractère. Il n'est pas ici question de laisser prolonger indéfiniment des sollicitations qui doivent avoir un terme, et même un terme assez court ; il s'agit simplement de ne pas élever, dès le premier mot, un obstacle insurmontable entre le pouvoir et la prière. Mais le pouvoir, en général, cherche ses aises, et il est entré dans la tête des souverains législateurs de l'éducation qu'il pouvait être plus commode, et même plus sûr de défendre la prière que d'avoir à y résister : de là cette grande rigueur de principes, qui n'est autre chose qu'un courage de poltron, une vaillance qui consiste à fuir l'occasion. Elle a l'avantage de ne pas perdre de batailles, mais elle en gagne peu ; et s'appliquer uniquement à n'être point battu, c'est ne faire que la moitié de son métier. Nous n'avons pas seulement à maintenir notre autorité, mais encore et surtout à faire prévaloir notre raison, à faire accepter chaque jour davantage à nos enfans les motifs de notre conduite à leur égard, car ces motifs doivent insensiblement devenir les leurs. Loin d'être sûrs de les faire accepter, comment le serons-nous seulement de les faire comprendre, si l'objection n'a pas été permise? Certains de nous débarrasser par un simple *non*, de la demande que nous ne voulons pas accorder, songerons-nous bien souvent à y ajouter des raisons? Je ne le pense guère. Et supposé que nous en prissions la peine, un enfant refusé définitivement ne s'embarrasse guère de savoir pourquoi. Pour qu'il prenne intérêt à la discussion, il faut qu'elle lui laisse quelque espérance; et si cette espérance cède à notre raison, assurément la sienne aura fait un progrès. J'ai promis à Sophie de lui apprendre à faire du filet, et comme de raison elle en est très pressée. Aujourd'hui, après s'être bien dépêchée de finir ses tâches, elle a voulu profiter du temps qui lui restait avant le dîner pour prendre sa première leçon. J'étais occupée à vous écrire, je refusai purement et simplement. Je leur ai laissé la liberté d'insister, avec modération cependant, et elles prennent sans mesure celle de me déranger. Sophie commença donc à me représenter qu'il était fort nécessaire de lui apprendre à faire du filet, car elle a promis à sa cousine des filets pour La Saulaye, et il n'y a pas de temps à perdre avant la saison des cerises. L'abondance des raisons était telle que je désespérai de m'en tirer sans y opposer les miennes. J'expliquai à Sophie que mon paquet, si je voulais qu'il partît, devait être ce soir à la légation, et que, pour être sûre de le finir, il ne me restait pas non plus de temps à perdre. « Ainsi donc, » me dit-elle prête à pleurer, « vous ne me donnerez pas même » ma leçon ce soir. » — « Réfléchis toi-même, » lui demandai-je, « s'il ne vaut pas mieux retar-

» der d'un jour que de nous exposer à laisser par-
» tir le courrier sans lettre pour ton père. » En appeler à la raison d'un enfant, c'est presque toujours lui donner envie d'en avoir. D'ailleurs, votre nom est là parole magique qui fait tomber les résistances : en vous voyant habituellement l'objet de toutes mes pensées, elles se sont accoutumées à regarder comme sacré tout ce qui se rapporte à vous, et Louise ne saurait comment s'y prendre pour me refuser des bonbons ou son dessert, si je lui disais : « C'est pour ton père. » Sophie n'a rien trouvé à me répondre; et après quelques momens donnés à des regrets silencieux, elle a pris son parti de s'intéresser à ma lettre comme si elle était chargée de l'écrire ; elle en a fait son affaire personnelle. Nous n'étions pas sorties de table qu'elle me persécutait pour faire fermer ma porte, de peur qu'on ne vînt m'interrompre, et toute la soirée elle a tenu Louise à jouer dans un autre coin de la chambre, afin d'empêcher qu'elle ne me dérangeât.

Elle vient d'aller se coucher tranquille, parce que je l'ai assurée que ma lettre partirait ce soir, bien persuadée que, sans elle, je n'aurais jamais eu le temps de la finir, parfaitement heureuse de l'idée d'avoir fait quelque chose de très utile pour vous et pour moi, mais ne supposant pas qu'il lui eût été possible d'agir autrement. Ainsi elle a tenu mes raisons meilleures que les siennes, elle se les est appropriées pour en faire la règle de sa volonté, et a mis les motifs d'une personne raisonnable à la place de ceux d'un enfant.

C'est bien certainement un profit, et le plus grand qu'on puisse faire en éducation. On se l'assurera souvent et sans peine, si l'on consent à la liberté de commerce nécessaire pour l'obtenir, si la confiance d'un côté, la condescendance de l'autre, établissent et maintiennent une perpétuelle communication, en telle sorte que la pensée des parens, toujours comprise, devienne naturellement celle de l'enfant. Son jeune orgueil prendra plaisir à une pareille conformité; gardons-nous de repousser d'honorables prétentions, d'étouffer chez l'être que nous voulons perfectionner, l'ambition de s'élever jusqu'à nous, en lui rappelant sans cesse qu'il est enfant et dépendant, et ne doit à nos volontés que le silence et la soumission. Sans doute la confiance deviendra quelquefois présomption; nous aurons à réprimer les excès de la liberté, on épiera notre faiblesse pour en abuser, on essaiera de nous vaincre par l'importunité. C'est à nous à nous défendre. Pourquoi donc nous ont été donnés la raison et le pouvoir? Sachons tenir ferme quand il le faut, et nous serons dispensés de nous armer en toute occasion d'une roideur souvent inutile. Je ne suis pas, vous le savez, mon ami, une mère bien inflexible; mais il me semble que je résiste assez bien quand un devoir m'appuie et m'oblige, pour avoir le droit de céder en toute liberté quand je ne sacrifie que moi. Certainement Sophie aurait eu sa leçon de filet si j'eusse pu retarder jusqu'à demain l'envoi de mon paquet, et que pour finir ma lettre à temps, il eût suffi de me coucher un peu plus tard ce soir. Mais ne vous fâchez pas, elle n'en aurait rien su, du moins jusqu'à demain, et je ne l'aurais pas exposée à la tentation d'insister sur une chose qui pouvait me gêner, d'autant qu'elle en aurait été fort capable. Je ne les ai pas accoutumées à croire qu'il pût me paraître bien fâcheux de me gêner pour elles. Résolue à ne donner que ce qui m'appartient, je le donne tout entier et permets qu'on y compte. Si à la demande qu'on me fait, je m'avise d'opposer quelque raison tirée de ma commodité, on ne manque pas de répondre : « Maman, cela nous fera tant de plaisir! » Je demeure sans réplique, et l'on s'empare aussitôt de ma complaisance avec une reconnaissance plus tendre, mais avec aussi peu de scrupule que si elle ne me coûtait rien du tout. Il est bien convenu cependant qu'elle ne doit rien prendre que sur moi, et s'arrête tout court là où commencent mes devoirs envers les autres. Votre oncle ne m'a jamais vue continuer une seconde le jeu intéressant commencé avant son arrivée, et l'habitude à cet égard est si bien prise qu'il ne s'aperçoit jamais de l'interruption apportée par sa présence, et me cite pour exemple des mères qui ne se croient pas obligées de s'occuper de leurs enfans du matin au soir. Aussi mes filles ne sauraient-elles imaginer qu'elles puissent avoir envers moi des devoirs de même nature que ceux qu'on leur prescrit envers tout le monde. Si l'on dit à Louise qu'il ne faut pas s'accoutumer à déranger les autres, elle répondra : « C'est maman que je dérange. » Je ne suis pas une *autre* pour elle. Elle voit encore en moi une portion nécessaire de son existence, chargée de pourvoir à ses besoins et même à ses plaisirs. Si j'allais lui dire qu'elle m'a beaucoup d'obligation de ce que je veux bien la nourrir, elle me répondrait certainement : « Il faut bien que vous » me donniez à manger, car sans cela je mour- » rais. » Elle me dira de même : « Si vous ne » voulez pas jouer avec moi, il faudra donc que » je m'ennuie ; » et cela lui paraîtra presque aussi monstrueux. Cependant, de la part de tout autre que moi, ou peut-être sa bonne, mon représentant auprès d'elle, Louise trouvera tout simple qu'on la laisse s'ennuyer. La distinction est déjà faite pour elle entre ce qui lui appartient et ce qui ne lui appartient pas. Quant à moi, elle me compte au nombre de ses propriétés ; je suis à ses yeux la personne, ou, si vous l'aimez mieux, la chose dont elle peut user et abuser. Elle reconnaîtra bien aux autres des goûts semblables aux siens, comprendra bien que ce qu'elle désire ils peuvent le désirer également, que ce qui lui déplaît peut aussi leur déplaire, et qu'ainsi ils peuvent avoir envie de lui disputer la place qu'elle a choisie ou la poire qu'elle préfère. Mais, pour moi, c'est tout autre chose : elle ne m'a jamais connue que par rapport à elle, ne m'a jamais supposé d'autres sentimens, d'autres intérêts que ceux qui la concernent. Quand elle me prendra la fleur que je viens de cueillir, il ne lui entrera pas dans la tête que je puisse la regretter, et elle me chargera à la promenade de son cerceau, sans imaginer que ce qui lui est commode me cause la moindre incommodité. Je sais que c'est là l'égoïsme. L'égoïste est, en général, celui dont l'imagination, préoccupée de ses propres intérêts, n'est jamais arrivée à une idée distincte des intérêts, des sentimens, de l'existence des autres. Ainsi que Louise, il les regarde comme des instrumens de sa propre existence, dont il se sert tout autant qu'il le peut et en a besoin, sans la moindre réflexion sur ce qui les concerne. Mais que Louise apprenne à n'être égoïste qu'avec moi, et elle ne le sera pas long-temps.

Déjà Sophie, quand elle n'est pas entraînée par une fantaisie trop vive, commence à me faire quelques politesses sur les gênes ou les privations que je puis m'imposer pour elle, et à mettre dans ses demandes plus de discrétion que sa sœur. Plus capable de se passer de moi, elle commence à sentir davantage la distinction des personnes; la faculté qu'elle a de me rendre de petits services, en se donnant une peine pour m'en épargner une autre, lui apprend déjà que nous pouvons avoir des intérêts séparés, et que le sacrifice de mon intérêt ou de mon plaisir au sien ne peut être qu'un effet de ma bonté. Plus elle y compte, plus elle reconnaît clairement, quand je résiste à son désir, la nécessité de se soumettre à un refus qui ne saurait avoir d'autre motif que le devoir ou la raison. Il faut qu'elle ait bien de l'humeur pour me dire, en pareille occasion, qu'apparemment je n'ai pas envie de lui faire plaisir, et il me suffit alors d'un mot pour la faire rougir de sa mauvaise foi. Elle porte en son cœur la conviction d'un dévouement complet, mais qu'elle sait ne pouvoir attendre que de moi, comme elle n'obéit qu'à moi, ne reçoit que de moi les soins de son éducation. Ce dévouement est pour elle une dépendance de la maternité, et elle n'en reçoit aucune habitude d'idées qu'elle puisse appliquer à ses relations avec les autres. Au contraire, l'opinion qu'elle a de ma complaisance la rend plus réservée à compter sur la leur, car elle lui fait mieux sentir la différence d'eux à moi, et plus elle se livre avec confiance à la certitude d'obtenir de moi tout ce qu'il m'est permis de lui accorder, mieux elle comprend que cette certitude doit se borner à moi seule, et que nous formons à nous deux un monde à part, hors duquel elle est sans droit, sans protection, sans appui. Qu'elles y jouissent donc, ces chères enfans, de tout ce que mon amour peut leur donner de bonheur et même de plaisirs! Je ne crains pas qu'elles se méprennent jamais au point de demander à d'autres ce qu'elles auront trouvé dans leur mère.

LETTRE XXII.

M. d'Attilly à Mme d'Attilly.

M*** janvier 1818.

Je n'ai jamais songé, ma chère amie, à vous troubler dans ce plaisir que trouve une mère à s'oublier pour ses enfans; je le crois parfaitement en rapport avec votre mission : il y a des règles à part pour les situations à part, et nulle autre situation pas même celle du père, ne donne des relations pareilles à celles de la mère avec son enfant. Plus accoutumées que nous à vivre dans les autres, plus capables de sympathiser avec la faiblesse, vous démêlez mieux que nous les secrets de cette existence débile dont notre raison, notre force, ne sauraient nous donner une idée, et dont le souvenir ne nous laisse aucune trace. Durant leur premier âge, personne, j'en suis convaincu, ne connaît bien les enfans, si ce n'est les mères; et lorsque j'ai été tenté, ma bonne amie, de vous trouver faible envers un des nôtres, en regardant cette pauvre petite créature incompréhensible à mon intelligence, je me suis demandé si vous n'aviez pas raison.

Mais, quand l'âge amène le développement, quand l'être humain prend sa forme, commence à se revêtir des facultés propres à sa nature, il rentre dans la règle générale; les relations de la mère perdent leur caractère particulier, et ses moyens d'éducation se rapprochent à beaucoup d'égards des moyens ordinaires. Sans doute l'habitude de l'intimité, la multiplicité des communications lui conserveront toujours un genre d'ascendant qui lui est propre. Sa raison pénètre plus facilement dans ces jeunes esprits accoutumés à son langage. Aussi les mères agissent-elles plus volontiers par les moyens moraux, moins par les nécessités extérieures; elles ne sont pas chargées de faire sentir à leurs enfans les rudesses de la vie. Cependant leur mission est de les y préparer, et ne craignez-vous pas, ma bonne amie, que la complaisance maternelle ne soit une nourriture un peu molle, dont il faut un jour ou l'autre avoir le courage de les sevrer?

Vous ne me répondrez pas que, mère de deux filles, vous songez à leur donner de tout autres mérites que ceux de la force. Vous croyez comme moi la force nécessaire à toute créature raisonnable. Je ne sache pas de situation où l'on puisse s'en passer, et j'en ai vu manquer plus souvent dans le bonheur que dans l'adversité. La force est la faculté d'user de nous-mêmes, c'est-à-dire d'user de la vie. Tout échappe à l'être faible ; et faute de force, une femme, ou, ce qui est à peu près la même chose, un homme du monde, périra d'ennui, au milieu de toutes les ressources de la fortune, parce qu'il lui manquera le courage d'action nécessaire pour en tirer ce qu'elles contiennent.

Le temps arrive, mon amie, et arrive plus tôt qu'on ne pense, d'apprendre aux enfans à compter moins sur ce qui les entoure, pour les accoutumer à tirer un peu plus parti d'eux-mêmes. Vous ne saurez jamais tout ce qu'ils peuvent jusqu'à ce qu'ils aient exercé leurs forces ; ils le sauront encore moins, et pourront l'ignorer toute leur vie, si l'habitude des jouissances trop faciles les a dispensés de rechercher en eux-mêmes, et jusqu'au fond de leur pensée, ce qu'ils avaient de moyens pour les obtenir ou s'en passer, ou même de puissance pour les goûter. Le bonheur, vous le savez aussi bien que moi, n'est pas le but définitif de notre voyage : il nous a été accordé de le rencontrer pour nous rafraîchir en route ; il nous a été donné de le chercher, pour soutenir notre activité; c'est là son usage moral : pour être moralement utile, le bonheur a donc besoin d'être un peu acheté. L'enfance n'a pas de quoi le payer cher ; elle ne doit cependant pas être entièrement exemptée des conditions du marché, et il est, je crois, dangereux d'accoutumer un enfant à supposer qu'un plaisir quelconque lui soit dû dès qu'il est à sa portée et ne nuit à personne. Rien de corrupteur comme une fausse idée de droit ; elle attaque le principe même du bien, ôte à la raison son point d'appui, à la conscience ses remords. Nous n'avons pas un droit acquis aux plaisirs ; c'est ce que doit apprendre l'enfant, dès que les plaisirs ne sont plus pour lui une affaire, dès qu'il ne s'agit plus d'exciter son esprit et son activité par des amusemens capables de l'intéresser, en un mot dès qu'il peut faire autre chose que s'amuser. Naturellement disposé à porter ses désirs sur tout ce qui frappe son imagination, s'il les sent trop constamment satisfaits, s'il voit ses parens, modèles pour lui de la raison et de la justice, dévoués avec un tendre scrupule au soin de lui épargner toute privation qui ne sera pas impérieusement commandée par le devoir, il s'imaginera aisément que son plaisir est donc aussi une chose importante, qu'il est nécessaire qu'il s'amuse. Devenu homme, il croira avoir droit de se plaindre, et de se trouver mécontent de la vie, si les jouissances qu'il avait désirées viennent à lui manquer ; il rejettera comme impossible et presque inconvenant tout emploi de ses momens qui ne lui paraîtra pas suffisamment agréable, ou ne supportera qu'à grand'peine quelques heures d'assujétissement prises sur ses loisirs et ses amusemens nécessaires. Il aura un argument sans réplique contre toute occupation qui l'ennuie, c'est qu'elle l'ennuie; et il s'ennuiera facilement de ce qui ne lui présentera qu'un intérêt de devoir, car, honnête même et soumis au devoir, il ne sera pas accoutumé à y placer l'intérêt de sa vie. Aucune pensée sérieuse ne pourra s'emparer de cet esprit sans cesse emporté çà et là par de frivoles amusemens; aucun sentiment profond ne prendra racine dans ce sol continuellement remué par de petites jouissances. Nous avons souvent remarqué avec chagrin, mon amie, la mollesse du temps actuel; l'existence y est trop douce, les distractions trop faciles : on y trouve trop aisément de quoi oublier une peine, calmer une inquiétude, se dispenser d'un effort. A quoi bon s'imposer des travaux et des résolutions difficiles, qui aient pour but le sort de la vie entière, quand on trouve à dépenser sa vie en détail sur l'intérêt de la minute ou le plaisir du moment? qui nous contraindra de déployer nos facultés, de nous porter au haut et au loin? Notre activité ne trouve-t-elle pas à s'exercer sur une foule d'objets variés, toujours prêts à payer notre peine par un léger amusement ou un léger succès?

A la vérité, chez les esprits capables de besoins plus relevés, le sentiment d'un vide désolant accompagne cette vie toute superficielle, mais sans leur donner la force de chercher plus profondément en eux-mêmes le véritable principe de l'action. Entraînés dans un mouvement qui ne suffit pas à leurs besoins, ils ne savent pas s'arrêter pour recueillir leurs forces, et passent d'objet en objet, sans pouvoir trouver à se satisfaire, parce qu'il leur manque partout ce qui seul serait digne d'eux, l'emploi de leurs facultés, l'usage d'eux-mêmes.

Un autre mal se produit parmi les jeunes gens que leur situation destine à des études laborieuses. Des distractions trop faciles ôtent pour eux au travail sa grave et salutaire influence; la vie n'est plus absorbée par une même et solide pensée; la simplicité des goûts et des mœurs n'accompagne plus le sérieux des occupations : la frivolité règne dans les classes studieuses comme dans les classes oisives; elle y est seulement moins délicate, et le goût du plaisir plus corrupteur. A Dieu ne plaise que je m'afflige de voir une portion plus nombreuse de la société admise au partage de ses jouissances, et que je regrette jamais des temps moins favorables au bonheur et aux progrès de la race humaine! Mais ce bonheur a ses dangers; ces progrès peuvent ne pas suivre toujours la meilleure direction. C'est à l'éducation à y pourvoir, et elle-même se trouve entraînée dans la tendance générale : jamais tant de livres destinés à l'amusement des enfans, jamais tant de jeux inventés pour les divertir sous prétexte de les instruire ; jamais tant de méthodes chargées de les faire parvenir, s'il se pouvait, au savoir sans leur donner la peine d'apprendre. Nous avons à les préserver de cette *gâterie* universelle, à empêcher que, trop atteints de la molle douceur des mœurs actuelles, ils ne perdent la conscience de leurs forces, et jusqu'à l'idée du devoir ou de la possibilité d'un effort.

Le danger est moindre, je le sais, pour vous que pour nous. La vocation des femmes, plus spéciale que la nôtre, ne change pas de même selon les temps ; et sauf ces époques d'effroyable débordement où tout se dissout et où les sentimens naturels eux-mêmes périssent dans le naufrage de toutes les idées morales, l'influence des mœurs générales ne s'exerce jamais pleinement que sur celles d'entre vous qui, renonçant tout-à-fait à leur situation, se font hommes, moins la morale et le courage. Pour demeurer femmes, il vous faut reconnaître des liens, des gênes ; et en acceptant

Une idole d'époux et des marmots d'enfans,

vous avez coupé court à toute indécision sur

vos devoirs. Ces devoirs, plus naturels que les nôtres, vous trouvent toutes formées à les remplir; ils font sans cesse appel à vos sentimens les plus chers, à vos intérêts les plus précieux; le bonheur, ou du moins le repos de votre vie, dépend de leur accomplissement : ainsi, loin que vous soyez, comme nous, continuellement sollicitées de vous dissiper au dehors, et livrées à cette incertitude de l'esprit qui laisse échapper le temps et les forces, l'affection ou la nécessité vous ramènent perpétuellement à vos légitimes occupations, à ce que la vie a pour vous de réel et d'important, et, jamais moins qu'aujourd'hui, la frivolité n'a été en France le défaut dominant des femmes.

Mais si par le sérieux les femmes échappent aux torts de la légèreté, elles n'échappent pas de même aux défauts de la faiblesse. Nées pour être soutenues, elles s'attachent à l'appui qu'elles ont saisi avec une sorte de tyrannie. Plus hautaines ou plus douces, leur exigence prendra les formes de la domination ou celles de la tendresse; leur égoïsme ne se manifestera que par des besoins de sympathie; mais ce sera toujours l'exigence et l'égoïsme d'un être faible qui, ne sachant trouver que dans les autres l'intérêt et l'occupation de sa vie, se croit en droit d'attendre d'eux tout ce qui lui est nécessaire pour la remplir, leur fait un tort de son ennui et un reproche de son insuffisance. N'avez-vous pas vu, chère amie, plus d'une jeune femme supporter avec impatience les amusemens que son mari pourra trouver loin d'elle, affligée ou blessée d'une absence qui l'aura laissée trop long-temps à elle-même, et persuadée qu'elle seule sait aimer, parce qu'elle ne sait pas faire autre chose? Ne concevez-vous pas l'inconvénient d'accoutumer vos filles à se voir l'objet d'un dévouement pareil au vôtre? Elles ne le rencontreront pas ailleurs, je le sais; mais elles le chercheront. Un temps viendra, mon amie, où notre amour ne leur suffira plus, où elles donneront à d'autres tendresses le droit de disposer du bonheur de leur vie; ne le leur gâtons pas d'avance. Ce serait une triste joie pour une mère que d'entendre sa fille se plaindre de n'avoir jamais été bien aimée que d'elle.

Louise, instruite à ne pas déranger les autres, croit n'avoir manqué à rien si c'est sa mère qu'elle dérange. Il y a donc une personne dont elle pense pouvoir user à son gré, dont elle n'a pas l'idée de compter la commodité pour quelque chose, dès qu'il s'agit de se satisfaire. Sophie, plus raisonnable, s'impose déjà plus de réserve; mais elle n'ignore pas ce qu'elle peut obtenir, quoiqu'elle s'abstienne de le demander, et si elle se fait un mérite de ne pas abuser de votre complaisance, sera-t-elle bien éloignée de s'en croire le droit?

Mon amie, sauvons la raison de cette dangereuse tentation d'imaginer que personne puisse avoir droit au dévouement d'un autre. La rectitude des idées est la plus solide sauvegarde de la droiture des sentimens; et, quand on s'exagère ses droits, fût-on disposé à les abandonner, on n'est pas sûr d'être toujours assez généreux pour demeurer juste. Qui nous répondra que nous soyons demain ce que nous étions hier? La passion peut s'emparer de nous, et la passion, forte seulement pour se satisfaire, conserve envers elle-même toutes les complaisances de la faiblesse: l'âge arrive et emporte, avec nos années, cette énergie où nous puisions les moyens de nous suffire à nous-mêmes: la maladie peut nous ôter tout ressort et nous laisser sans courage contre nos plus déraisonnables besoins. Nous nous sentons alors touchés d'attendrissement à notre égard; nous devenons les objets de notre propre compassion, et, prêts à accuser de dureté tout ce qui ne partage pas l'unique sentiment dont nous soyons demeurés capables, nous avons grandement besoin, pour n'être pas tentés d'assujétir les autres à notre misère, qu'une sévère justice envers nous-mêmes ait bien déterminé d'avance ce qui nous revient, et fait le départ exact de ce que doit et de ce que peut exiger chacun. Enfin, je n'ai plus qu'un mot à vous dire sur les craintes que m'inspirerait, pour le caractère de nos enfans, ce vif abandon de tendresse auquel vous avez cru jusqu'ici pouvoir vous livrer sans danger : ce n'est pas ainsi, mon amie, que vous avez été élevée, et vous ne devez pas vous étonner si je désire donner à mes filles ce que j'ai trouvé en vous.

Je ne redoute pas beaucoup pour votre neveu les effets de l'éducation plus morale que forte dont quelque temps encore sa mère fera les principaux frais. Du caractère dont je connais Edmond, il compatira difficilement à la moindre apparence de mollesse, et saura bien établir entre son fils et lui une camaraderie que le petit garçon préférera bientôt à l'influence de la douce Henriette. Vous me pardonnerez, chère amie, de vous dire qu'il le faut ainsi.

LETTRE XXIII.

Mme d'Attilly à M. d'Attilly.

Paris, février 1818.

Pour la première fois, mon ami, vous m'avez paru sévère, et un instant ma faiblesse s'est révoltée contre votre raison. La rébellion ne pouvait être bien obstinée ; permettez cependant qu'en me soumettant j'entre un peu en négociation, et vous demande de me laisser accommoder à mon usage des conseils dont je reconnais toute l'importance, mais que je suivrai mieux et plus utilement, je crois, si je les suis à ma manière. Je ne dirais pas sans quelque effort à ces enfans : « Ce que vous désirez, ce qui vous promet un » plaisir, je puis le faire, mais cela me gêne et » ne gêne que moi, je vous le refuse. » Mais je me sens très capable, quand il le faudra, de dire à Sophie déjà capable de l'entendre : « Ton plaisir » serait le mien ; mais ton devoir est aussi le » mien. Ton devoir est d'apprendre à surmon-

» ter tes fantaisies, surtout à ne pas te préférer » aux autres; le mien est de te l'enseigner : nous » résisterons ensemble. » Vous voyez bien que ma politique s'arrange pour ne pas perdre le mérite de la complaisance et donner à Sophie, si elle le veut, celui de la raison. Quant à Louise, elle aura surtout besoin que ma fermeté soutienne la sienne : la chose certainement la plus difficile à lui persuader, c'est qu'on puisse se passer de ce qu'on désire ; mais vous n'exigez pas, je pense, que je rende les actes de résignation très pénibles et très fréquens. C'est, je vous l'avouerai, sur quoi j'ai compté en faisant ma soumission.

D'ailleurs, maintenant qu'elle est faite, vous allez me voir, en vraie femme, revenir pas à pas sur mes concessions, et tâcher de regagner par le menu quelque chose de ce que j'ai abandonné en masse. Je vous expliquerai donc comment il arrive que ma complaisance, ou, si vous voulez, ma faiblesse pour nos enfans, n'ait pas eu jusqu'à présent d'aussi grands inconvéniens que vous pourriez l'imaginer. J'aurais été, je crois, plus promptement avertie par ma propre expérience du danger de gâter un enfant unique, mais deux enfans, élevés ensemble dans une parfaite égalité, se préservent mutuellement. Aucun des deux ne se peut croire objet particulier de soins et de dévouement. Quand Louise ou Sophie me vient assurer, du ton de l'exigence, que, mes affaires finies, il faudra bien que je les aide dans l'occupation ou le jeu qui les amuse pour le moment, ni Sophie ni Louise ne s'imagine que je céderai à son importunité particulière; chacune des deux sait bien que sa prière, ou, si vous l'aimez mieux, sa volonté seule, aurait moins de poids, et que l'opposition de sa sœur deviendrait un empêchement. Ainsi, les voilà donc obligées de s'entendre, par conséquent de se céder, de se ménager; elles subissent les conditions de la société, et d'une société libre, où chacun fait ses affaires soi-même et sans se prévaloir de l'appui du pouvoir. Lorsqu'il s'agit de quelque décision importante, comme de savoir si nous devons commencer notre promenade par les Tuileries ou les Champs-Élysées, en cas de partage, celle des deux pour l'avis de laquelle je paraîtrai pencher dira fort bien à l'autre : « Nous » sommes deux contre un, ainsi nous devons » l'emporter. » Mais je ne compterai en ceci que comme élément de la majorité, et le parti dont j'aurai fait triompher l'opinion n'en tirera aucune autre conséquence, si ce n'est que son opinion était la plus raisonnable.

Cependant j'évite le plus que je puis de mettre mon poids dans la balance, et n'interviens en général aux discussions de ce genre que comme conciliateur, et moins pour faire valoir les droits que pour réveiller la générosité de chacune. Il faut que j'aie bien du malheur quand la dispute ne finit pas au moins par un acte de complaisance d'un côté, et de l'autre par une effusion de reconnaissance. Alors l'union s'établit, pour quelque temps, parfaite et active; et tel sera le plaisir qu'elles trouveront en de pareils momens dans leurs rapports mutuels, et l'empressement de chacune d'elles à s'occuper de l'autre, que je deviens inutile et me sens tout-à-fait dans l'infériorité. Sophie, en pareil cas, me ferait volontiers une injustice en faveur de sa sœur, et Louise ne trouverait pas bon que j'adressasse un reproche à Sophie. Je leur pardonne de tout mon cœur la préférence, et me trouverai heureuse de tout ce que je pourrai, fût-ce en prenant un peu sur ma part, ajouter à l'affection que je veux voir régner entre elles.

Mon ami, il faut que mes deux filles s'aiment beaucoup, il me le faut à moi, sœur autrefois si heureuse. J'ai besoin de retrouver entre elles deux une affection qui réponde au souvenir dont l'émotion vit perpétuellement dans mon cœur; une tendresse médiocre me blesserait comme un outrage au lien que je pleure, à l'amie que j'ai perdue. J'exigerai donc, je le sens, de chacune d'elles pour sa sœur, beaucoup plus que je ne leur ai jamais demandé pour moi. Vous le savez, mon amour maternel a toujours été exempt de ces inquiétudes jalouses qui agitent quelques autres mères; une préférence pour une bonne, pour une nourrice, ne m'a jamais paru un malheur digne des chagrins qu'il cause quelquefois, et des soins imprudens qu'on se donne pour y échapper. Il ne m'est guère possible d'attendre d'un enfant un autre bonheur que celui de l'aimer pour lui-même, de lui consacrer mes pensées, ce qui m'appartient de ma vie, sans retour sur moi, sans espérer que les sentimens énergiques d'un cœur de mère retentissent dans de si faibles âmes. Il ne saurait exister d'égalité entre l'amour de mes enfans et le mien; je ne leur donne rien qu'elles puissent me rendre. Tout en moi est sympathie pour leurs impressions, à peine seront-elles en état de remarquer ou de comprendre un petit nombre des miennes. Mes larmes, si elles m'en voyaient répandre, ne seraient pour elles qu'un évènement incompréhensible. Sophie est troublée quand je souffre, Louise si elle voit couler mon sang: mais mes affections morales sont complètement hors de leur portée, elles n'auraient pas de consolation pour une seule de mes peines. Aussi, ne puis-je être pour elles l'objet d'un mouvement purement désintéressé. Sophie, quand elle insiste pour me forcer d'accepter la moitié du sac de bonbons dont on vient de lui faire présent, ne peut s'exagérer tellement le plaisir que j'en recevrai qu'il ne faille à son sacrifice quelque motif un peu plus personnel, sinon l'amour-propre, du moins l'honneur de la générosité. Louise même, lorsqu'elle est sûre que je serai *bien joyeuse* parce qu'elle a été *bien sage*, ne me connaît d'autre sujet de joie que son mérite, dont elle n'imagine pas qu'il me revienne à moi le moindre avantage. Si elle n'avait été sage que pour moi, le bien qui m'en revient ne lui paraîtrait pas une assez grande récompense. Il en faut une à la générosité; elle est dans le bonheur qu'on procure : il peut seul nous payer l'oubli de nous-mêmes.

Un enfant peut être généreux avec son frère, avec sa sœur, avec un enfant comme lui, heureux des mêmes jouissances, ému des mêmes chagrins. Quand Sophie donne à Louise la plus belle de ses poupées, ou lui cède le livre d'images qu'elle avait elle-même envie de regarder, le plaisir qu'elle sacrifie lui donne précisément la mesure de celui qu'elle procure, et elle en jouit par la sympathie, jouissance si douce et si naturelle qu'il n'est pas de çœur humain qui ne la cherche. Tout enfant aime à donner, fût-ce pour reprendre l'instant d'après. Tout être capable d'en comprendre un autre aime la joie dont il est l'auteur. Qui ne serait bon, si, pour l'être, il suffisait de se plaire à rencontrer des regards heureux et reconnaissans?

Mais la bonté n'est pas dans ces impressions fugitives qui nous mettent momentanément en communication extérieure avec les autres, elle n'a pas toujours part à ce qu'on appelle les effusions du cœur. Il y a des gens dont les facultés sensibles, aisément émues, se manifestent au dehors, sans qu'aucun sentiment réel ait pénétré dans leur âme. On sait l'histoire de cet homme qui, assistant à un sermon de missionnaire, pleurait à chaudes larmes, en répétant : « Il ne sait » ce qu'il dit, il ne sait ce qu'il dit. » La voix, le geste, mille signes extérieurs exercent sur nous une puissance magnétique. Il suffit d'une certaine disposition de nos organes physiques pour nous rendre accessibles à des émotions sans idées: tout le monde connaît la sensibilité des ivrognes; et vous ne voyez pas défiler un régiment au son des instrumens militaires, que la moitié des assistans au moins ne prennent aussitôt un air si martial qu'on les croirait prêts à partir pour la guerre. Les signes extérieurs des passions exercent sur nous un empire plus légitime, parlent à notre imagination un langage plus clair et plus pressant. Tous, nous savons ce que c'est que souffrir. L'expression de la douleur en réveille l'idée, et sans savoir encore quelle est la douleur dont le spectacle nous émeut, il nous suffit de la voir pour être émus. Souvent cependant le sentiment qui la cause nous demeure étranger : nous n'entrons point en sympathie avec les peines de l'affligé dont les pleurs ont excité les nôtres : nous n'éprouvons point une affection correspondante à la sienne; nos larmes viennent de ses larmes et non pas de son malheur. Aussi, le plus souvent, nous hâtons-nous alors de fuir sa vue, car elle nous communique l'émotion de la douleur, non le sentiment qui donne le besoin de s'y livrer; et je ne connais rien de plus lourd à supporter que les chagrins des gens dont on ne se soucie pas.

Nous pouvons de même être sensibles au spectacle de la joie, sans nous unir au sentiment qui l'inspire. Un roi voudra se divertir à faire un heureux : il s'amusera des transports et de la surprise du pauvre homme dont sa libéralité aura tout-à-coup établi la petite fortune; mais son esprit ne s'arrêtera point sur la nature, sur les causes de ce bonheur; il ne se formera aucune idée de la misère qu'il vient de faire cesser; nulle sympathie ne l'avertira des souffrances du pauvre, et ne l'empêchera, l'instant d'après, de réduire, par une mesure désastreuse, des milliers de familles à l'état d'où il vient d'en tirer une.

La bonté ne préside point à ces émotions superficielles, avertissemens du dehors, dont l'impression ne pénètre qu'aussi loin qu'il le faut pour soulever quelque émotion extérieure et bientôt dissipée. Les sentimens dont se forme la bonté tirent leur origine du plus profond de nous-mêmes. Ce sont nos affections qui nous instruisent à partager celles des autres, et le caractère de la bonté est de se trouver toujours en harmonie avec des besoins qu'elle connaît sans qu'ils lui aient été exprimés. C'est du dedans qu'ils se sont révélés à elle; du dedans vient l'impulsion dont elle suit la loi; en toute action, elle a une pensée pour les autres; attentive, elle n'oublie personne, ne manque à rien; le mot qui va blesser s'arrête sur ses lèvres; elle réprime même dans son cœur le sentiment capable d'affliger. Pénétrante, elle va au secours de la pensée qui n'ose se produire, lit dans les regards baissés, entend le soupir qu'on étouffe, comprend et saisit le désir à peine formé. Réfléchie, elle sait ce qu'elle n'a pas vu, pressent ce qui n'est pas encore; la sympathie qui l'éclaire n'a pas besoin du secours des signes; l'être vraiment bon se sent lui-même, pour ainsi dire, au profit des autres; ses impressions lui servent surtout à l'avertir des leurs, et rarement éprouve-t-il une peine qu'il ne songe aussitôt à l'épargner à quelqu'un, une joie dont il ne s'occupe aussitôt délicieusement à faire jouir un autre que lui.

Peu de gens que le ciel chérit et gratifie

ont reçu, *infus avec la vie*, l'instinct de la bonté, délicat et parfait, et comme un sixième sens toujours prêt à éveiller en eux les puissances de l'imagination : j'ai vu des personnes, sans esprit d'ailleurs, devenir ingénieuses et clairvoyantes dès que leur sympathie était mise en jeu. Mais chez la plupart cet instinct a besoin d'être développé et formé. L'irréflexion, le plus dangereux ennemi de la bonté, est le défaut de presque tous les hommes; il en est bien peu qui ne fassent à autrui plus de mal qu'ils ne pensent, bien peu qui fussent capables d'en faire beaucoup s'ils y pensaient. Préoccupés de notre impression, nous perdons complètement de vue celle que nous allons produire, souvent même nous manquons des données nécessaires pour la juger. Le mauvais riche voyait bien à sa porte Lazare ramasser les miettes de sa table; mais s'était-il jamais représenté ce que pouvait souffrir Lazare? Qui prend d'ordinaire la peine de descendre au fond de sa propre pensée, pour y chercher tout ce que signifie le spectacle étalé sous ses yeux? Le temps, les choses nous pressent, il faut répondre à tout; notre esprit veut de l'occupation, et craint le travail; nous cherchons des émotions, et refusons d'enfoncer jusqu'au point où elles deviendraient douloureuses ; nous fermons les yeux à ce qui pourrait contrarier le jugement que nous avons porté, le sentiment que nous avons embrassé ; notre raison, rarement appelée à dire son avis tout entier, a plus rarement encore la force ou l'occasion de nous le faire écouter malgré nous. Cependant, instruits de la sorte, nous nous présentons pleins de confiance aux fonctions journalières de la vie ; nous allons légèrement et sans crainte, juger, aimer, haïr, agir, nous porter sur tous les points à la surface des choses, pour y exercer une influence plus ou moins considérable, mais presque toujours mal appliquée. J'ai vu dans le monde, en 1815, de malheureuses étourdies, presser par leurs clameurs la mort de quelques victimes, demander du ton de l'impatience et quelquefois de la légèreté : « Quand donc » commencera-t-on à tuer ? » Pauvres insensées ! que tout-à-coup elles se fussent transportées au pied du tribunal où l'infortuné dont elles appelaient le supplice défendait sa vie ou recevait en pâlissant son arrêt de mort ; qu'elles eussent vu paraître ses enfans éperdus, sa femme dans les angoisses de la terreur ; qu'on les eût contraintes de contempler l'échafaud sur lequel allait périr un homme : et, tombant à genoux la face dans la poussière, on les eût entendues demander avec larmes et cris la vie de celui qu'elles condamnaient ainsi en habit de fête, et prêtes à partir pour le bal.

Mon ami, je n'ai jamais été d'avis d'exciter et de hâter la sensibilité des enfans; mais préservons-les de la dureté de l'ignorance. Je sais combien nous avons à apprendre pour être bons, tout ce que la vraie bonté demande de rectitude de jugement, de droiture de cœur, d'empire de la raison sur les passions. Peut-être n'est-il pas chez les enfans de germes dont il faille surveiller le développement avec plus de constance et de sollicitude. Faible et dépendant, l'enfant a naturellement peu d'occasions de servir ou ménager les intérêts et les sentimens des autres; il ne les comprend guère, y pense peu, et se sent continuellement porté par la vivacité et la multiplicité de ses désirs à se préférer à tout. Il faut éveiller en lui la sympathie, lui apprendre qu'il peut y avoir pour lui des intérêts plus précieux que les siens, les lui faire connaître, les lui faire chérir, les rappeler souvent à son attention : travail difficile et délicat, d'où doit être bannie toute apparence de leçon; car si vous faites à l'enfant un devoir de la bonté avant de lui en avoir donné le sentiment, il en fera une des formes de sa conduite; et, comme il apprend ses leçons à certaines heures sans aucun goût pour l'étude, certains actes de bonté accomplis, il se croira quitte envers ce genre de devoir et ignorera tout le reste. Ainsi, celui à qui sa religion aura prescrit la bonté qui n'est pas dans son cœur, fera la charité aux pauvres, mais n'en aura point pour ses amis. Il ne passera pas un tort, ne supportera pas une faiblesse de caractère, et, fort de son exactitude, ne soupçonnera pas cette partie du devoir social qui consiste à n'exiger des autres que selon la mesure de leur capacité, à porter, là où elles manquent, un surcroît de raison et de force, à combler les lacunes, suppléer les inégalités : il ne saura pas remplir enfin la tâche imposée à celui qui a plus reçu en partage, conformément à la loi de raison qui veut que chacun dépense selon son bien. La bonté le lui aurait appris; dans les faiblesses des autres, l'homme bon ne voit que leurs besoins, et ne sent la supériorité de sa force que pour leur prêter plus de secours. L'équité de la bonté, c'est de payer la dette de celui qui n'a pas de quoi, et j'aime ce mot d'une comédie de Marivaux : « Pour être toujours » assez bon, il faut quelquefois l'être un peu » trop. »

Apprendre toutes ces choses à l'enfant n'est pas l'affaire d'un jour; il n'y a pas trop de l'éducation tout entière, et les moyens ne répondent qu'à peine à la nécessité. On éveillera la bonté d'un homme bien organisé, en éclairant son intelligence, en le plaçant dans le vrai point de vue de sa situation à l'égard des autres. L'intelligence manque aux enfans comme la situation ; leur égoïsme nécessairement plus ou moins entretenu par les soins dont ils sont l'objet, ne peut être combattu que par un bien petit nombre d'idées à leur portée : ils ne savent rien des maux de la vie, et les verraient sans les comprendre ; inhabiles à deviner un chagrin ou une susceptibilité d'amour-propre, tout autant qu'à se faire l'idée d'un malheur, ils blesseront continuellement par la naïve brutalité de leurs observations, d'autant plus fâcheuses qu'elles seront rarement mal fondées. Sans doute on apprendra facilement à des enfans à ne se pas moquer d'un bossu, d'un boiteux; plus la difformité est choquante, plus il sera aisé de la leur faire concevoir comme un malheur; mais un nez trop long, une grosse jambe, de petits yeux, ne leur représentent rien d'assez fâcheux pour qu'ils se croient naturellement obligés d'en épargner la remarque. Il faut bien parvenir à trouver moyen de leur imposer cette discrétion ; mais avant qu'elle puisse se fonder sur aucun sentiment de bonté, il faudra qu'ils aient beaucoup perdu de la simplicité de l'enfance.

Il en sera de même des intérêts plus importans : de tels intérêts sont hors de la sphère des enfans, ou échappent à leur vue; ils ne peuvent guère s'en former une idée que dans leurs relations avec les inférieurs. Un enfant saura de bonne heure éviter de faire gronder un domestique ou lui épargner le chagrin d'être trouvé en faute. Il deviendra facilement sensible au plaisir de lui faire un présent utile, ou de solliciter pour lui une faveur de ses parens ; mais ce sont là les joies de la bonté : il lui en faut apprendre les sacrifices. Il ne les connaîtra que dans les relations fraternelles : là seulement il aura à respecter des intérêts toujours à sa portée, et toujours en concurrence avec les siens : là il trouvera l'occasion de sacrifier à la bonté des passions qu'il pourrait satisfaire, de supporter par bonté la contrariété dont il pourrait se délivrer. Quand un enfant pleure, son frère sait pourquoi ; il comprend sur-le-champ la douleur qu'expriment ses larmes. Malheur à lui s'il y demeurait insensible ! Ce qu'un enfant désire, son frère le désire aussi; si la bonté a été cultivée dans leurs cœurs, l'un des deux au moins sentira qu'il lui est plus aisé de s'en passer que d'en priver l'autre. Sophie est-elle un peu malade, tous les joujoux de Louise sont à son service, tant elle a peur que sa sœur ne s'ennuie. A la vérité, si Sophie aime mieux lire un conte que de jouer, Louise, qui ne pousse pas le dévouement pour les plaisirs de sa sœur jusqu'à s'ennuyer elle-même, ira dix fois de suite lui chatouiller l'oreille ou lui tirer son livre; Sophie sera bonne alors à son tour si, impatientée de ce petit tourment, elle s'abstient d'avoir recours à moi pour l'en délivrer.

Je ne puis dire qu'en ce genre elles s'abstiennent toujours autant que je le voudrais. L'éducation, plus sévère autrefois, amenait plus promptement et plus naturellement entre frères et sœurs une union dont ils avaient plus besoin. Plus éloignés de leurs parens, traités avec moins d'indulgence, ils s'appuyaient l'un sur l'autre, se défendaient l'un l'autre, et formaient une espèce de parti contre une autorité à craindre pour tous. Mais aujourd'hui que cette autorité n'offre plus guère qu'un refuge, que l'enfant qui recourt à sa mère peut espérer d'en obtenir protection, sans craindre d'attirer sur son frère ou sa sœur un châtiment sévère, l'affection fraternelle est un sentiment qu'il faut soigner: elle n'est pas entretenue par la nécessité de s'aider, et peut être troublée par le besoin de se défendre ou le désir de se supplanter, tentations bien séduisantes lorsqu'elles ne sont pas réprimées par une véritable crainte de nuire. Quel enfant arrivé à l'âge de comprendre, pourrait se résoudre à en faire mettre un autre en pénitence, à le faire gronder sévèrement? S'il s'y laissait emporter une fois, les douleurs, les larmes dont il serait la cause, lui causeraient de tels remords qu'à moins d'être bien mal né, il n'y reviendrait pas à une seconde reprise. Mais ma surveillance, la douceur de mon administration, très propre à épargner des délits sérieux, ne laissent guère à mes filles la possibilité de s'accuser entre elles que de ces fautes vénielles qui ne peuvent mériter qu'une légère réprimande; l'impression n'en étant pas bien fâcheuse pour celle qui la reçoit, ne peut être bien pénible à celle qui la cause. Louise, comme la plus petite et la plus faible des deux, est plus sujette que sa sœur à ce défaut. Je cherche à l'en corriger; mais je ne puis jamais l'en gronder bien sévèrement, puisque son accusation n'a jamais pu attirer beaucoup de mal sur Sophie, et que, si la faute n'est pas grave, on ne peut avoir fait une grande faute en me la rapportant. D'ailleurs l'habitude de confiance établie entre nous, la conviction que je dois tout savoir, n'ont guère permis qu'on s'accoutumât à l'idée de me cacher quelque chose, et la révélation de la vérité est plus souvent une indiscrétion qu'une accusation.

Je tâche donc d'établir entre mes filles l'union fraternelle sur d'autres bases que la nécessité de la défense. Si l'une a bien dit sa leçon, m'a procuré quelque surprise en remplissant son devoir plus tôt, ou en faisant sa tâche plus forte que je ne m'y attendais, je le dis bien vite à sa sœur, non comme un exemple, je m'en garderais bien, mais comme une bonne nouvelle dont je veux qu'elle partage la joie, et que j'accompagne d'une caresse pour elle-même ; en sorte qu'elle s'en réjouit avec moi, et qu'elle a du plaisir à l'apprendre aux autres ; c'est là déjà que commence à se placer son amour-propre. Si je punis l'une, je me garde pendant ce temps d'amuser l'autre ; les jeux cessent, du moins de ma part ; sans imposer silence, je n'encourage plus la gaîté ; tout devient sérieux, et le chagrin de la coupable a pour sa sœur l'effet d'une calamité publique. Aussi j'évite les punitions qui pourraient séparer leurs intérêts ; il ne m'arrivera jamais d'imposer à l'une de rester à la maison, tandis que sa sœur ira à la promenade ; le chagrin de celle qui resterait se tournerait en amertume et en envie contre sa sœur ; l'autre souffrirait beaucoup trop d'une punition qui ne la regarde pas, ou ne la sentirait pas, ce qui serait encore pis.

L'amour fraternel, cultivé de cette manière par la tendresse et l'indulgence, perdra peut-être quelque chose de cette énergie passionnée que pouvait lui donner autrefois la situation des enfans à l'égard de leurs parens, et qui se retrouvera encore dans quelques amitiés de collége, formées sous un régime nécessairement un peu plus sévère que celui de l'éducation domestique; mais il en recevra certainement une empreinte plus parfaitement morale. Je fais cas des partis d'opposition, même quand ils ont tort; mais en éducation surtout, l'opposition n'est pas toujours sûre d'avoir raison : de plus elle court trop souvent le risque de confondre, avec l'autorité qui punit la faute, le principe qui la défend, et d'échapper à l'autorité par le mépris du principe. L'union des enfans contre des parens ou des maîtres est souvent une union de complices, et l'on a vu mettre l'honneur à dépouiller un verger ou assommer un maître d'étude. Il n'en peut être ainsi dans mon gouvernement représentatif complètement soumis aux habitudes de la publicité, et où les motifs de ma conduite, toujours exposés aux yeux de mes sujets, leur justifient sans cesse la légitimité de mon pouvoir. Quand il arrive aux passions de le contester, il a presque toujours la raison de quelqu'un pour le défendre. J'ai le plus souvent mon parti entre mes filles; si l'une se plaint à tort, l'autre qui se trouve de sang-froid en ce moment, la redresse, la moralise, lui étale les principes que l'autre ne manquera pas de lui rendre à la première occasion; si le mécontentement se trouve de mon côté, si ma sévérité menace de se déployer, la conduite devient un peu plus embarrassante ; on ne veut pas, on ne peut pas me donner tort, et pour rien dans le monde on ne se résoudrait alors à faire corps avec moi contre sa sœur. Demeurer spectatrice indifférente est bien difficile et paraîtrait aussi trop dur. Il faut savoir subir alors la plus utile de toutes les épreuves, concilier la justice et l'affection, le devoir avec la bonté. Louise n'y fait pas grande finesse : encore tout ingénue dans ses mouvemens, si je gronde sa sœur, elle ne sait que l'embrasser pour la consoler; mais Sophie commence à comprendre le devoir qui le lui défend. Assise et tranquille auprès de moi, elle cherche les yeux de l'affligée, tantôt son regard la plaint et tantôt il me prie; elle lui dit peut-être un mot, mais furtivement, et je me garde bien de m'en apercevoir. Ordinairement plus sage, plus empressée à bien faire dans ces momens que dans d'autres, elle semble, par sa bonne conduite, vouloir me mettre en meilleure disposition, et chercher à remplir des devoirs pour deux; puis, une douce caresse, une prière à demi prononcée, sollicitent, et rarement sans succès, le retour de mes bonnes grâces pour la coupable, et la permission d'aller reprendre avec elle le jeu suspendu.

Ainsi commencent à s'unir leurs destinées, ainsi

commencent à se confondre leurs intérêts, leurs pensées, leur vie. Si mes soins ne sont pas trompés, si je puis leur apprendre à aimer comme je sais qu'on aime sa sœur, leur existence sera doublée et je les aurai à jamais préservées de l'égoïsme aussi bien que de l'isolement. Jamais une des deux ne sera seule heureuse ou affligée; jamais rien ne sera complet pour l'une que l'autre ne le partage. Chacune comptera au nombre de ses joies et de ses chagrins la joie et les chagrins de celle qui fait une partie de son existence. Ainsi, aucune des différences qui se trouveront entre leurs destinées ne pourra empêcher que tout ne leur soit commun. Les grâces, les vertus de l'une feront la gloire et le bonheur de l'autre, et celle des deux que frappera le malheur saura, désintéressée d'elle-même, trouver dans le bonheur de sa sœur quelque dédommagement à ses propres peines. Leur intimité n'aura pas besoin de confidences, leur tendresse de témoignages, leurs pensées se communiqueront sans le secours de la parole. Absentes, elles ne seront point séparées; et celle dont les prières n'auront pas été exaucées, à qui sera réservée la douleur de survivre, suivra de l'âme la chère compagne qui l'aura quittée, pour retenir et posséder de toute la force de son affection cette étroite union, cette triste et douce présence, prix assuré d'un constant regret, d'un souvenir sans distraction, trésor préférable à tout ce qui console. « J'aime mieux mon fils » mort que tout autre fils vivant » disait le duc d'Ormond réduit à pleurer son fils unique.

LETTRE XXIV.

Mme d'Attilly à Mme de Lassay.

Paris, mai 1818.

Gérard sort de chez moi confus, désolé, repentant, étonné surtout d'être sorti de chez vous, de ne plus voir madame, monsieur, le petit. « Avant-hier encore je lui faisais son chariot; » et le pauvre homme s'est mis à pleurer. « Il m'a » donné quoique ça un fameux coup de fouet » dans la jambe; mais, comme dit ma femme, » c'est tout de même l'enfant de mes maîtres. » J'étais là à rincer les bouteilles, il est venu » comme ça par derrière, et vlan; ça m'a tout » surpris; ma foi, j'ai perdu la tramontane, et » voilà pourquoi je l'ai tapé. Ce qui est fait est » fait; pas moins quand j'ai entendu monsieur » me donner mon congé, c'est comme si j'avais » vu trente-six chandelles. Ma femme dit que je » suis un fou; c'est vrai que je suis parti sans de- » mander mon reste, et, sauf respect, en savates, » comme j'étais: j'ai été prendre la voiture, et

» ma femme m'a vu arriver comme un homme » qui n'y est plus. Elle me demandait : Gérard, » où est donc ton paquet? Mais tenez, voyez- » vous, elle ne peut pas le croire, elle dit » que j'ai porté madame toute petite dans mes » bras, et qu'il faut que je vienne vous parler. »

Cette harangue m'a fait comprendre à peu près ce qui s'était passé, et je vois que le pauvre homme, la tête perdue, ne s'est pas donné le temps d'attendre un pardon qui lui aurait sans doute été accordé. Il a si fidèlement servi votre mère que ce n'est pas à vous, chère enfant, que je songe à le recommander; mais Edmond s'en souviendra, je l'espère, et si le désespoir de ce pauvre Gérard et ma prière peuvent ajouter quelque chose à ces motifs, je lui demande de tout mon cœur une grâce que je crois méritée par le long attachement de ce vieux serviteur.

LETTRE XXV.

Mme de Lassay à Mme d'Attilly.

La Saulaye, mai 1818.

Comme vous le pensiez, chère tante, le pardon était prêt, il n'a pas attendu les sollicitations. Gérard en a dû recevoir la nouvelle en sortant de chez vous, et même Edmond, qui se reprochait d'avoir cédé à un premier mouvement, m'a permis, afin que cet ancien membre de la famille y pût rentrer sans humiliation, de lui mander que tous les deux ils avaient été trop vifs, et que pour tous deux, il espérait que cela ne recommencerait plus. Vous jugez que nous avons fait de Just l'instrument de la réconciliation, il fallait bien que ce fût pour lui une affaire d'avoir été la cause d'un si grand malheur. Au premier moment, tout étourdi de la colère de son père accouru à ses cris, et de celle de Gérard encore ému du coup de fouet, il n'avait rien compris de ce qui se passait. Lorsqu'ensuite les autres domestiques, consternés du renvoi de Gérard, le lui ont appris, en lui disant que c'était sa faute, et qu'il était bien dur qu'un honnête homme perdît son pain à cause d'un petit méchant comme lui, irrité de leurs reproches, il tournait au stoïcisme : je l'ai tiré de leurs mains. Je voulais me faire raconter par lui les détails de l'affaire, afin de savoir ce qu'il en pensait; mais je n'en ai pu rien obtenir, si ce n'est que Gérard lui avait fait aussi bien mal. Il se sentait dans son tort, et ne songeait qu'à se défendre. « Aussi, lui ai-je dit, Gérard est renvoyé, vous » ne le verrez plus. » Il m'a paru que cette idée commençait à l'émouvoir. « Mais pourquoi, dit-il, » mon père l'a-t-il renvoyé ? » — Parce que, » comme vous êtes assez méchant pour le battre, » lui qui avait tant d'amitié pour vous, il pour- » rait bien arriver qu'il vous le rendît encore. » — J'aime mieux qu'il me le rende et qu'il » reste. — On ne veut pas non plus que vous » preniez l'habitude de battre. — Mais c'était pour » jouer. — Nous aurons un autre domestique » avec qui vous n'oserez pas jouer de cette ma- » nière. — Je n'aurais plus donné de coups de » fouet à Gérard. — Si nous en étions bien sûrs, » lui ai-je dit, peut-être Gérard pourrait-il re- » venir ? — Oh ! maman, bien sûr, bien sûr. » La contrition s'était emparée de lui dès qu'il avait vu qu'elle pouvait servir à quelque chose : elle s'est refroidie quand j'ai proposé d'aller demander à son père le pardon de Gérard. Edmond avait sévèrement grondé son fils, et d'ailleurs comme les enfans sont effrayés de tout ce qui les étonne, Just était si troublé d'avoir vu son père en colère contre Gérard, qu'il n'osait lui en parler. Je n'ai pas insisté, je voulais qu'il se déterminât tout seul, mais j'ai tourné l'entretien sur le chagrin de ce pauvre Gérard, sur son petit-fils qui est de l'âge de Just, et à qui il allait dire que Just l'avait fait renvoyer, sur le chariot que Gérard était si pressé de finir, où il espérait traîner Just dimanche prochain : pauvre Gérard ! Tout cela travaillait dans son petit cœur, il a pris sa résolution, et m'a dit tout d'un coup : « Je vais parler à mon père. » Il est parti en courant pour aller trouver son père dans le jardin; puis, arrivé près de lui, s'est arrêté tout court en baissant la tête, et prononçant bien bas quelques mots inintelligibles. Mais j'avais suivi de loin; Edmond, à qui j'ai fait signe, a bien vite compris, bien vite accordé; la réconciliation a été générale, les promesses solennellement renouvelées, la lettre écrite sous les yeux de Just, qui ne m'a pas quittée que je ne la lui eusse remise pour aller lui-même dire à Jean de la porter tout de suite à la poste; elle est partie, et nous voilà tous contens.

Maintenant je suis bien sûre que rien de pareil n'arrivera plus, du moins de la part de Gérard. Il se laisserait certainement assommer plutôt que de rendre une chiquenaude. Mais c'est là précisément ce qui m'inquiéterait, si je n'espérais que Just se corrigera de cette mauvaise habitude de taper à tort et à travers. Cependant je n'y compte pas tellement ni si promptement que je ne sois un peu embarrassée à prévenir les inconvéniens de cette impunité qu'un enfant trouve inévitablement dans ses rapports avec les domestiques. J'en connais un qu'on a fort laissé avec eux, en même temps qu'on ne permettrait pas à un domestique la moindre apparence de familiarité envers l'héritier de la maison : aussi les tourmente-t-il à son gré depuis le matin jusqu'au soir, sans souffrir de leur part la moindre résistance. Il est haut et familier avec eux, et n'a pris dans leur société, qu'il préfère à tout, que de la grossièreté sans bonté. Comme il ne leur a jamais été permis d'approcher de lui que de la manière qui lui plaisait, il lui a semblé que c'étaient des machines faites pour son amusement, et il n'a jamais songé à s'intéresser à eux. Je ne sais ce que je n'aimerais pas mieux que de voir à mon fils une pareille disposition.

D'un autre côté, on ne peut pas permettre à un domestique d'être brutal avec un enfant, quand celui-ci l'aura impatienté. Je n'aurais peut-être pas été si troublée qu'Edmond de la tape de l'autre jour, convaincue comme je le suis que c'est là un évènement tout-à-fait extraordinaire, et qui ne se serait pas renouvelé. Il est lui-même revenu à mon avis; mais nous n'en sentons pas moins qu'il faut établir là-dessus une règle très sévère, et que, s'il est quelquefois nécessaire de rendre à un enfant le coup qu'il a donné, pour lui faire perdre le goût de cette espèce de divertissement, on ne doit pas permettre que les domestiques sur qui il pourra tomber soient indistinctement chargés de la correction. Comme me le disait hier Edmond, il n'y a de sûreté, même morale, pour un enfant au milieu des domestiques, que quand ils sont accoutumés à lui porter quelque chose du respect qu'ils ont pour leurs maîtres. Il est certain que cette habitude les empêche de mettre dans leur conduite avec nos enfans la grossièreté et l'imprévoyance qu'ils ont dans ce qui les concerne. Ils ne disent point devant eux ce qu'ils diraient devant les leurs, ne leur permettent point ce qu'ils pourraient passer à des enfans du peuple; et quoiqu'ils les gâtent beaucoup plus à quelques égards, ils les reprennent assez sévèrement quand ils les voient faire quelque chose qui, dans leur opinion, déroge aux convenances de l'espèce de rang où ils les ont placés.

Il ne faut certainement pas renoncer à cet avantage, en laissant les domestiques prendre trop de liberté avec les enfans; mais aussi comment laisser hors de la présence de leurs parens les enfans en liberté de faire et dire tout ce qu'ils voudront aux domestiques? C'est sûrement à cause de cette difficulté que tous les livres d'éducation recommandent de séparer bien soigneusement les enfans des domestiques: il y en a même qui vont là-dessus si loin que cela en est étrange. Quant à moi, cette séparation absolue me répugnerait beaucoup; Edmond pense de même, il dit qu'il ne fait nul cas des éducations si précieuses. D'ailleurs chez moi cela serait impossible. Nos domestiques sont anciens, ou si attachés qu'ils tiennent presque à la famille. Les jours où mon pauvre enfant fut si mal, ceux qui n'étaient pas dans sa chambre se tenaient à la porte pour écouter et demander des nouvelles à chaque personne qui sortait; on n'entendait pas dans la maison un mot, un souffle; il semblait qu'elle fût tout entière la chambre du malade. Quand on annonça qu'il était hors de danger, ils se pressaient autour de nous en pleurant comme des enfans. Edmond les embrassa tous, jusqu'à Jean, qui se tenait derrière et avait passé dans les larmes la nuit et le jour précédent. Puis-je donc leur refuser mon fils, quand ils l'ont comme adopté pour le leur. Il est devenu l'intermédiaire par où ils se rapprochent de moi. Gérard, à moins que je ne lui adresse la parole, ne me dirait pas un mot hors de son service, si ce n'est pour me faire remarquer comme M. Just grandit, ou qu'il a de belles couleurs; et Jean me sourit quand il voit passer mon fils avec moi. Cette petite familiarité qu'ils ont acquise en partageant nos peines, nous ne la leur ôterons pas quand elle est une faveur. Je crois bien qu'ils en vaudront mieux et que Just n'en vaudra pas moins.

LETTRE XXVI.

Mme d'Attilly à Mme de Lassay.

Paris, mai 1818.

Votre lettre, ma bonne Henriette, a transporté l'honnête Gérard; il est venu dans sa joie me la montrer, plus divaguant, la perruque plus ébouriffée qu'à l'ordinaire, et tout botté pour son départ, qui n'aura pourtant lieu que ce soir. Dans sa reconnaissance, il ne veut pas revenir les mains vides, et m'a suppliée de lui donner une lettre pour vous. Vous pouvez sans crainte, chère enfant, laisser communiquer votre fils avec des domestiques traités de cette manière; en diminuant la distance d'eux à nous, on diminue beaucoup le danger des rapprochemens. Les règles d'éducation dont vous me parlez ont été faites pour d'autres mœurs, d'autres habitudes que les habitudes communes aujourd'hui. Adressées à un petit nombre de gens, elles avaient pour objet ces nombreux domestiques entretenus dans les maisons riches, où ils formaient pour ainsi dire une nation à part, vivant tout-à-fait séparés de leurs maîtres, sans autres relations avec eux que celles de la servitude, la crainte et la tromperie. Entre eux, au contraire, habituellement réunis dans les antichambres, dans les cabarets où ils allaient prendre leurs repas, ils se communiquaient réciproquement tous les vices de l'oisiveté pauvre sans cesse en présence de l'oisiveté riche. Il y avait ainsi des mœurs particulières aux domestiques, et surtout à une certaine classe de domestiques presque entièrement disparue aujourd'hui que ce genre de luxe est fort diminué, et que, comme tout le reste, réduit à ce qui est de pure commodité, il s'est répandu dans un beaucoup plus grand nombre de familles. Les domestiques, plus occupés, plus surveillés, nourris dans l'intérieur, et presque toujours attachés au service personnel de leurs maîtres, ou chargés de quelque portion des intérêts de la maison, reçoivent l'empreinte de leur situation particulière beaucoup plus que de leur condition générale, et notre influence sur eux, bonne ou mauvaise selon la manière dont nous l'exerçons, dépend beaucoup plus de nous. Mieux connus aussi, choisis avec plus de soin, ils offrent nécessairement plus de garanties, et de la confiance qu'ils obtiennent naît l'attention à s'en rendre dignes. D'un autre côté, les enfans beaucoup plus dans la familiarité et dans la main de leurs parens, sont moins livrés aux impressions qu'ils pourraient recevoir des domestiques, dont ils ne peuvent jamais faire leur société habituelle; mais ils communiquent avec eux, apprennent que ce sont des hommes, et cette sorte d'éducation ne leur est sûrement pas inutile.

Je me rappelle que, dans mon enfance, élevée à Paris, et habituée à voir, à de certaines heures, la petite poste emporter ou rapporter des lettres, l'idée d'un facteur ne m'était pas entrée dans la tête, et que la première fois que j'en rencontrai un, je fus tout étonnée de penser qu'en effet ce qui apportait les lettres pouvait bien être un homme. J'éprouvai la même surprise en rencontrant dans la rue un acteur sans rouge et sans habit à la romaine, enfin un homme comme un autre. On sait qu'un homme de la cour, en apprenant que François de Sales venait d'être mis au rang des saints, disait : « Cela n'est pas pos- « sible, j'ai joué vingt fois au reversis avec lui. » Ces habitudes de la vie commune n'entraient pas, pour lui, dans l'idée d'un saint. Nous pouvons nous accoutumer à considérer les choses et les hommes sous un aspect tellement spécial que nous perdions absolument de vue leur véritable nature. C'est ainsi qu'on a complètement oublié de considérer, dans le monde ancien, les esclaves, et, dans le monde moderne, les nègres, comme des hommes. C'est ainsi que généralement en Angleterre, un domestique n'est pas, pour son maître, autre chose qu'un domestique, c'est-à-dire une machine à service qui fera bien son œuvre à certaines conditions toujours exactement remplies, mais dont la nature d'homme ne compte pour rien dans ses rapports avec un maître aussi indifférent à son attachement qu'à son bonheur, et qui ne lui demande, comme à son cheval, que de bien faire le travail auquel il est destiné.

Cette sèche régularité n'a jamais été dans nos mœurs ; nos relations avec nos semblables portent le caractère de l'esprit de sociabilité plutôt que de l'esprit d'affaires, et nous manquerions plus volontiers à l'exactitude qu'aux procédés. Aussi, les conditions dépendantes sont-elles d'ordinaire assez douces en France, surtout à Paris. Cependant, le pouvoir est partout une dangereuse séduction, et celui qui commande fait rarement entrer dans ses calculs le sentiment ou l'opinion de celui qui obéit. Que sera-ce si, préservé avec soin de tout rapport avec les domestiques, un enfant ne les connaît que comme destinés à recevoir et exécuter des ordres, si rien ne l'avertit que sous cette condition servile réside une âme humaine pour recevoir l'impression de ses actions, une pensée humaine pour les juger? Accoutumé à les compter pour rien, il en arrivera un jour à ne se gêner ni avec eux, ni devant eux, à les faire servir indifféremment de jouets à ses fantaisies ou d'instrumens à ses vices; et la dégradante familiarité d'un maître avec les domestiques initiés dans ses honteux secrets vient toujours de ce qu'il n'a pas su les respecter assez pour avoir besoin de se respecter devant eux.

Notre petit Just apprendra, je l'espère, qu'il y a une opinion chez ceux même qui ne sont pas en situation de nous l'exprimer : il voudra l'estime de Gérard, et craindra de rougir aux yeux de Jean; et il n'y a pas lieu de craindre que cette sorte d'ambition l'égare, car l'opinion de Jean et de Gérard sur son compte ne sera, tant que vous le voudrez, autre chose que la vôtre. Que vos domestiques sachent, en général, les règles de conduite que vous imposez à votre fils, et vous pouvez être sûre que leur approbation se mesurera sur son obéissance. Ainsi, par exemple, pour empêcher qu'il n'abuse envers eux de la certitude d'en être ménagé, exigez absolument que s'il lui arrivait de tourmenter ou de frapper un domestique, on vînt sur-le-champ vous en rendre compte. Je ne vous réponds pas qu'on en fasse rien, si ce n'est en cas de délit extraordinaire;

mais vous pourrez presque toujours savoir par la bonne ce qui se passe; et quant aux autres, votre ordre du moins leur sera une arme contre lui; plus avertis de l'importance que vous mettez à détruire ou prévenir une pareille habitude, ils l'en reprendront avec beaucoup plus de sévérité. Le véritable et grand inconvénient, pour un enfant, de la société des domestiques, c'est que ceux-ci manquent d'une autorité capable de le contenir; il faut donc qu'ils puissent toujours, à un certain point, représenter la vôtre, et que toute personne qui lui recommande ce que vous lui recommanderiez vous-même, ait droit de s'en faire écouter. Ce précepte bien établi, vos domestiques, dont il rendra le rôle plus considérable auprès de lui et même auprès de vous, auront soin de le faire respecter, et vous pouvez être assurée qu'en cas de mépris de leurs représentations, la menace d'en appeler à vous ferait rentrer les choses dans l'ordre; ainsi tous les gens de la maison se porteront naturellement pour les surveillans de votre fils, et ses relations avec eux, sans inconvéniens pour lui, auront de plus un avantage assez important dans l'éducation telle qu'elle est aujourd'hui.

Cette éducation a, ma chère enfant, un défaut auquel vous n'avez peut-être jamais pensé, c'est qu'elle est trop raisonnable, trop juste. Ce n'est pas élever nos enfans au train des choses de ce monde, que de les accoutumer à n'être condamnés que quand ils ont tort, maltraités que quand ils le méritent. Il est aisé de voir à leur indignation, lorsqu'ils s'imaginent subir une injustice de notre part, qu'ils ne se croient pas faits pour cela; et le ton des demandes ou des représentations qu'ils nous adressent indique assez la certitude de trouver, sans se mettre en frais, la raison et la bienveillance dont ils ont besoin. Il faut pourtant qu'ils apprennent à se douter que cela peut être autrement, que leur raison se forme à savoir se passer de la raison des autres. Nous pouvons leur donner à cet égard quelques préceptes, mais nulle expérience; elle doit leur venir d'ailleurs, et les domestiques sont tout propres à la leur donner. Tantôt complaisans à l'excès, tantôt bourrus sans motif, ils refusent aussi déraisonnablement qu'ils accordent; et les enfans apprennent très bien dans leur commerce que, pour vivre avec les autres, obtenir leur affection, leur confiance ou leur complaisance, il y a d'autres conditions que d'avoir raison. Ils s'accoutument aux mécomptes, aux ménagemens, à l'indulgence d'esprit sans laquelle ce monde serait une vraie carrière d'épines où la raison se sentirait blessée à chaque pas.

Mes filles, plus habituellement retenues chez

moi que ne le peut être un petit garçon auprès de ses parens, et d'ailleurs élevées à la réserve envers les domestiques hommes, ne sont cependant pas dépourvues de relations avec les inférieurs. Leur bonne, une de ses amies, ma cuisinière, la portière de la maison, bonne femme qui vient rapporter à Louise les joujoux qu'elle laisse tomber par la fenêtre, et apprend à Sophie à faire des souliers à sa poupée, voilà leurs principales liaisons en ce genre, et je vous assure qu'elles s'y forment aux attentions et à la politesse beaucoup plus qu'avec moi. On m'a confié que l'amie de la bonne était très susceptible, et qu'elle se fâchait si on oubliait de lui dire bonjour ou de lui faire la révérence; aussi n'y manque-t-on jamais. J'ai demandé alors pourquoi j'avais si souvent à reprendre de ce qu'on n'ajoutait pas à sa phrase : *maman*, ou *monsieur* ou *madame* : « C'est que vous grondez bien, maman, » m'a répondu Sophie; mais cela ne vous fâche » pas. » Mille étourderies ou enfantillages, que je traiterai assez légèrement, sont des torts graves pour les domestiques qui en souffrent plus que moi. Ainsi, la colère où elle a mis un jour Marianne a déterminé Louise à se priver du délicieux plaisir d'ouvrir et de laisser couler le robinet de la fontaine, et Sophie a soin dans la rue de me prier de passer du côté le plus propre, parce que sa bonne la gronderait si elle crottait son pantalon ou sa robe. Elles savent aussi qu'il ne faut rien demander à Marianne quand elle est de mauvaise humeur, et ne se détermineront pas à la déranger, même pour le motif le plus légitime, à l'heure où l'approche du dîner la presse et l'échauffe. Ainsi, elles apprennent à la fois à compter avec les autres et à n'en pas attendre tout ce qui leur est dû. L'autre jour, Louise m'arriva furieuse contre la portière, qui, sur je ne sais quelle assertion de sa part, avait répondu que cela pouvait bien n'être pas vrai. Elle était déterminée à lui dire la première fois qu'elle la verrait, que c'était elle qui était *une vilaine menteuse* de ne pas la croire. J'eus quelque peine à redresser ses idées sur la justice du talion en pareil cas, et à lui faire comprendre de plus que la portière, vivant d'habitude avec des enfans moins bien élevés qu'elle, ne croyait pas l'insulter beaucoup en la soupçonnant d'un défaut très commun chez eux. Je parvins cependant à la convaincre, non pas, à la vérité, sans exciter en elle une certaine fierté sur ses mérites en ce genre. Elles entendent de même fort bien à présent qu'il est tout simple que Marianne, bonne fille, mais un peu brusque et grossière, quand elles viennent l'impatienter de leurs fantaisies, ne garde pas toujours la mesure de la justice et de la convenance, se fâche trop fort et leur parle trop rudement. Je les ai fait convenir qu'elles pouvaient se passer, si elles le voulaient, d'avoir des rapports avec elle, et qu'il fallait ou n'avoir jamais recours à sa complaisance, ou savoir ménager ses défauts.

Ainsi, en reconnaissant la dépendance où elles sont de la bonne volonté des autres, elles apprennent à sentir la supériorité de leur raison, sentiment utile quand il s'acquiert par l'expérience; car elle ne nous instruit de nos mérites qu'en nous en faisant connaître l'usage et la nécessité. Elles s'accoutument aussi à subir l'injustice sans qu'il en résulte pour leur caractère aucun des inconvéniens qu'elle aurait de la part de l'autorité suprême, qui doit exercer autant d'empire sur leur raison que sur leur conduite. L'injustice des supérieurs abat ou corrompt, lorsqu'elle ne révolte pas; celle de nos égaux ne fait que nous élever au-dessus d'eux. Mais il faut à l'enfant un centre de lumières et d'équité où il vienne toujours reprendre langue, s'assurer que ce qui lui a paru injuste ou déraisonnable l'est en effet, et se consoler de l'infraction faite à ses droits par le plaisir de les voir reconnus. Ni le jugement, ni le caractère d'un enfant et peut-être d'un homme, ne résisteraient à une continuité d'injustices qu'il lui faudrait supporter seul et sans avoir quelqu'un avec qui en raisonner. Mais tout passe au moyen d'un confident qui soit de votre avis. C'est ce que le public demande aux confidens des héros de tragédie ; leur raison calme, leur morale un peu commune mais honnête, l'aide à prendre patience sur les folies ou les crimes de leurs maîtres. Quelque chagrin qu'on ait pu lui faire, quelque mauvaise action qu'on ait pu commettre sous ses yeux, il s'en va content si quelqu'un dans la pièce a dit ce qu'il en pense et a pensé comme lui. Notre raison a encore plus besoin de sympathie que nos sentimens.

Je pars toujours lundi, ma chère enfant, pour vous aller trouver. Je ne sais si la tête de mes filles résistera à la joie de ce petit voyage.

LETTRE XXVII.

Mme de Lisois à Mme d'Attilly sa belle-sœur.

Paris, juin 1818.

Je ne sais plus, chère sœur, comment m'y prendre avec Zéphyrine; elle devient tous les jours plus difficile à conduire. Sa bonne surtout ne sait pas s'en faire obéir : j'en voudrais trouver une qui lui imposât un peu davantage. J'ai été obligée de me séparer d'Émilie, celle que vous avez vue chez moi; elle me convenait à beaucoup d'égards : d'abord elle ne gâtait pas ma fille, et puisque vous prétendez que je la gâte, au moins suis-je bien aise qu'il n'y ait que moi qui m'en mêle. Son éducation avait été assez bonne, elle ne manquait pas d'esprit, et il résultait de tout cela une sorte de fierté dédaigneuse qui m'assurait qu'elle ne serait pas trop familièrement avec les autres domestiques; ses mœurs étaient sûres et son ton convenable, quoiqu'une disposition habituelle à l'humeur la rendît souvent un peu aigre. Zéphyrine souffrait quelquefois de cette humeur; malgré cela elle aimait sa bonne avec une sorte de passion, et cette femme avait pris sur elle un tel empire que j'aurais été bien heureuse de me faire obéir aussi facilement. Les cent mille devoirs de société que j'ai à remplir m'obligent, comme vous le savez, à quitter souvent ma fille. Je trouvais un grand avantage à la savoir, en mon absence, sous une autorité, je l'avoue, beaucoup plus respectée que la mienne : je me résignais même à n'être, pendant la première enfance de Zéphyrine, que la seconde personne en crédit près d'elle, et supportais, sans me plaindre, quelques dégoûts dont j'étais bien sûre d'avoir un jour ma revanche. Mais je m'aperçus qu'en attendant le caractère de ma fille se gâtait, sans mauvaise intention de la part d'Émilie, mais par une suite naturelle du sien. Brouillée avec tous les gens de ma maison, elle faisait partager à Zéphyrine ses animosités, et je trouvai un jour cette petite fille dans une colère horrible contre ma femme de chambre, avec qui Émilie était en querelle ouverte, et l'accablant d'injures sur ce que celle-ci, en lui rapportant ses gants, lui avait dit que sa bonne les laissait toujours traîner dans mon appartement. Lorsque Émilie avait quelque renouvellement d'humeur contre le cuisinier, pendant huit jours Zéphyrine trouvait sa soupe mauvaise ou ses épinards trop salés. Elle était instruite à fond des griefs de la fille de cuisine, des profits qui se faisaient à l'office, enfin de tous les commérages dont sa bonne s'entretenait avec ses amies; en sorte que sa séparation absolue d'avec les domestiques ne servait qu'à occuper davantage son imagination de leurs caquets, des détails de leur conduite, et des vilains petits intérêts qui les divisent. Elle savait aussi qu'il ne fallait pas me dire telle ou telle chose; et si je l'eusse interrogée, je ne sais à quel point, pour défendre ou pour excuser sa bonne, elle ne se serait pas permis d'embellir au moins la vérité.

Je voyais tout cela, et ne savais comment faire, n'ayant rien de positif à reprocher à Émilie. Enfin, il s'est présenté pour elle un établissement avantageux; je l'ai fort encouragée à l'accepter. Son aversion pour ma femme de chambre, avec qui elle ne pouvait plus vivre, a aidé à mes argumens. Quoiqu'elle ait eu tout lieu d'être contente de moi, son départ a donné à Zéphyrine une humeur épouvantable : son dépit s'est tourné en indocilité pour la nouvelle bonne que je lui ai donnée; elle a décidément pris le parti de ne pas l'écouter. Il faudrait, pour la réduire, des pénitences perpétuelles; d'ailleurs, sa bonne trouve plus simple de laisser aller que de venir se plaindre à toute minute. Quand je demande pourquoi une chose ne s'est pas faite, « Made-» moiselle Zéphyrine ne l'a pas voulu ; » et ce que mademoiselle Zéphyrine veut faire est toujours précisément le contraire de ce que veut sa bonne; en sorte que quand elle n'est pas avec moi, c'est à peu près comme si elle était seule. Je ne puis compter sur sa bonne pour faire bien prendre les leçons, pour empêcher le babil avec les maîtres, les courses dans la maison ou toute autre sottise. Je n'ai même aucun moyen de me rassurer contre les accidens dont on ne peut garantir un enfant de dix ans, indocile. Il y a quelque temps qu'à ma porte elle a failli se faire écraser par une voiture, en passant d'un côté à l'autre de la rue, pour échapper à sa bonne qui voulait l'obliger de rester près d'elle. Le pied du cheval l'a tellement touchée qu'il a crotté sa robe. La bonne est rentrée à demi-morte de frayeur, et moi j'ai cru que j'en mourrais tout-à-fait. Deux jours après, elle s'est abîmé les jambes avec une cafetière d'eau bouillante qu'elle a voulu prendre, quoi qu'on pût lui dire, et qu'elle a lâchée ensuite parce que l'anse la brûlait. Depuis ce temps, je suis si tourmentée qu'elle me quitte le moins que je puis; je la garde chez moi, même quand j'ai du monde, ce qui me gêne et l'ennuie. Je la fais sortir avec moi, ce qui dérange les leçons. Trouvez-moi, je vous prie, chère sœur, une bonne qui soit sûre; ce sera me rendre un service essentiel à mon repos et même à ma santé, car depuis quinze jours je ne dors pas d'inquiétude.

LETTRE XXVIII.

Mme d'Attilly à Mme de Lisois, sa belle-sœur.

La Saulaye, juin 1818.

N'ALLEZ pas vous aviser, ma pauvre sœur, d'avoir une mauvaise nuit toutes les fois que Zéphyrine vous aura donné une mauvaise journée. Voici le moment de la patience : votre fille est un de ces enfans vifs qui exercent de bonne heure leurs forces, et sentent tard leur raison ; il faut attendre cette raison, et seulement en surveiller avec soin le développement. Zéphyrine a de l'esprit, elle vous aime, elle n'aura autour d'elle que de bons exemples, c'est tout ce qu'il lui faut pour être encore un de ces enfans gâtés qui ont la malice de tourner si bien qu'ils encouragent à en gâter d'autres.

Je voudrais, en attendant, pouvoir vous indiquer une bonne telle qu'il vous la faut ; mais je ne connais personne, et je ne répondrais de personne ; je ne pourrais vous donner qu'un sujet bien disposé, et ce serait à vous à le façonner ensuite à l'emploi que vous voulez lui confier. De qui voulez-vous qu'elle l'apprenne si ce n'est de vous? Il faut que, pour Zéphyrine, sa bonne et vous ne soyez qu'une autorité en deux personnes, que lui désobéir soit vous désobéir, que la mécontenter soit vous déplaire. *Celui qui m'a vu a vu mon père.* Il faut que, sous les yeux de sa bonne, Zéphyrine soit comme sous les vôtres, ce qui ne peut être si vous confiez à la bonne un pouvoir indépendant, si vous vous reposez entièrement sur son caractère et sur les principes que vous lui connaîtrez au lieu de lui donner pour mission d'appliquer les vôtres. Émilie aurait pu concourir à l'éducation de Zéphyrine, si elle l'eût élevée pour vous; mais elle l'élevait pour elle-même; elle en faisait une petite fille obéissante à ses volontés, attachée à ses intérêts, non aux vôtres. C'est ce qui est très difficile à éviter, dans les premières années surtout, sans une grande surveillance. Les volontés au moyen desquelles on dirige la première enfance ne peuvent se réduire, comme les lois qu'on impose à des hommes, à un certain nombre d'articles généraux et de cas prévus. Comment prévoir ce qu'exigera un être qui ne prévoit pas lui-même, dont les désirs et les actions ne sont assujétis à aucune règle? Il faut à chaque instant, près d'un petit enfant, une volonté nouvelle pour répondre au caprice, au besoin du moment; et la bonne qui, dans tous les cas, serait obligée de se soumettre à une loi prescrite d'avance, passerait sa vie comme le général obligé de suivre le plan de campagne dressé par son cabinet, à perdre des batailles ou à manquer des occasions. Il n'y a certainement pas de principe moins sujet à exception que celui qui défend à une bonne de frapper l'enfant qu'on lui confie; à quels embarras, cependant, réduirez-vous celle qui ne pourra, sans un ordre exprès, répondre par une chiquenaude à l'enfant qui bat ou qui mord, ou repousser par un coup léger le doigt obstiné à se faire prendre dans une porte?

Il est donc impossible qu'une mère qui ne peut partager avec la bonne les soins qu'exigent les premières années de ses enfans, ne lui laisse pas, comme vous aviez fait, chère sœur, un empire de détail, qui est celui que les enfans sentent le mieux, le seul même dont ils se doutent. Un enfant de quatre ans dit fort bien à sa mère, si elle prétend lui ôter ou lui remettre son bonnet: « Ma bonne ne le veut pas. » Il est à peu près impossible aussi qu'il n'en résulte pas une préférence de l'enfant pour sa bonne. L'affection des êtres faibles se porte presque toujours vers le côté d'où leur vient la dépendance. Cette préférence n'a pas en soi de grands inconvéniens, car elle ne peut durer; elle diminuera naturellement à mesure que l'enfant sentira diminuer ses besoins physiques, et augmenter ceux de sa raison et de son imagination. C'est de la mère que dépend directement pour ses plaisirs une petite fille de douze ans, et, à moins d'une grande négligence de la part de leurs parens, on n'en voit guère conserver à cet âge pour leur bonne la préférence que presque toutes lui ont accordée dans leur enfance.

Mais c'est à la bonne qu'il reste de ce premier empire des habitudes fâcheuses; elle est accoutumée à une autorité indépendante; elle la conserve d'autant plus long-temps que la petite fille, quoiqu'elle en souffre quelquefois comme Zéphyrine souffrait de l'humeur de sa bonne, ne cherche point à s'y soustraire, parce qu'elle fait servir cette indépendance à ses fantaisies. Une bonne presque toujours plus soigneuse qu'une mère, lorsque ses fonctions se bornent à des soins matériels, le devient beaucoup moins lorsqu'ils s'étendent à un autre genre de surveillance, met moins d'importance que nous à mille petites choses que nous regardons comme essentielles dans l'éducation de nos filles, et se permettra plus aisément les relâchemens que lui demandera sa propre commodité. Elle défendra de causer avec les maîtres; mais elle commencera elle-même une conversation, et la petite fille s'en mêlera. Il lui sera agréable de sortir tel jour, ou à telle heure, et elle passera plus aisément sur une leçon mal prise ou mal sue. Elle consentira plus aisément par un jour froid à abréger une promenade qui lui sera pénible. Enfin, nous n'avons d'intérêts que ceux de nos enfans, c'est ce qui nous rend fermes à leur égard; la bonne en aura de particuliers, dont ils sauront profiter pour la plier à leur caprice; en sorte qu'une petite fille élevée de cette manière se sentira plus libre avec sa bonne qu'avec ses parens. Elle aura dans sa journée beaucoup de petites actions qui, sans être précisément répréhensibles, craindront les yeux de sa mère; et quand l'âge aura amené l'affection, la confiance sera encore long-temps à s'établir, supposé même qu'elle s'établisse jamais parfaitement.

Il est donc, je crois, très heureux que vous ayez pu vous séparer d'Émilie. Il faut empêcher à présent qu'une autre ne vienne comme elle se mettre entre votre fille et vous, ce qui ne manquera pas d'arriver si vous chargez la bonne de Zéphyrine de lui imposer par elle-même, et non par l'appui qu'elle tirera de votre autorité. Cette autorité doit être son guide comme son soutien; mais il faut qu'à chaque instant elle puisse y avoir recours; qu'elle connaisse à chaque occasion celle de vos volontés dont elle pourra appuyer la sienne; qu'elle puisse dire positivement:

« Madame votre mère le veut. » Cela est aussi aisé avec une petite fille de dix ans, qu'impossible avec un enfant de deux à quatre. Zéphyrine, maintenant, sait aussi bien que sa bonne ce que vous exigez d'elle ; il s'agira donc seulement de le lui rappeler. Elle a d'ailleurs sa portion de raison qui la dirige et rend l'autorité inutile sur une foule de choses. Quand la certitude de vous déplaire en désobéissant à sa bonne aura réprimé ces caprices d'indocilité qui l'ont exposée à s'échauder ou à se faire écraser, vous aurez peu à la prémunir contre ces cas extraordinaires ; et connaissant son caractère et le genre de fautes auxquelles elle est le plus sujette, vous pourrez sans peine donner à la bonne une leçon toute faite, et une autorité reconnue d'avance sur presque tous les points. Cependant, pour la rendre suffisamment respectable, il est nécessaire de la rendre intelligente. Si votre fille ne voyait dans sa bonne qu'un agent passif de vos volontés, elle la mépriserait, ce qui serait un grand danger pour l'obéissance ; vous ne pouvez vous dispenser de communiquer un peu de votre raison à celle que vous ferez l'intermédiaire de votre pouvoir, afin que vos volontés, qu'elle sera chargée d'imposer, paraissent être aussi les siennes, et attirent sur sa personne quelque chose du respect qu'elles doivent inspirer, en sorte qu'on ne puisse lui résister sans vous désobéir à vous-même. Mais il faut pour cela qu'elles lui soient manifestées autrement que par des ordres comme on en donne à un domestique, uniquement pour se débarrasser sur lui de ce qu'on ne veut pas prendre la peine de faire soi-même. Il faut partager avec la bonne de votre fille les soins de son éducation, non l'en charger à votre place. Ce partage établira entre vous sur les objets dont vous vous occuperez ensemble, une sorte de familiarité et de communauté qui la fera entrer dans vos intérêts et dans vos idées. J'ai vu des mères n'avoir de communication avec la bonne de leurs enfans que lorsque celle-ci les amenait dans l'appartement, se retirant aussitôt qu'elle les voyait avec leurs parens, comme une femme de chambre dès qu'elle a fini son service. Je ne crois pas que la bonne des enfans doive s'établir dans l'appartement de la mère ; mais la mère doit être souvent dans la chambre de ses enfans. La bonne de mes filles est accoutumée à me voir entrer et passer dans leur chambre comme dans la mienne ; mon arrivée n'interrompt ni ne dérange ce qu'elle fait ; elle leur commande devant moi comme si je n'y étais pas. Ma présence ne peut suspendre l'exercice de son autorité, puisque cette autorité c'est la mienne, et mes filles sont accoutumées à n'en faire aucune différence. Elle, de son côté, n'a point de disposition qui contrarie les miennes, car il lui semble que nous sommes convenues ensemble de tout. Libre de me dire son opinion sur ce que je prescris à mes filles, l'opinion à laquelle elle ne sait rien objecter lui paraît être la sienne; sur les choses qui peuvent être de son ressort, je la consulte, je lui cède même quelquefois; sur celles qui doivent me regarder uniquement, je ne crains pas de me montrer complaisante envers elle. Ainsi, elle pourra obtenir de moi l'adoucissement d'une pénitence, je lui permettrai de consoler celle que j'aurai grondée, et de demander pardon pour elle. Je lui laisserai une influence qui lui donnera les moyens de se faire aimer sans rien prendre sur moi, de qui viendront toujours les plaisirs qu'elle pourra procurer. Je ne lui permettrai pas de se faire craindre personnellement; je serai trop souvent entre elle et mes filles pour que son humeur puisse les atteindre, et je ne lui laisserai pas l'occasion d'être plus ou moins sévère. Accoutumée à m'avoir pour témoin une partie du temps, elle n'a ni l'habitude ni la possibilité de me cacher ce qui se fait tandis que je n'y suis pas. Il est si bien convenu que je saurai tout ce qui s'est passé en mon absence, qu'elle n'a point à menacer de m'instruire d'une faute ni à faire acheter sa discrétion; elle s'attend toujours à mes questions, elles ne lui laisseraient pour me tromper que la ressource du mensonge, moyen impossible avec des enfans accoutumés à la sincérité; ainsi elle ne peut pas même se permettre la faiblesse.

Mes filles ne sauraient donc prendre en leur bonne une confiance capable de nuire à celle qui m'est due. L'affection qu'elle leur inspire ne pourra jamais être en contradiction avec ce qu'elles sentiront pour moi : ces deux affections ne sont pas du même genre. Absolue sur tout ce qui les regarde, parce qu'elle parle en mon nom, elle leur paraît sur tout le reste une compagne de dépendance. Elles trouvent à exercer envers elle le sentiment de bonté qu'elles ne peuvent exercer envers moi : Louise même prend déjà plaisir à se priver pour elle; Sophie soigne ses intérêts auprès de moi; et en y entrant autant qu'il m'est possible, je l'empêche de croire que sa bonne puisse jamais en avoir qu'il ne faille pas me confier. J'ai su d'ailleurs assez isoler la bonne par ma surveillance, par ma confiance et par ma bonté, pour ne lui guère laisser d'intérêts que ceux dont je veux bien que mes filles s'occupent.

C'est ce qui vous sera aisé, chère sœur, en donnant à la bonne de votre fille des intérêts qui surpassent tous ceux qu'elle pourrait trouver ailleurs. Qu'elle soit honnête, raisonnable, pas trop jeune, ce qui rend les mœurs moins sûres, pas trop vieille, ce qui rend l'humeur plus difficile, si vous le pouvez, fille ou veuve; en l'attachant à vous, vous la détacherez facilement de tout le reste; en vous approchant d'elle, vous l'élèverez autant qu'il le faudra jusqu'à vous; en la remplissant de vos idées, vous ne laisserez plus de place pour les siennes. Le défaut des personnes de cette classe est moins encore d'avoir pris de mauvaises habitudes que de n'en avoir pas su prendre de bonnes. L'ignorance, le défaut de réflexion, le vide et le désœuvrement de leur esprit, voilà ce qui les expose à ces petites passions toujours fâcheuses pour l'éducation de nos enfans, soit qu'ils en souffrent, qu'ils les partagent, ou qu'ils en soient seulement les témoins. Tâchons donc de ne pas leur laisser de passions à elles. Il est aisé d'effacer ce qui est si peu de chose, de remplacer par une existence différente une existence si nulle et si peu déterminée. Établissez entre vous et la bonne de votre fille une communication libre et habituelle sur tout ce qui concerne les soins dont elle est chargée, et le premier de tous ses intérêts sera celui qu'elle partagera avec vous. Ses rapports avec vous seront la partie honorable de sa situation, et celle par conséquent à laquelle elle s'attachera de préférence; que lorsque vous vous entretiendrez avec elle sur ce qui a rapport à votre fille, elle puisse se regarder moins comme une domestique à qui l'on donne des ordres, que comme une personne de confiance à qui l'on explique et on veut faire partager ses volontés, et elle mettra à vos volontés l'importance qu'elle mettrait aux siennes. Enfin, elle agira pour son propre compte en agissant pour le vôtre, parce que vous l'aurez accoutumée à ne penser, à ne sentir que par vous : elle vous aimera, et alors vous pourrez être tranquille. Ce moyen de tranquillité, chère sœur, vous est naturel et facile, et c'est, je crois, le seul sur lequel on puisse compter. Le caractère, la crainte, le devoir, peuvent donner à ceux qui dépendent de nous des motifs pour nous obéir; mais l'affection, en leur donnant nos motifs et nos volontés, les rend seule capable de nous remplacer.

Je m'aperçois qu'au lieu d'une bonne que vous me demandiez, je vous ai donné des conseils que vous ne me demandiez pas; mais nous sommes accoutumées depuis long-temps, moi à vous dire tout ce que je pense, vous à n'en prendre que ce qui vous plaît, et cette manière nous accommode si bien toutes deux que je pense que nous n'en changerons pas.

LETTRE XXIX.

Mme d'Attilly à M. d'Attilly.

La Saulaye, juin 1818.

Nous avons eu hier un grand émoi. Just courait un couteau à la main, et, comme de raison, la pointe en haut; il est tombé et s'est fait une estafilade tout juste au-dessus de l'œil, qui a été aussitôt couvert de sang, tellement que nous avons cru qu'il était crevé. Heureusement nous n'avons eu que la peur; mais vous jugez si elle a été grande; nous n'en sommes pas encore remis. La pauvre Henriette se plaint doucement des oppositions que met son mari aux préceptes de prudence qu'elle voudrait inculquer à son fils, et Edmond bouleversé entre la terreur du danger qu'il a couru, et le sentiment naturel qui le porte à ne vouloir souffrir chez son fils aucune timidité indigne d'un courage d'homme, est depuis hier dans un état d'agitation vraiment cruel. Ne voulant rien défendre et ayant peur de tout, il suit continuellement son fils des yeux, ne peut le perdre un instant de vue sans courir aussitôt pour le chercher, et n'a pas pensé depuis hier à autre chose qu'à inventer des précautions dont l'enfant ne pût s'apercevoir. Je tâche, avant que cette impression ne passe, de le convertir un peu à nos poltronneries de mères; je ne les crois pas si dangereuses pour le courage qu'il est porté à le penser, et ma raison, je l'avoue, ne me fournit aucune défense contre l'affreuse idée des périls attachés peut-être à l'étourderie d'un enfant. Vous avez été indulgent pour ma faiblesse, mon ami, sans doute, parce que vous l'avez crue sans inconvénient : en effet, vous le savez, vos filles ne sont pas poltronnes, Sophie surtout, et c'est la plus prudente des deux. Louise, plus disposée à se laisser frapper de dangers imaginaires ou sans vraisemblance, ne croit pas assez pour mon repos à ceux que je lui recommande d'éviter. Il est difficile pourtant, je l'avoue, de rendre ces recommandations plus pressantes et plus positives. Je ne permets, sous aucun prétexte, qu'on grimpe sur la fenêtre, qu'on coure ou qu'on gesticule des ciseaux à la main, qu'on touche un couteau pointu, qu'on passe trop près d'un puits sans bords, ou qu'on touche dans la rue un gros chien qu'on ne connaît pas, etc. Ma sévérité, quand on manque à ces défenses, prouve l'importance que j'y mets. On connaît les raisons de cette importance ; il ne tient pas à moi qu'on ne la sente de même, et qu'on n'attache l'idée d'un danger à toutes ces choses que j'ai interdites.

Ne peuvent-elles pas, en effet, présenter des dangers véritables ? Je sais que, sur dix mille fois qu'un enfant grimpera sur une fenêtre, il n'arrivera peut-être pas une seule que le balcon se trouve trop bas, et qu'il tombe; qu'il y a dix mille chances pour que Louise, en gesticulant, ne fasse pas le mouvement qui conduira les ciseaux dans son visage ou celui de sa sœur, et pour qu'en courant près de la cheminée, si elle tombe, ce ne soit pas dans le feu; car, comme disent les grenadiers aux recrues : « Il y a terriblement de place à côté. » Mais ce point unique où se trouvera le danger, pourquoi se rencontre-t-il si rarement ? C'est que nous avons l'habitude de l'éviter. On n'imagine guère combien les périls se multiplieraient autour de celui qui n'en connaîtrait pas un seul, et l'on ne pense pas à tout ce que doit savoir un enfant avant qu'on l'instruise de ce qu'il faut particulièrement éviter. Un instinct naturel l'a averti avant nous qu'il doit craindre; la peur a chez lui prévenu toute idée du danger ; il ne s'agit que de la diriger, d'empêcher qu'il n'ait peur d'un masque qu'il ne connaît pas, et ne se familiarise avec la pièce d'eau qu'il voit tous les jours, et dans laquelle il peut, en jouant, tomber et se noyer. Et croyez-vous, mon ami, que lorsqu'on l'aura averti du danger qu'il court au bord de la pièce d'eau, qu'il aura vu sa mère inquiète, et se sera pénétré d'une crainte salutaire qui l'empêche d'approcher trop près de ce bord glissant, croyez-vous que la pièce d'eau, l'idée d'en approcher ou même d'y tomber, lui fasse éprouver le même sentiment de frayeur que lui auront fait éprouver, avant qu'il y soit accoutumé, la vue du masque, les aboiemens d'un petit chien, ou seulement une chenille qu'il apercevra sur sa main? Ce n'est point de l'idée du danger que naît la peur chez les enfans, mais d'une impression subite, inattendue, d'un ébranlement de surprise trop fort pour leur frêle machine. Quand je dirai qu'un bruit fort et imprévu m'a fait peur, je ne chercherai pas à faire entendre par là qu'il m'ait donné l'idée d'aucun danger; cependant j'aurai réellement éprouvé l'impression de la peur, j'aurai été frappée de cette même sensation douloureuse que me causera la vue d'un de mes enfans prêt à tomber du haut d'une chaise ou à se prendre la main dans une porte, cette peur machinale qui précède en nous toute réflexion sur le danger, la seule que puissent connaître les enfans, et dont il faut veiller soigneusement à les préserver ou à les guérir, car elle ne peut jamais servir à rien qu'à les précipiter dans le danger en les empêchant d'y réfléchir.

Il est certain que la réflexion sur ce qui fait l'objet de nos craintes est une des meilleures manières de nous garantir, non-seulement du danger, mais de la peur, de cette impression irréfléchie qui ne prend tant d'empire sur nous que parce que nous nous y abandonnons sans distraction. Une femme qui crie et se trouve mal de peur, porte-t-elle son attention sur le danger? Tout entière à l'impression qui s'est emparée d'elle, elle ferme les yeux, se cache pour s'y dérober, ou bien occupe d'elle et de sa frayeur ceux qu'elle devrait laisser tout entiers au soin de la sauver. Le danger fini, elle ne pourra vous dire ce qui s'est passé, peut-être même ne saura-t-elle pas bien positivement ce qui lui a fait peur : c'est au dedans d'elle-même qu'a eu lieu pour elle l'important de l'évènement. « L'effet » de la lâcheté, dit miss Hamilton (1), est de » diriger exclusivement sur nous-mêmes toute » l'attention de notre esprit; » et elle cite à cette occasion l'exemple d'une femme qui, « si » elle rencontrait sur son chemin une vache qui

(1) Dans ses *Letters on the elementary principles of education*, lettre 3ᵉ.

» la regardât, jetait des cris de terreur et s'en-
» fuyait comme si elle eût vu un tigre du Bengale, et qui cependant laissait son fils, encore
» enfant, faire face au terrible animal, et le dé-
» tourner de la route. » Tel est l'égoïsme de la peur : c'est celui de toutes les impressions physiques. Tandis que les affections morales tendent à agrandir hors de nous le cercle de notre existence, les impressions physiques la bornent à nous-mêmes, la concentrent sur la sensation agréable ou douloureuse dont l'effet ne peut se faire sentir au-delà de notre individu. Or, qu'il y ait quelque chose de physique dans la peur, c'est ce qui me paraît prouvé à n'en pouvoir douter par les effets de l'obscurité, ceux de certains bruits, de certains ébranlemens, de l'état de nos organes. J'ai quelquefois éprouvé, dans des momens de fatigue ou de maladie, une telle disposition à l'effroi que la nuit le craquement d'une boiserie me bouleversait de terreur. L'inexpérience cède sans réflexion à ces terreurs machinales, comme à toute autre impression pénible. Un caractère faible cherche des prétextes pour n'y pas résister; une imagination vive y associe toutes les idées capables de produire des impressions analogues, et s'en compose un système raisonné de pusillanimité. Un enfant qui a peur la nuit crie parce qu'il a peur, sans songer à se de-

mander s'il a réellement peur de quelque chose; il éprouve un sentiment désagréable, et il l'exprime. Une femme, pour se justifier le sentiment de terreur dont la pénètre l'obscurité, s'imagine qu'elle a peur des voleurs, peut-être des revenans; tout ce qui, dans ces idées, est capable de l'effrayer, se présente à elle au moment où l'obscurité vient réveiller les premières impressions de la terreur. Vous ne lui nierez pas que sa frayeur n'ait un objet; mais cet objet, c'est la frayeur qui l'a créé.

C'est donc cette disposition qu'il faut éviter d'abord d'augmenter ou d'entretenir chez les enfans par des émotions et des impressions analogues; et rien, je crois, n'y serait plus propre que de les tenir, sur les petits dangers qui les environnent, dans une ignorance capable de les exposer à de continuelles surprises. On veut que les enfans s'instruisent par leur propre expérience; l'expérience est bonne, mais c'est quand elle est proportionnée à la force de l'individu, quand l'impression qu'il en reçoit ne trouble pas ses idées au lieu de les éclairer, n'ébranle pas ses organes au lieu de les fortifier. J'ai vu un enfant naturellement courageux, mais qui à l'âge de deux ou trois ans avait été effrayé par une vache furieuse; il lui était resté pendant plusieurs années une telle impression de cette aventure, que du plus loin qu'il apercevait une vache il était saisi d'un tremblement universel et en proie à l'anxiété la plus douloureuse. Il était aussi demeuré sujet à des terreurs spontanées; on le voyait tout-à-coup pâlir et rougir sans sujet, et il y a lieu de croire que sans le soin extrême que l'on prit à ménager et calmer cette fâcheuse disposition, il en eût toute sa vie gardé quelque trace. Les étranges répugnances que l'on voit à certaines personnes ont probablement la plupart pour origine quelque ébranlement trop fort reçu dans la première enfance.

Sans doute un enfant doit apprendre, par ses chutes, par les coups qu'il recevra en courant dans la chambre, à éviter les meubles qui l'auront frappé; il en deviendra plus adroit et non pas moins hardi, car le mal qu'il aura reçu, sans être assez fort pour exciter en lui le sentiment de la crainte, le sera assez pour éveiller celui de la prudence. Cependant on a soin de ne l'exposer à cette expérience que quand il est assez fort pour la supporter, quand il sent en lui-même les moyens d'éviter le mal qu'il a appris à connaître. On a soin que l'enfant qui commence à former ses premiers pas ne soit pas exposé à tomber; car on sait qu'une chute le découragerait et pourrait le dégoûter pour long-temps de tenter de nouveaux essais. Pourquoi n'en serait-il pas de même de tout accident au-dessus de la force qu'il aura pour le supporter ou des moyens qu'il aura pour s'en garantir? Un enfant qu'on n'a pas prévenu d'avance sur l'inconvénient de toucher un couteau, en qui on n'a pas imprimé l'idée de cet inconvénient par des défenses formelles et réitérées, le prend par la lame et se coupe; il est surpris de la douleur, de la vue de son sang : il est probable que cette expérience lui servira pour quelque temps de sauvegarde; mais ce sera aux dépens de son courage : il aura peur du couteau. N'aurait-il pas mieux valu l'empêcher d'y toucher sans précaution, jusqu'à ce qu'une coupure fût pour lui un très petit accident, et qu'il fût facile de lui enseigner les moyens de l'éviter, en sorte que la vue du couteau lui donnât non l'idée d'un danger à fuir, mais celle d'une précaution à prendre?

Miss Hamilton, séduite par cette idée, que je crois fausse, des avantages de l'expérience en ce genre, rapporte avec éloge l'exemple d'un homme de sa connaissance, dont le fils, encore enfant, avait pour habitude, malgré toutes les défenses qu'on lui avait faites, d'aller s'agenouiller au bord d'un étang situé dans le jardin, pour avoir le plaisir de se mirer dans l'eau. « Son père le trouvant » un jour dans cette position, le prit dans ses » bras, lui expliqua la nature du danger qu'il

» courait, lui dit tranquillement qu'il fallait qu'il » jugeât par lui-même de la vérité de ce qu'on lui » disait, et, sans hésiter, le plongea dans l'eau. »

» Reste à savoir si l'enfant a eu peur ou non. S'il n'a pas eu peur, je ne répondrais pas qu'au lieu de s'agenouiller au bord de l'étang, il n'ait eu envie ensuite de se mettre dedans : toute singularité qui n'effraie pas les enfans les attire. Si, au contraire, la leçon a fait son effet, ce n'a pu être qu'en produisant sur lui une impression assez pénible pour lui laisser la peur de l'eau, lui donner une peur machinale, irréfléchie, qui ne tenait nullement à la connaissance du danger; car, pour avoir été plongé dans l'eau, pour avoir été frappé de l'impression résultante d'une situation nouvelle et désagréable, l'enfant n'en saura pas davantage sur le genre de péril que l'on peut courir en tombant dans l'eau, celui de se noyer, mais il aura été mouillé et pourra avoir peur de se mouiller; l'eau l'effraiera sous toutes ses formes, il craindra de traverser à gué le ruisseau où il en aurait jusqu'à mi-jambe, et sera troublé de la vue d'une roue de moulin en mouvement et du bruit d'une cascade.

Ce sont précisément ces impressions machinales d'effroi dont il faut préserver non-seulement les enfans, mais encore les mères, car l'effroi se communique : un enfant qui entendra sa mère jeter un cri de frayeur, qui la verra se précipiter sur lui pour l'écarter de la cheminée où le feu va prendre à sa robe, éprouvera certainement un ébranlement de surprise fâcheux à lui donner. « Les avertissemens en acclamations, dit miss » Hamilton, ne peuvent que donner une idée » vague et indéterminée du danger. » Ils en donnent non pas l'idée, mais l'impression; la peur, et non pas la connaissance. N'est-il donc pas raisonnable d'écarter ces occasions d'effroi par des précautions qui ne font qu'avertir la raison de l'enfant sans ébranler son imagination?

Je n'ignore pourtant pas, mon ami, les inconvéniens de cette attention perpétuelle et réfléchie sur les dangers dont nous pouvons être environnés. Je sais qu'elle peut produire une préoccupation presque aussi fâcheuse que la peur machinale, parce qu'en tournant notre imagination uniquement sur le danger, elle nous fait oublier les moyens que nous avons de le rendre nul, et nous ôte ainsi l'usage de nos forces et de notre adresse. Un enfant uniquement occupé du danger qu'il pourrait y avoir à se laisser tomber sur les doigts une cafetière d'eau bouillante, ne pensera pas qu'il puisse la prendre de manière à éviter ce malheur : à force d'avertir sa prudence du danger qu'il peut y avoir à toucher un couteau, on pourra bien lui ôter le courage de s'en servir. Mais jamais je n'ai laissé supposer à mes filles que ces choses, que je leur ai représentées comme dangereuses pour elles, le fussent pour des personnes plus grandes ou plus adroites. Louise me voit côtoyer la pièce d'eau dont je lui defends d'approcher ; elle sait même qu'elle en peut approcher quand je la tiens par la main, et sent ainsi parfaitement que le danger n'est pas dans la chose même, mais dans sa faiblesse ou sa maladresse. Elle sait que les actions que je lui interdis ne sont interdites qu'aux enfans, et meurt d'envie de ne plus l'être. Il n'y a pas de petite fille qui ne désire un couteau et des ciseaux, parce que ce sont des meubles de grandes personnes, et qui ne les sollicite avec mille sermens de prudence, car elle n'ignore pas que c'est là la condition nécessaire et suffisante. La précaution de ne leur permettre d'approcher du feu, d'ouvrir la fenêtre que quand leur mère est dans la chambre, leur prouve seulement qu'on ne se fie pas encore à elles et les rend attentives à mériter cette confiance. L'interdiction devra cesser au moment où elle pourra être remplacée par une instruction sur les moyens d'user sans danger, où l'enfant pourra se sentir une force ou une adresse capable de le soustraire, s'il en veut user, à l'inconvénient que jusqu'alors on a craint pour lui ; c'est alors que la crainte devra être traitée de lâcheté, regardée comme un signe d'enfantillage et de faiblesse. La lâcheté n'est point la connaissance du danger, mais l'ignorance ou l'oubli des forces que nous avons à lui opposer. C'est donc le sentiment de ces forces qu'il faut cultiver dans les enfans sitôt qu'elles commencent à naître ; et, pour cela, il ne faut pas les exposer à des épreuves qui les surpassent. Que l'enfant ait ainsi la connaissance et non le sentiment de sa faiblesse ; qu'il se croie toujours plus fort qu'on ne l'imagine, et que son courage, tenu en réserve, soit impatient de s'exercer ; il ne demandera pas mieux, sitôt que vous le lui permettrez, que d'écarter les précautions superflues, et mettra son orgueil à vous prouver qu'elles sont inutiles, ou à supporter avec calme les inconvéniens qu'il éprouvera pour les avoir négligées. Un petit garçon qu'on aura long-temps contraint dans son désir de grimper aux arbres pourra en tomber sans se plaindre du coup qu'il aura reçu. Ce qui fait le courage de l'homme, c'est d'avoir en lui-même un motif suffisant pour braver le danger. Élevons l'âme des enfans, accoutumons-les à voir des choses plus à craindre que la douleur, plus à désirer que le bien-être ; flétrissons d'un sentiment de mépris cette vile prudence qui met au premier rang dans la vie le soin de notre sûreté, de notre commodité ou de nos intérêts; que des mouvemens nobles remplissent et animent leur cœur, et les agitations de la faiblesse ne s'y feront pas sentir. C'est aux vertus à étouffer les vices, et les idées qui produisent la crainte ne l'emporteront pas chez celui à qui on aura donné les sentimens qui font le courage.

LETTRE XXX.

Mme d'Attilly à M. d'Attilly.

La Saulaye, août 1818.

Vos filles se trouvent ici parfaitement heureuses, pourvu toutefois que nous n'ayons pas souvent à craindre des visites comme celle d'hier. Une voisine, Mme de Saint-Yon, a passé la journée ici avec son fils et sa fille, âgés l'un de dix ans, l'autre de neuf. Mme de Saint-Yon est veuve, et la perfection des dames châtelaines; son fils Thibaut est élevé à la manière des petits preux, il sait tout au plus lire et à peine écrire; sa mère dit qu'il ne faut pas qu'un gentilhomme sache des choses qui puissent lui donner la tentation de prendre un état. Du reste, bon enfant, quoiqu'un peu brutal. A peine arrivé, il a demandé où était l'écurie pour aller voir les chevaux, puis en revenant s'est emparé de Just qu'il n'avait pas aperçu d'abord, et l'a emmené courir avec lui en promettant d'avoir soin qu'il ne se fît pas de mal. Louise est prudemment partie à leur suite pour y veiller, et Sophie en allait faire autant, lorsqu'elle s'est rappelée qu'il serait poli d'inviter Mlle Germaine à venir aussi. Mais celle-ci a répondu en se rengorgeant que les demoiselles n'allaient pas ainsi courir avec les messieurs. Sophie, fort étonnée, demeurait immobile entre la porte et sa chaise, ne sachant si elle devait partir ou rester; enfin un signe que je lui ai fait, et peut-être aussi le désir de se faire honneur de ses bonnes manières auprès de Mme de Saint-Yon, l'ont engagée à se rasseoir et à tâcher d'entamer la conversation avec Mlle Germaine; mais à peine a-t-elle pu en tirer quatre paroles. Mme de Saint-Yon est de Bourges où le divertissement est interdit aux demoiselles nobles, et la parole une inconvenance : elle élève sa fille dans les mêmes principes. La petite s'assied près de sa mère, se redresse comme elle, ne sait dire que ce qu'on lui a dit, penser que ce qu'on lui apprend, et se console de la gêne par la pédanterie. Le seul discours un peu suivi qu'en ait pu obtenir Sophie a été une sévère critique sur les pantalons pour les demoiselles : aussi Sophie s'est-elle hâtée de répondre qu'elle allait les quitter l'année prochaine; mais bientôt ennuyée de sa triste compagne, elle a eu besoin de tout son savoir-vivre pour ne pas aller rejoindre Louise, qui venait lui faire des mines à travers les vitres;

et sans la promenade qui l'a enfin délivrée, je ne sais trop ce qui en serait arrivé. Une fois échappée, Sophie ne s'est laissé reprendre que le moins qu'elle a pu. La politesse m'obligeait de les rappeler de temps en temps auprès de la petite, qu'elles quittaient bientôt pour aller rejoindre la société beaucoup plus joyeuse des petits garçons; aussi ne parlent-elles qu'avec terreur de Mlle Germaine, et sont au contraire très contentes de Thibaut, quoiqu'il les ait fait courir un peu trop fort en les prenant par les mains; mais il a eu bien soin de Just, a relevé Louise qui s'était laissée tomber, a grimpé sur le grand cerisier pour leur cueillir des cerises; enfin il aime beaucoup, dit-il, les petites filles qui savent courir, et je soupçonne qu'on se sera un peu moqué, avec lui, des manières pincées de mademoiselle sa sœur. Nous admirions à cette occasion les merveilleux effets de la contrainte. On ne saurait dire que le petit de Saint-Yon soit mal élevé, il ne l'est pas du tout, et se sentira probablement un jour de ce défaut d'éducation; mais enfin il s'est développé librement; c'est un vrai petit garçon, avec les défauts, les qualités de son caractère et de son âge; il a des chances pour devenir un homme. Mais qu'adviendra-t-il de cette pauvre petite poupée, si exactement façonnée par Mme de Saint-Yon ? Se contentera-t-elle pour toute existence de la forme qu'on s'applique à lui donner, ou lui prendra-t-il un jour fantaisie d'avoir des idées, des sentimens à elle ? Ce qu'il y a de certain, c'est que ce jour-là arrivé, la première chose qu'elle aura à faire, ce sera de mettre de côté toutes les habitudes de son éducation.

Nous nous sommes un peu disputés là-dessus Edmond et moi; quoiqu'il ne soit pas précisément en admiration devant les principes d'éducation de Mme de Saint-Yon, et la parfaite nullité de sa fille, il n'est pas très éloigné de penser que les femmes doivent savoir se passer d'avoir leurs idées, leurs sentimens à elles, et qu'une éducation où on les laisserait se développer tout-à-fait naturellement ne serait pas en rapport avec le devoir très peu naturel, dit-il, qui leur est imposé d'accommoder et même d'assujétir leur manière d'être, non-seulement au caractère d'un mari, mais à certaines formes, à mille convenances qui n'ont pas leur motif dans la raison et l'opinion de celui qui s'y soumet, mais dans les habitudes et les préventions du public, et dans une situation totalement factice. Il soutient que l'originalité de conduite est tellement interdite aux femmes qu'il serait imprudent de favoriser en elles l'originalité de l'esprit et du caractère; et qu'assujéties comme elles le sont à des idées communes, à l'empire desquelles il ne leur est pas possible de se soustraire, il est bon de les former à certains égards sur un type commun, dont elles ne seront pas plus tentées de s'écarter en pensée qu'en effet; et la liberté d'esprit n'est, dit-il, qu'un malheur et un danger pour qui n'a pas la liberté de ses actions.

Je lui demande à mon tour s'il croit par hasard que nous ayons été réduites à main armée, ou par quelque autre moyen violent, ou qu'en habituant les femmes à la soumission, on les dresse, comme les chiens qui dansent, à un métier pour lequel elles n'étaient pas faites. Si la sujétion et la dépendance sont devenues notre condition ordinaire, c'est qu'apparemment elles conviennent à notre nature. Je désirerais bien savoir autrement quel droit et quel moyen on aurait eus de nous y réduire; et si c'est là notre état naturel, comment serait-il nécessaire pour nous y rendre propres de nous ôter la liberté de notre esprit et de nos sentimens, et de nous empêcher d'être ce que nous sommes?

Je n'ai jamais d'ailleurs été frappée de ce grand asservissement des femmes dans les pays où on les élève pour autre chose que pour être les meubles d'un harem, ou la bête de somme d'un sauvage. Notre condition suit assez celle des hommes, et je n'ai guère entendu parler d'un pays où les femmes fussent esclaves et les hommes libres, les hommes heureux et les femmes maltraitées, où un homme fût en situation d'atteindre le développement d'esprit dont il est capable, et la femme obligée de renoncer au sien. La pensée d'asservir une autre intelligence n'arrive guère à l'intelligence qui connaît le prix de sa propre liberté et sent le besoin d'en user. Le droit d'examen en France a passé jusqu'à nous, et l'on y connaît peu de maris, je crois, qui refusassent d'entrer en discussion avec leur femme sur les volontés qu'ils lui imposent.

Qu'exigent donc de nous les nécessités de notre condition? D'apprendre, en premier lieu, à nous accommoder de la compagnie d'un mari; car, la compagnie acceptée, ce n'est pas de l'autorité que je m'inquiète beaucoup : l'autorité en une pareille union se fait beaucoup moins sentir que la présence. Des intérêts communs déterminent généralement des volontés semblables; ce n'est pas pour lui seul que le mari exigera une économie d'accord avec l'état de sa fortune, et sa femme est tout aussi intéressée que lui dans les précautions ou les partis qu'il croira devoir prendre pour l'avantage de ses enfans ou la tranquillité de son avenir. Pour agir de concert en pareil cas, il leur suffit de juger de même, et il me semble alors tout aussi utile pour une femme de savoir faire prévaloir sa raison que la soumettre. Quelques hommes, sans doute, voudront asservir leurs femmes beaucoup moins à leur raison qu'à leur goût ou leur caprice; mais n'arrivera-t-il pas aussi à quelques femmes de dominer les goûts et même la raison de leur mari? Il les faudrait donc élever pour l'empire comme pour la soumission implicite, c'est-à-dire pour les exceptions. Dans l'état ordinaire des choses, les grands intérêts du ménage se décident par une influence assez égale ou mesurée du moins sur la force ou la faiblesse morale de chaque individu, et les détails de la vie se partagent en deux domaines, de part ou d'autre rarement envahis. Le mari, d'ordinaire, n'est guère plus tenté de revoir les mémoires de la cuisinière ou des fournisseurs, que la femme de s'enquérir des affaires du palais, ou d'examiner les comptes de la caisse. Il sera long-temps mal servi à sa fantaisie avant de donner directement ses ordres pour rectifier ce qui lui déplaît; et si en ce genre il exprime plus souvent ses volontés, c'est que la femme ordonne et fait faire les siennes sans les prononcer.

Je ne nie pas, à la vérité, que le mari le plus facile sur le service de sa maison ou de son ménage ne puisse se montrer exigeant dans ses rapports personnels avec sa femme; il y a même tout lieu de croire qu'il le sera un peu. Un homme a toujours besoin que celle qu'il a choisie s'accommode à lui plus qu'il ne pourra jamais s'accommoder à elle; sans doute il nous passera des défauts, peut-être même quelques caprices, mais nous aurons à nous façonner aux siens; il préviendra nos désirs, mais il sera bon que ses désirs deviennent les nôtres; il aimera à retrouver sa femme après quelques heures d'absence, mais il faudra qu'elle aime à l'attendre, qu'heureuse de sa présence, elle sache être contente en son absence : en un mot, nous sommes assujéties à la liberté d'un mari, beaucoup plus qu'à son autorité; il a besoin surtout de demeurer librement avec nous ce qui lui plaît, et nous demande moins de faire ce qu'il veut que d'être ce qui lui convient. La femme n'apporte guère dans la communauté que ce que ses qualités personnelles peuvent donner de douceur et d'agrément de la vie; l'homme y apporte son activité, sa capacité, ses travaux au dehors, son existence dans le monde: quand il rentre chez lui, il a d'ordinaire payé la plus grande partie de son contingent, c'est à sa femme alors à fournir le sien.

Mais la complaisance nous est-elle donc si difficile qu'il faille nous y préparer par l'abnégation de notre nature? Cette nature nous dispose à recevoir des impressions de tout. Une singulière susceptibilité d'organes nous met en communication perpétuelle avec ce qui nous entoure, donne à tout quelque prise sur nous. En nous est la dépendance, car en nous sont les besoins. Nous cherchons à complaire, parce que nous ne saurions nous passer d'être approuvées; la vue d'un visage content nous est nécessaire pour respirer à l'aise, comme le soleil à l'oiseau pour chanter. Notre opinion se rangera volontiers du parti de notre affection, car notre jugement trouverait difficilement un point d'appui suffisant pour résister à la vivacité de nos sentimens. En effet, quoi que nous ayons pu voir ou apprendre, nous demeurons ignorantes. Le monde ne nous a jamais apparu que par un coin, et se fût-il dévoilé tout à plein devant nos yeux, nos yeux ne l'auraient pas compris, notre vue n'eût pas été capable de l'embrasser. Elle est courte, sans force pour se porter loin, mais vivement frappée de ce qui nous approche, et le point qui nous touche ne nous laisse pas d'attention à donner à autre chose. Tout homme doué d'un degré ordinaire de capacité, d'expérience, de jugement sur les choses et les hommes, aura beaucoup à apprendre à la femme la plus spirituelle, et sera en état, s'il le veut et si son caractère lui en donne le droit, d'influer sur la plupart de ses opinions, et d'acquérir cette prépondérance morale qui, pour le bonheur de tous deux, doit se trouver unie à la prépondérance de fait.

Mon ami, je cherche à ne me faire aucune illusion et je ne crois pas que le bonheur dont le ciel a voulu me bénir me trompe sur la destinée commune des femmes dans le mariage : il me semble que je serais plutôt portée à jeter un coup d'œil de commisération sur ce qui n'est pas moi, et à plaindre les autres femmes d'un sort moins heureux que le mien. Cependant, ni ma raison, ni ce que je vois autour de moi, ne me présentent cette grande chance de notre vie comme aussi hasardeuse qu'on l'a souvent représentée. Je sais bien que lorsqu'on se marie comme on met à la loterie, au hasard, ou sur des numéros qu'on a rêvés, on court beaucoup plus souvent le risque de se ruiner que celui de gagner le gros lot. Je sais aussi qu'il ne faut pas compter au nombre des lots ordinaires cette parfaite correspondance des esprits et des caractères, qui fait que l'un sourit d'abord à la pensée, au désir de l'autre, comme à ce qu'il savait, à ce qu'il a désiré lui-même; cette rencontre de deux êtres tellement uniques l'un pour l'autre, qu'il semble que cette vie soit le point destiné, dès le commencement, par la Providence, à les réunir pour l'éternité. Un tel bienfait apprend à ceux qui le reçoivent à se confier en elle sans réserve; car elle fait pour eux ce que ne pouvaient faire ni choix ni prudence. La perfection du bonheur, dans le mariage, n'est guère plus assurée à de jeunes cœurs qui se préfèrent à vingt ans, qu'à ceux que réunissent les convenances d'âge, de situation, de fortune, appuyées des garanties offertes par le caractère. Il est des secrets qui ne se révèlent qu'à l'intimité de tous les jours, et l'amour le moins aveugle trouve toujours, dans l'union avec l'objet le mieux aimé, quelque chose de plus doux ou de moins parfait qu'il ne l'avait espéré. Il faudrait renoncer au bonheur s'il ne se trouvait que dans la réalisation des rêves de la jeunesse; mais, en général, nous ne sommes pas si exigeans avec le sort, et nous nous contentons en toute affaire de beaucoup moins que nous n'avons demandé. « Laissez faire le cœur humain, dit Mme de Sévigné, » il saura bien trouver ses petites consolations. » Laissons faire la raison, le besoin de s'attacher, des intérêts communs, les penchans de la jeunesse, les goûts de la sociabilité, les habitudes de la confiance; il ne leur faudra pas beaucoup d'efforts pour effacer les petits mécomptes qui pourraient se rencontrer dans une union où se trouveraient d'ailleurs les conditions indispensables du bonheur; des deux côtés, l'honnêteté et l'estime, des principes conformes sur les points importans, des facultés assorties, et ce besoin de se communiquer et de s'entendre qui donne de la valeur aux moindres évènemens de la vie, et ne laisse rien d'indifférent de ce qui peut être senti ou pensé à deux.

De telles conditions, sans doute, ne sont pas de celles qu'on puisse s'assurer de trouver sans y avoir bien regardé; mais à quoi regardera-t-on? la morale a, sur ce point comme sur d'autres, fait d'assez grands progrès. Des parens en mariant leurs enfans commencent à penser à tout, et les mariages moins précoces donnent aussi aux enfans le temps d'avoir pensé pour eux-mêmes. Une jeune fille, en se mariant, sait ce qu'elle veut, et n'a pas besoin de renoncer à son propre caractère pour s'accommoder à des devoirs qu'elle a sans crainte acceptés en connaissance de cause. Je me moque donc d'Edmond et de ses théories, car chez lui ce n'est pas autre chose. Je lui promets que Sophie aura du caractère, Louise, une grande vivacité d'affection; que leurs maris ne les en aimeront que mieux, et me remercieront de leur avoir donné des femmes complètes; je lui soutiens même qu'il en ferait autant à leur place.

Vous l'avez toujours pensé comme moi, mon ami; nulle position spéciale, pourvu qu'elle soit conforme à la morale et à l'ordre naturel des choses, ne peut exiger l'annihilation d'aucune de nos facultés. Nous sommes appelées à user de tout ce que nous sommes dans tout ce que nous faisons, et la situation qui nous défendrait l'usage constant de notre raison, de notre fermeté, l'attachement à certains principes, serait certainement fausse et répréhensible. Cela ne peut arriver à une femme, à moins que son mari ne se trouve être un malhonnête homme; et, dans ce cas, il faudra bien qu'elle sache résister à ce qu'il voudra exiger d'elle. Mais, quand il ne s'agira que de renoncer à des goûts, à des plaisirs, ou même à quelque portion de bonheur, la raison, le caractère, ne lui serviront qu'à céder sans souffrance comme sans faiblesse. Le moyen de faire ce qu'on veut, c'est de n'avoir qu'une volonté à laquelle viennent se subordonner ou se sacrifier toutes les autres. Une femme sans raison, sans caractère, voudra une chose ou l'autre dix fois, trente fois par jour, fatiguera son mari de ses fantaisies, s'en fera refuser les trois quarts et obtiendra le reste par ses importunités. Celle qui aura su choisir entre ses volontés la plus importante, et s'en tenir à celle-là, aura bien du malheur si sa parfaite facilité sur tout le reste ne lui obtient sur ce qu'elle désire véritablement une complaisance pleine d'estime et de bonne volonté. En fût-il même autrement, lui arrivât-il, ce qui est bien rare, d'avoir à subir la loi impérieuse d'un mari sur des objets importans, tels que l'éducation de ses enfans, un genre de vie contraire aux goûts de sa raison, le sacrifice du bonheur journalier de vivre avec sa famille, une fois que, les intérêts de la morale mis en sûreté, elle se sera attachée à la volonté de conserver chez elle la paix intérieure sans laquelle rien n'est bon, rien n'est bien, les sacrifices qu'elle y pourra faire prendront pour elle le caractère de l'indispensable, qui ôte aux regrets leur puissance en dirigeant l'imagination dans la route tracée par la nécessité. Il en sera de même à l'égard du monde : donnez du caractère à une femme, et elle saura également sacrifier aux convenances sa liberté, ses goûts, sa commodité, ou fera céder à leur tour les convenances à des devoirs d'un ordre supérieur.

Il est, je crois, très peu de nos facultés actives qu'on ne puisse employer au service de la raison et du devoir, quel qu'il soit. Je ne prétends pas cependant que le développement de toutes soit également avantageux dans toutes les situations. Il faut choisir. Nul ne peut donner à toutes ses facultés toute l'intensité qu'elles étaient susceptibles d'acquérir; car personne, ou presque personne, n'a été si spécialement façonné par la nature pour telle ou telle direction, qu'il n'eût fort bien pu en suivre une autre. Ainsi, un grand général avait peut-être en lui les facultés qui, développées par d'autres circonstances, en eussent fait un grand magistrat. Celles de nos aïeules

les Gauloises qui faisaient tomber sur les Romains des poings *lourds comme des catapultes*, avaient certainement cultivé par l'usage une sorte de mérite dont je crois que mes filles peuvent fort bien se passer; et quoique persuadée qu'en les exerçant à lutter, à sauter, à nager, je pourrais leur donner en ce genre une supériorité assez remarquable, je n'en suis pas tentée le moins du monde. De même, parmi leurs facultés morales ou intellectuelles, il peut s'en trouver dont je ne m'attacherai pas à favoriser le développement: je découvrirais en Sophie le plus beau germe des talens politiques, ou des dispositions à l'éloquence de la tribune, qu'assurément je ne travaillerais pas à les faire prospérer; et dans le nombre des sentimens élevés que je puis lui inspirer, je ne choisirai pas l'amour de la gloire. Je n'échaufferai pas non plus dans l'âme tendre de Louise les sentimens qui pourraient produire le dévouement à la passion ou l'héroïsme de l'amour. Je ne m'attacherai même pas à exciter le plus grand développement des facultés les mieux assorties à leur destination en ce monde, avec cette ardeur que je mettrais certainement à former les talens d'un fils. Je crois que, sans rien comprimer, il est bon de garder dans l'éducation des femmes une certaine modération, et de ne pas se laisser aller à l'ambition d'élever en elles une de ces puissances prédominantes qui maîtrisent toute la destinée. Qu'un homme cultive une faculté aux dépens de toutes les autres, elle peut le conduire à la gloire, ou même dans un degré inférieur à la fortune ; elle aurait surtout, pour une femme, le danger de l'écarter des routes du bonheur. Il est sans doute des dispositions pour lesquelles ou contre lesquelles l'éducation ne peut rien. Rien probablement n'eût pu empêcher Sapho de faire des vers, et madame de Staël d'écrire en belle prose. Un grand talent marque à celui qui en est possédé une destinée particulière à laquelle il serait vain de vouloir le dérober, qu'il n'est pas permis de chercher à lui ravir. Mais cette tyrannie du talent est pour nous singulièrement rare ; et les facultés d'une femme même distinguée peuvent être, je crois, maintenues sans peine dans un prudent équilibre, dont l'effet ne sera point de la réduire à une médiocrité que ne commanderait pas la nature, mais d'empêcher que les supériorités naturelles dont elle peut se trouver douée ne prennent une trop grande place dans sa vie. Je ne crois pas, quand je le pourrais, que je voulusse donner à mes filles, en aucun genre, un talent d'artiste, et placer ainsi dans leur vie un intérêt capable de les absorber et de nuire à d'autres occupations plus propres à y mettre l'ordre et le bonheur.

La culture de l'esprit est sans doute infiniment favorable à l'un et à l'autre; cependant je ne m'appliquerais pas volontiers à exciter même la passion de l'étude: à moins pourtant, mon ami, qu'il ne m'arrivât de penser que ces sortes de passions, chez les jeunes filles, ne sont jamais qu'en attendant mieux, et qu'après y avoir fait tout ce que nous savons, notre dernier soin pour l'éducation des nôtres doit être de leur chercher un maître plus habile que nous à la perfectionner. Aimer est bien certainement ce que nous savons le mieux faire; qu'on commence par nous l'apprendre, et le reste ne sera pas difficile. J'ai demandé à Edmond ce qu'il en pensait, il en est convenu; Henriette a souri, et la dispute a fini là.

FIN DU TOME PREMIER.

TABLE DES MATIÈRES

CONTENUES

DANS LE TOME PREMIER.

FIN DE LA TABLE DU TOME PREMIER.

www.ingramcontent.com/pod-product-compliance
Ingram Content Group UK Ltd.
Pitfield, Milton Keynes, MK11 3LW, UK
UKHW021842190726
13855UKWH00001B/106